▪ LA LEY

Manual de actuaciones en Sala

Técnicas prácticas en violencia de género

Fernando Pinto Palacios
Purificación Pujol Capilla

Wolters Kluwer

Wolters Kluwer
C/ Collado Mediano, 9
28231 Las Rozas (Madrid)
Tel: 902 250 500 – Fax: 902 250 502
e-mail: clientes@wolterskluwer.com
http://www.wolterskluwer.es

Primera edición: junio 2020

Depósito Legal: M-13756-2020
ISBN versión impresa: 978-84-18349-09-6
ISBN versión electrónica: 978-84-18349-10-2

Diseño, Preimpresión e Impresión: Wolters Kluwer España, S.A.
Printed in Spain

Manual de actuaciones en Sala

Técnicas prácticas en violencia de género

Fernando PINTO PALACIOS
Purificación PUJOL CAPILLA

ÍNDICE SISTEMÁTICO

CAPÍTULO I

INTRODUCCIÓN

El 22 de diciembre de 2004 el Congreso de los Diputados aprobó por unanimidad la Ley Orgánica 1/2004 de Medidas de Protección Integral contra la Violencia de Género. Aquella norma supuso, sin duda, un profundo cambio en el tratamiento legal del fenómeno de la violencia de género.

Han pasado más de quince años de aquella fecha y, durante este período, se han aprobado numerosísimas reformas procesales y sustantivas que han afectado directamente a la respuesta jurídica frente a la violencia de género. El Código Penal ha incorporado nuevas figuras delictivas como el delito de hostigamiento o el matrimonio forzado. Se han ampliado las competencias de los Juzgados de Violencia sobre la Mujer para conocer en el orden penal de la instrucción de más delitos. Los derechos del investigado han sufrido importantes cambios para adaptarse a la normativa de la Unión Europea. Se ha reforzado la protección de las víctimas mediante el reconocimiento de un exhaustivo catálogo de derechos que pueden ejercitarse en las distintas fases del proceso penal.

Por otro lado, el Tribunal Supremo y las Audiencias Provinciales han ido perfilando numerosos aspectos que tenían una indudable trascendencia práctica en el quehacer diario de los Tribunales. La dispensa de declarar, el valor del consentimiento de la víctima o la competencia territorial en los delitos de violencia de género son solo algunos ejemplos de cuestiones que planteaban serias interpretativas y que requerían unificación de criterios en aras de la seguridad jurídica.

A medida que se han sucedido las reformas legales y los cambios interpretativos de la jurisprudencia, el joven abogado (o, también el menos joven, pero con ganas de profundizar en la materia), siente la necesidad de buscar un texto de referencia que le brinde las herramientas necesarias para enfrentarse con garantías de éxito a un proceso civil o penal relacionado con la violencia de género.

Este Manual quiere servir a este propósito y constituirse en un compendio ameno, accesible y práctico que permita al profesional responder a las preguntas más acuciantes que se le plantean en esta materia. ¿Dónde puedo solicitar una orden de protección? ¿Cómo debo enfocar la declaración del acusado? ¿Qué elementos integran el nuevo delito de hostigamiento? ¿Pueden las menores de edad acogerse a la dispensa de declarar? ¿Qué pasa si mi cliente reconoce los hechos? ¿Se infringe una prohibición de comunicación cuando se hacen llamadas perdidas a la víctima? ¿Cuándo debo presentar una demanda de divorcio ante un Juzgado de Violencia sobre la Mujer? ¿Cómo se desarrolla la vista para adoptar medidas provisionales? ¿De qué manera puedo solicitar la modificación de las medidas que se acordaron en la sentencia de divorcio?

Este Manual pretende responder a éstas y otras preguntas que, seguramente, muchos abogados se hayan planteado a la hora de abordar un proceso relacionado con la violencia de género.

Para lograr este propósito, hemos estructurado el Manual en tres partes claramente diferenciadas.

La primera parte —que comprende los Capítulos III a VI— constituye una introducción para que el abogado conozca a fondo los conceptos básicos en materia de violencia de género. Es cierto que el Manual forma parte de una colección de libros que hace referencia a las actuaciones en «Sala», es decir, aquellas que se producen en las sesiones de juicio o vista ante el Tribunal sentenciador. Sin embargo, si nos hubiéramos limitado a este cometido habríamos dejado incompleta la obra. No se concibe un volumen sobre violencia de género que no analice determinados aspectos como es el ámbito de aplicación de la LO 1/2004 o que no estudie los delitos más frecuentes ante estos Tribunales. Tampoco podíamos obviar otros aspectos de indudable trascendencia práctica como son los derechos de las mujeres víctimas de estos delitos que también se detallan en este Manual.

La segunda parte —que comprende los Capítulos VII a XIV— está dedicado a las actuaciones en Sala penal. Tras analizar las competencias penales de los Juzgados de Violencia sobre la Mujer, nos adentramos en el estudio de las diferentes actuaciones a las que el abogado —ya defienda a la víctima, ya al investigado— se tendrá que enfrentar cuando asuma encargos relacionados con esta materia. Nuestro propósito no es más que poner al alcance del abogado una guía práctica que le facilite entre otras cuestiones, una visión completa del desarrollo de la declaración del investigado, o de una comparecencia para adoptar una orden de protección o del interrogatorio de un testigo en el juicio oral, entre otras actuaciones en Sala.

La tercera parte —que abarca los Capítulos XV a XXIII— tiene por objeto el análisis de los procesos civiles más frecuentes que se tramitan en los Juzgados de Violencia sobre la Mujer. Dado que la violencia de género suscita manifestaciones que tienen repercusión tanto en el orden penal (comisión de un delito) como en el ámbito civil (divorcio, régimen de visitas, alimentos, pensión compensatoria, etc.), la LO 1/2004 consideró adecuado atribuir a estos órganos judiciales competencias también en el Orden Civil para efectuar un tratamiento integral de la materia a fin de garantizar la protección de la víctima. Por tal motivo, analizamos en cuatro capítulos diferenciados las medidas provisionales, el proceso contencioso y de mutuo acuerdo, así como el proceso de modificación de medidas. Tras ello, estudiamos la forma de practicar los medios de prueba en estos juicios civiles.

Todos los Capítulos finalizan con una selección de los artículos de la normativa aplicable (Ley de Enjuiciamiento Criminal, Código Penal, Ley de Enjuiciamiento Civil, etc.) sobre el tema tratado y de la jurisprudencia más relevante sobre la materia. De esta manera, el abogado tendrá un acceso fácil y directo al material sin necesidad de realizar farragosas búsquedas en Códigos comentados o en bases de datos.

CAPÍTULO II

ANTES, DURANTE Y DESPUÉS DE LA VISTA

PARA FORMAR EL TRIBUNAL

A los todos los miembros que forman la Sala y para todas las vistas.

ANTES...

— **La Sala no es un vestuario**. Entre con la toga puesta y no se la ponga ni termine de ponérsela dentro de la Sala. El Juez, el Letrado de la Administración de Justicia (LAJ) y el Fiscal ya se encuentran togados cuando entran los abogados y procuradores.

— **Cuide la vestimenta que porta bajo la toga**. No cabe duda, queda antiestética la visión de camisas de colores estridentes o pañuelos y corbatas chillonas. Ya sabemos que carece de relevancia a efectos jurídicos, desde luego. Pero se trata simplemente de proporcionar una visión del tribunal más agradable, estética y placentera. Esto va dirigido a toda persona de buen gusto, claro está; los otros ni se percatan... o les parecerá absurda la indicación y se la pueden saltar sin consecuencia jurídica alguna.

— Debemos **entrar a la Sala con seguridad**, cortesía y amabilidad, saludando a todos los presentes y mostrando una leve sonrisa. Es la primera impresión que de nosotros se va a llevar el Juez y el Letrado de la Administración de Justicia, si está presente, y aunque en nada influirá para ganar o perder el pleito, siempre es importante dar una buena imagen, lo mismo que en otras circunstancias de la vida.

— **La Sala no es una cafetería** ni está usted allí entre amigos (aunque así fuese). Por tanto, olvide el coloquial «hola» y entre diciendo un sonoro y enérgico «buenos días» o «buenas tardes», según proceda.

— **Controle sus nervios**. Es muy frecuente que «la Sala» altere la templanza que todo abogado debe mostrar y es normal que estemos nerviosos y deseemos que ocurra cualquier cosa que evite la vista, sobre todo cuando celebramos nuestros primeros juicios. El peor momento está por llegar y es aquel en el que debemos empezar a hablar, cuando oímos: «Sr. Letrado, tiene la palabra...». Por ese motivo es muy recomendable que llevemos bien preparados y memorizados (ya sabemos que no se puede leer en Sala) los primeros dos o tres párrafos de cada intervención, de forma que nuestras palabras fluyan de forma automática y «espontánea» y continúen de manera convincente.

DURANTE...

Si tenemos facilidad de palabra y experiencia en hablar en público, todo será mucho más sencillo; de lo contrario, sería recomendable asistir a algún curso sobre oratoria.

En todo caso, vamos a dar aquí unas breves directrices:

1.º) **La postura:** inclinado levemente hacia delante, apoyado en la mesa. Tenemos que dar una sensación de seguridad y esa postura es la más indicada para ello. Como dice el abogado Jordi Estadella, en uno de sus libros: «el Letrado debe adoptar en sala la misma postura que el jinete sobre su caballo». Nos parece un símil muy afortunado.

2.º) Llevar siempre **agua,** por si acaso: evita la sequedad de garganta que en muchas ocasiones provocan los nervios y conquista una pequeña tregua para nuestro cerebro, unos segundos en los que éste alcanza una cierta calma que nos sirve para reorganizar los argumentos y la forma en la que debemos proseguir nuestra exposición.

Ahora bien, debe beber agua de forma correcta. Lleve un vaso de plástico (no beba a morro de la botella, ya hemos quedado que no estamos en una cantina). La bebida sólo puede ser agua, por supuesto; no es correcto tomar refrescos en la Sala. Y será mejor no dejar nuestra botellita encima de la mesa; hay que guardarla en nuestro maletín y sacarla únicamente en el caso de que sea necesario rellenar el vaso.

3.º) **Mantenga la compostura:** no pegue golpecitos con el bolígrafo encima de la mesa, mantenga la espalda erguida, no se sujete la cabeza, no se arremangue la toga enseñando los codos (más habitual en las señoras que llevan una toga cuatro tallas por encima de la suya).

4.º) **No deje el bolso o el maletín encima de la mesa:** cuélguelo en su silla, póngalo en el suelo, sobre otra silla cercana, etc. La visión del objeto sobre la mesa, sobre todo si es de grandes dimensiones, puede llegar a entorpecer la visión del tribunal.

5.º) Cuando **hable** debe conseguir que su mensaje se transmita con claridad a los oyentes. Para eso deberemos ser lo más *breves* y *concisos* que sea posible y recalcar aquello que nos parezca más importante.

Una buena forma de captar la atención del interlocutor es hacer una pequeña pausa justo antes de aquellas palabras que consideremos claves para el éxito de nuestra exposición. Hable lo suficientemente alto para que le oiga todo el tribunal y para que sus palabras sean grabadas correctamente, y **no se tape la boca** porque se le entenderá mal, además de ser un signo de inseguridad.

6.º) **No se le ocurra tutear a nadie**, ni siquiera a su cliente (amigo o familiar, en ocasiones) durante cualquier interrogatorio.

7.º) **Dirija la mirada a la persona debida cuando hable**: al Juez, al Fiscal o al Letrado de la Administración de Justicia cuando esté manifestando cuestiones del interés de éstos; si está en su turno de interrogar, diríjase al interrogado. En las conclusiones háblele al Juez, es la persona a quien tiene que convencer; no mire e increpe a su compañero que en ese momento hace el papel de su contrario.

8.º) **No se le ocurra mascar chicle** (es innecesario explicar los motivos)(*).

(*) Para profundizar en este tema, véase el libro *Guía de comportamiento en las actuaciones judiciales,* de la misma autora (Editorial La Ley, 2007), donde se habla del comportamiento dentro de la Sala. El particular que acude al juzgado no sabe la forma en que debe comportarse y es una obligación de su abogado asesorarle también sobre estos puntos.

9.º) **No hable superponiéndose** al Juez que dirija la vista, al Fiscal, ni al compañero que está exponiendo.

10.º) **Formule respetuosa protesta** por la prueba inadmitida, sin que deba utilizarse el coloquial «protesto».

DESPUÉS...

1.º) **Despídase** de la misma forma en la que entró, con un «buenos días», y olvide el coloquial «adiós».

2.º) **Si da la mano al Juez, no olvide darla también al Fiscal, a su compañero y, sobre todo, al Letrado de la Administración de Justicia** (olvido, aunque involuntario, demasiado frecuente). Debe saludar de la misma forma a todo el tribunal pues tan importante y persona son unos como los otros.

3.º) **No se quite la toga** hasta que esté fuera de la Sala. Ya hemos dicho que la Sala no es un vestuario.

4.º) **No se ponga a charlar** con el Procurador ni con el cliente en la Sala, ni haga comentarios en alto respecto al desarrollo de la vista.

PARA EL RESTO DE INTERVINIENTES

El abogado tiene la obligación de advertir a su cliente y a sus testigos (los peritos se supone que ya entran advertidos por su propia experiencia) de las pautas de comportamiento que deben mostrar ante el tribunal que se examinan con minuciosidad en el libro «Guía de Comportamiento en las actuaciones judiciales» de esta misma editorial.

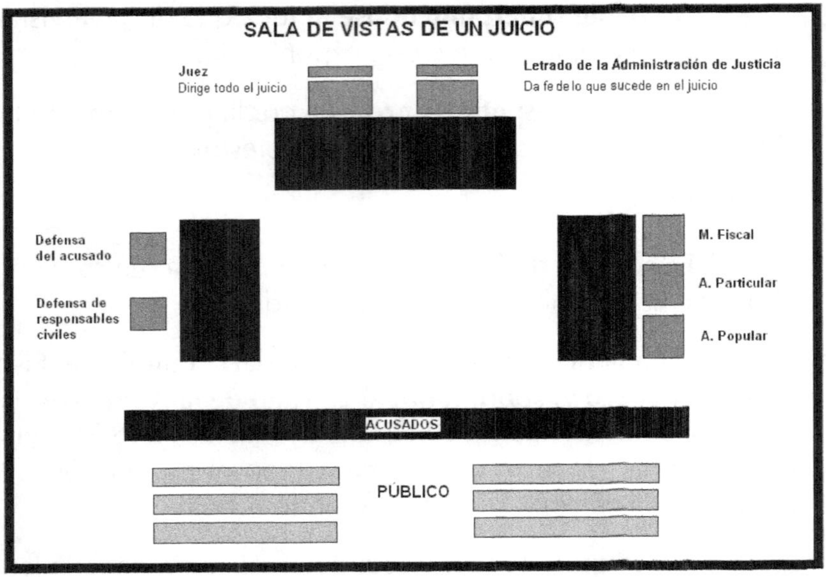
SALA DE VISTAS DE UN JUICIO
Juez
Dirige todo el juicio
Letrado de la Administración de Justicia
Da fe de lo que sucede en el juicio
Defensa del acusado
Defensa de responsables civiles
M. Fiscal
A. Particular
A. Popular
ACUSADOS
PÚBLICO

PRIMERA PARTE

¿QUÉ ES LA VIOLENCIA DE GÉNERO?

CAPÍTULO III

CONCEPTO Y ÁMBITO DE APLICACIÓN

1. INTRODUCCIÓN

La violencia de género constituye, sin duda, un fenómeno complejo que puede analizarse desde múltiples puntos de vista.

Dada la vocación práctica de este Manual enfocado a ofrecer una guía a los profesionales para abordar con éxito los principales problemas sustantivos y procesales asociados a la violencia de género, hemos considerado conveniente efectuar una breve introducción a la violencia de género para analizar tres cuestiones fundamentales:

— Examinar el concepto de violencia de género y sus principales características.

— Definir su ámbito de aplicación.

— Analizar los medios a través de las cuales la normativa vigente permite acreditar situaciones de violencia de género.

2. CONCEPTO Y CARACTERÍSTICAS

EL artículo 1.1 de la **LO 1/2004, de 28 de diciembre, de Medidas de Protección Integral contra la Violencia de Género** establece que el objetivo de la norma «es actuar contra la violencia que, como manifestación de la discriminación, la situación de desigualdad y las relaciones de poder de los hombres sobre las mujeres, se ejerce sobre éstas por parte de quienes sean o hayan sido sus cónyuges o de quienes estén o hayan estado ligados a ellas por relaciones similares de afectividad, aun sin convivencia».

Como se puede advertir, la norma menciona tres aspectos fundamentales:

1) Que la víctima de dicha violencia es la mujer.

2) Que la causa de dicha violencia está relacionada con el proceso de socialización del varón al que históricamente se le ha asignado un papel preponderante en la vida social, cultural y económica en detrimento del desarrollo de la mujer.

3) Que la finalidad de la violencia que ejerce el hombre sobre la mujer sería una forma de perpetuar el poder masculino y el sistema de valores del patriarcado.

En la actualidad existe un amplio consenso para prescindir del elemento intencional de la violencia de género y englobar dentro del mismo cualquier agresión a la mujer por el solo hecho de serlo.

Este criterio se encuentra inspirado en el Convenio del Consejo de Europa sobre prevención y lucha contra la violencia contra las mujeres y la violencia doméstica de 11 de mayo de 2011, conocido como «Convenio de Estambul». En el artículo 3, letra a, se acoge este planteamiento al definir la violencia contra las mujeres como «una violación de los derechos humanos y una forma de discriminación contra las mujeres, y designará todos los actos de violencia basados en el género que implican o pueden implicar para las mujeres daños o sufrimientos de naturaleza física, sexual, psicológica o económica, incluidas las amenazas de realizar dichos actos, la coacción o la privación arbitraria de libertad, en la vida pública o privada».

La doctrina considera que la violencia de género presenta un origen, características y consecuencias diferentes a otras formas de violencia, entre ellas, la que se ejerce en el ámbito familiar, también llamada «violencia doméstica». A tal efecto, podríamos resumir las siguientes características:

— Se trata de una *violencia ejercida por los hombres contra las mujeres*. El género del agresor y de la víctima se encuentra íntimamente ligado a la explicación de dicha violencia que pretende, en definitiva, mantener el control y dominio sobre las mujeres.

— Deriva de *la situación de desigualdad histórica* entre hombres y mujeres. Cuanta más desigualdad ha existido en el reparto de funciones y responsabilidades, mayor desequilibrio se ha producido en la participación de la mujer en la toma de decisiones.

— Está relacionada con el *proceso de socialización del varón* y la construcción de su identidad (activo, fuerte, importante, dominador, viril) que le ha llevado a desplegar dichas actitudes machistas para autoafirmarse en su condición.

— Tiene un *carácter instrumental* porque la violencia contra las mujeres se configura como una herramienta de dominación y control social cuya finalidad última es mantener el poder masculino. No pretende romper lazos con la mujer, sino obligarla a que adecúe su comportamiento a las exigencias del varón en el ámbito sexual, familiar, social o laboral.

— Se trata de una *violencia estructural e institucional* por cuanto afecta a todas las clases sociales y puede surgir en cualquier etapa del ciclo vital. A diferencia de otras formas de violencia, no es un fenómeno aislado y puntual, sino más bien transversal que afecta al conjunto de la sociedad.

— Constituye una *violencia aprendida*, fruto de un determinado proceso de socialización del varón en el que tiene una influencia decisiva la convivencia con los modos violentos y despreciativos de tratar a las mujeres.

— Provoca *graves consecuencias en las mujeres víctimas* dado que anula su personalidad, genera una fuerte dependencia emocional y, en las formas más graves, la víctima llega a justificar los comportamientos violentos para perpetuar la «unión traumática» con el agresor.

— Tiene *múltiples manifestaciones* entre las que podemos citar el feminicidio, los atentados contra la libertad sexual, la mutilación genital, el ciberacoso, el matrimonio forzado, la violencia psicológica o la trata de mujeres con fines de explotación sexual o laboral.

3. ÁMBITO DE APLICACIÓN

La violencia de género se comete por un hombre contra una mujer.

El artículo 1 LO 1/2004, de 28 de diciembre, exige que entre el agresor y la víctima exista cualquier de las siguientes relaciones:

— Sea o haya sido el cónyuge del agresor.

— Esté o haya estado unida al agresor por análoga relación de afectividad, aun sin convivencia.

En el caso de existir o haber existido **relación matrimonial**, no se plantean problemas para fijar el ámbito de aplicación pues bastará acreditar la existencia del matrimonio o, en su caso, la nulidad, separación o divorcio.

En cambio, cuando se trate de **relaciones de análoga afectividad**, se plantean numerosos problemas derivados de la distinta tipología de las relaciones entre las partes, máxime si tenemos en cuenta que la normativa no exige convivencia.

Esta cuestión tiene una importancia fundamental para efectuar una correcta calificación jurídica de los hechos. Piénsese, por ejemplo, en el supuesto de que un hombre y una mujer están discutiendo y, en un momento dado, aquél empuja a la mujer. Si se considera que entre ellos existe una relación de análoga afectividad, nos encontraríamos ante un delito de malos tratos en el ámbito de violencia de género tipificado en el artículo 153.1 CP y castigado con pena de prisión o trabajos en beneficio de la comunidad. Por el contrario, si se considera que no existe tal relación de afectividad entre ellos, nos encontraríamos ante un delito leve de maltrato de obra del artículo 147.3 CP castigado con pena de multa de 1 a 3 meses. Como se puede observar, existe una diferencia sustancial entre los dos supuestos y de ahí la importancia de determinar si concurre dicha relación de afectividad entre agresor y víctima.

El **Tribunal Supremo** ha reconocido la dificultad para delimitar el concepto de relación de análoga afectividad por la existencia de variados modelos de convivencia o proyectos de vida en común. En algunos casos, la relación de afectividad puede ser percibida por cada integrante de la pareja de distinta manera hasta el punto de que el proyecto de vida en común ni tan siquiera sea compartido por ambos protagonistas.

A pesar de la dificultad para establecer unas pautas generales en la materia, la jurisprudencia ha perfilado unos criterios entre los que podemos destacar los siguientes:

— El grado de asimilación al matrimonio de la relación afectiva no debe medirse tanto por la existencia de un proyecto de vida en común, sino por la comprobación en el caso concreto de una relación personal e íntima que traspasa con nitidez los límites de la simple relación de amistad.

— Para que se produzca la equiparación con la relación matrimonial resulta determinante que exista un cierto grado de compromiso o estabilidad, aun cuando no haya fidelidad ni se compartan expectativas de futuro.

A este respecto, se pueden tener en cuenta cierta criterios interpretativos como el otorgamiento de contratos de arrendamientos por la pareja, existencia de cargas económicas compartidas, cambios de residencia, cuentas bancarias compartidas, etc.

— No se pueden excluir a aquellas parejas que, pese a su formato no convencional, viven una relación caracterizada por su intensidad emocional, especialmente, cuando dicha intensidad, aún entendida de forma patológica, está en el origen de las agresiones.

Partiendo de estos criterios, **quedan amparadas dentro del ámbito de protección de la violencia de género** las siguientes situaciones:

— *Las relaciones de noviazgo* en las que se acredite una cierta vocación de estabilidad.

— *Las relaciones extramatrimoniales* en las que uno o incluso las dos partes están casadas con una tercera persona lo que exigirá analizar la existencia de un vínculo afectivo entre las partes (intensidad afectiva, contacto frecuente, duración temporal, etc.)

— *Las víctimas menores de edad.* Aunque las adolescentes carezcan de un proyecto de vida en común con la pareja porque vivan con sus padres y no tengan independencia económica, están amparadas por la protección penal reforzada de violencia de género dado que, en ocasiones, sufren conductas de control, vigilancia, agresividad física o verbal, etc.

En estos casos, la competencia para investigar el delito cometido corresponde a la Fiscalía de Menores; y, la fase de audiencia o enjuiciamiento, al Juzgado de Menores (artículos 2 y 16 de la LORPM).

Por otro lado, también quedarían amparadas las **mujeres transexuales en caso de haber sido agredidas por su pareja varón**. Esta posibilidad se admitía en la Circular 4/2005, de 18 de julio, de la Fiscalía General del Estado relativa a los criterios de aplicación de la Ley Orgánica de Protección Integral contra la Violencia de Género. Al delimitar el ámbito de aplicación de la ley, la Fiscalía entendió que sería de aplicación «a las parejas de distinto sexo formadas por transexuales reconocidos legalmente si el agresor es el varón y la víctima la mujer».

La concesión de esta protección penal reforzada exige, en principio, que el transexual haya obtenido la rectificación registral del sexo de acuerdo con la Ley 3/2007, de 15 de marzo. Se trata de un expediente gubernativo que se tramita ante el Encargado del Registro Civil del domicilio del solicitante.

Los requisitos para que se conceda dicha rectificación son los siguientes:

— Que el solicitante haya sido diagnosticado de disforia de género.

Este extremo se acredita mediante informe de un médico o psicólogo clínico en el que se debe hacer referencia: 1) a la existencia de disonancia entre el sexo morfológico o género inicialmente inscrito y la identidad de género sentida por el solicitante o sexo psicosocial, así como la estabilidad y persistencia de esta disonancia; y 2) a la ausencia de trastornos de personalidad que pudieran influir, de forma determinante, en la existencia de la citada disonancia.

— Que el solicitante haya sido tratado médicamente durante, al menos, dos años, para acomodar sus características físicas a las correspondientes al sexo reclamado.

Este requisito se acredita mediante informe del médico colegiado bajo cuya dirección se haya realizado el tratamiento o, en su defecto, mediante informe de un médico forense especializado, si bien no será necesario cuando concurran razones de salud o edad que imposibiliten su seguimiento y se aporte certificación médica en tal sentido. No se exige que el solicitante se haya sometido a cirugía de reasignación sexual.

No obstante, la Circular 6/2011 de la Fiscalía General del Estado considera que, a pesar de que el transexual no haya tramitado el expediente para la rectificación de sexo, se le podría considerar como víctima de violencia de género cuando se acredite su condición de mujer a través de los informes médico-forense e informes psicológicos que releven su identificación permanente con el sexo femenino.

Finalmente, debe tenerse en cuenta que **en el año 2015 se amplió la protección jurídica a los menores de edad como víctimas de violencia de género** para garantizarles el acceso a los servicios de asistencia y apoyo, así como la adopción de medidas de protección con el objetivo de facilitar su recuperación integral.

El Punto VI de la Exposición de Motivos de la LO 8/2015, de 22 de julio, de modificación del sistema de protección a la infancia y a la adolescencia justificaba esta reforma de la siguiente manera:

> «Cualquier forma de violencia ejercida sobre un menor es injustificable. Entre ellas, es singularmente atroz la violencia que sufren quienes viven y crecen en un entorno familiar donde está presente la violencia de género. Esta forma de violencia afecta a los menores de muchas formas. En primer lugar, condicionando su bienestar y su desarrollo. En segundo lugar, causándoles serios problemas de salud. En tercer lugar, convirtiéndolos en instrumento para ejercer dominio y violencia sobre la mujer. Y, finalmente, favoreciendo la transmisión intergeneracional de estas conductas violentas sobre la mujer por parte de sus parejas o ex parejas. La exposición de los menores a esta forma de violencia en el hogar, lugar en el que precisamente deberían estar más protegidos, los convierte también en víctimas de la misma».

Dicha reforma supuso la modificación del artículo 1.2 LO 1/2004, de 28 de diciembre, para declarar que la finalidad de la ley era «prevenir, sancionar y erradicar esta violencia y prestar asistencia a las mujeres, a sus hijos menores y a los menores sujetos a su tutela, o guarda y custodia, víctimas de esta violencia».

Por su parte, el artículo 10 del Estatuto de la Víctima del Delito contempló que «los hijos menores y los menores sujetos a tutela, guarda y custodia de las mujeres víctimas de violencia de género o de personas víctimas de violencia doméstica» tendrían derecho «a las medidas de asistencia y protección previstas en los Títulos I y III de esta Ley», es decir, todo lo referente a los derechos básicos y protección de las víctimas de delitos.

Por este motivo, el Juzgado de Violencia sobre la Mujer tiene competencia para instruir aquellos delitos que se hayan cometido contra los hijos de las mujeres víctimas cuando también se haya producido un acto de violencia de género (artículo 87 ter, apartado 1, letra a LOPJ). En este caso, el episodio violento debe haberse producido en unidad de acto respecto de la violencia sobre la mujer o, en su caso, tratarse de un delito conexo. Igualmente, sería competencia del Juzgado de Violencia sobre la Mujer cuando se investiga un delito de maltrato habitual del artículo 173.2 CP pues, en este caso, la protección penal se extiende a todos los miembros de la unidad familiar a los que el varón somete a un clima de dominación o terror.

Para finalizar este epígrafe, debemos mencionar **aquellas situaciones que estarían excluidas del ámbito de protección de la LO 1/2004** por no reunir los requisitos establecidos en el artículo 1 y que serían las siguientes:

— La violencia ejercida por un hombre hacia una mujer con la que no está unida por matrimonio o relación de afectividad de análoga significación.

Dentro de este apartado se encontrarían las relaciones de mera amistad o los encuentros puntuales y esporádicos en los que el componente afectivo no ha tenido ni siquiera la oportunidad de desarrollarse y llegar a condicionar los móviles del agresor.

— La violencia ejercida por la esposa o pareja contra el esposo o pareja heterosexual que será constitutiva, en su caso, de violencia doméstica.

— La violencia ejercida por una mujer contra su esposa o pareja homosexual que también será constitutiva, en su caso, de violencia doméstica.

4. FORMAS DE ACREDITACIÓN

La acreditación de la situación de violencia de género tiene una importancia fundamental para el ejercicio de los derechos específicamente reconocido en la LO 1/2004, de 28 de diciembre, y demás legislación en la materia.

Esta cuestión ha sido reformada recientemente a través del Real Decreto-Ley 9/2018, de 3 de agosto, de medidas urgentes para el desarrollo del Pacto de Estado contra la violencia de género.

En la actualidad, el artículo 23 de la LO 1/2014 establece las siguientes formas de acreditación:

- **Sentencia condenatoria por delito de violencia de género.**

Aunque la sentencia no sea firme, puede servir de título para acreditar la situación de violencia de género.

Como veremos en el Capítulo XI, la mayor parte de los procedimientos penales por delitos menos graves de violencia de género (maltrato de obra, amenazas, coacciones, etc.), se tramitan como Juicio Rápido.

En estos casos, si el encausado se conforma, el Juzgado de Violencia sobre la Mujer —o, en su caso, el Juzgado de Instrucción o Juzgado de Primera Instancia e Instrucción que haya asumido con carácter exclusivo los asuntos de violencia de género en el partido judicial—, dictará sentencia de conformidad.

En caso contrario, la sentencia se dictará por el Juzgado de lo Penal correspondiente.

- **Orden de protección.**

La orden de protección se puede definir como una medida cautelar que se adopta en el proceso penal para la protección de las víctimas de violencia de género o sus hijos.

Se contempla en el artículo 544 ter LECR y puede acordarse de oficio o a instancia del Ministerio Fiscal, de la víctima o de alguna persona que tenga con ella relación de parentesco.

Como analizaremos en el Capítulo IX de este Manual, la orden de protección puede incluir tanto medidas de naturaleza penal (prohibición de acercarse o comunicarse con la víctima, etc.) como civil (sistema de guarda de los menores de edad, pensión de alimentos, régimen de visitas, etc.).

- **Cualquier otra resolución judicial que acuerde una medida cautelar a favor de la víctima.**

En ocasiones, no se puede adoptar una orden de protección porque el investigado no puede ser localizado lo que impide la celebración de la comparecencia prevista en el artículo 544 ter LECR.

En este caso, se podrían adoptar otras medidas cautelares como, por ejemplo, una orden de alejamiento del artículo 544 bis LECR que, tras la reforma de 2018, también constituye un medio para acreditar la situación de violencia de género.

- **Informe del Ministerio Fiscal que indique la existencia de indicios de que la solicitante es víctima de violencia de género.**

La emisión de este tipo de informes se regula en la Instrucción 2/2005 del Fiscal General del Estado sobre la acreditación por el Ministerio Fiscal de las situaciones de violencia de género.

Para que el Ministerio Fiscal emita dicho informe, se deben cumplir los siguientes requisitos: 1) haber solicitado una orden de protección y constatarse la existencia de indicios de la comisión de determinados hechos delictivos; 2) la solicitante del informe debe ser víctima de actos de violencia de género; y 3) debe apreciarse una situación objetiva de riesgo para la víctima.

Antes de la reforma realizada por el Real Decreto-Ley 9/2018, estos informes del Ministerio Fiscal revestían mayor importancia porque, de acuerdo con la redacción original del artículo 23 LO 1/2004, la acreditación de las situaciones de violencia de género solo se realizaba a través de una orden de protección. Si se concedía, por ejemplo, una orden de alejamiento del artículo 544 bis, la víctima no disfrutaba del estatuto de protección integral de carácter económico, social, laboral y administrativo característico de las víctimas de violencia de género.

En la actualidad, este medio de acreditación reviste menos relevancia por cuanto las situaciones de violencia de género se pueden acreditar a través de otros medios, entre ellos, cualquier resolución judicial que establezca una medida cautelar a favor de la víctima, así como informes de determinados servicios públicos.

• **Informe de los servicios sociales, de los servicios especializados o de los servicios de acogida destinados a víctimas de violencia de género de la Administración Pública competente.**

Para unificar criterios en esta cuestión, la Conferencia Sectorial de Igualdad celebrada el día 3 de abril de 2019 ha establecido un modelo común para la acreditación de la situación de violencia de género y la relación de los servicios que pueden emitir dicha certificación.

Cada Comunidad Autónoma ha indicado los organismos, recursos y servicios que pueden certificar las situaciones de violencia de genero. A título de ejemplo, podemos citar que, en Andalucía, se ha designado al Instituto Andaluz de la Mujer; en la Comunidad de Madrid, a la Dirección General de Igualdad de la Consejería de Políticas Sociales, Familias, Igualdad y Natalidad; y, en el caso de Extremadura, a la Dirección General del Instituto de la Mujer de Extremadura de la Consejería de Cultura e Igualdad.

• Cualquier otro título, siempre que ello esté previsto en las disposiciones normativas de carácter sectorial que regulen el acceso a cada uno de los derechos y recursos.

5. LEGISLACIÓN

Artículos 1 y 23 de la Ley Orgánica 1/2004, de 28 de diciembre, de Medidas de Protección Integral contra la Violencia de Género.

6. JURISPRUDENCIA

1) STS 1376/2011, Sala de lo Penal, de 23 de diciembre. Ponente: Excmo. Sr. D. Juan Ramón Berdugo Gómez de la Torre.

El grado de asimilación al matrimonio de la relación afectiva no matrimonial no ha de medirse tanto por la existencia de un proyecto de vida en común, sino por la comprobación de que comparte con aquel la naturaleza de afectividad.

> «El grado de asimilación al matrimonio de la relación afectiva no matrimonial no ha de medirse tanto por la existencia de un proyecto de vida en común, con todas las manifestaciones que caben esperar en éste, como precisamente por la comprobación de que comparte con aquél la naturaleza de la afectividad en lo

que la redacción legal pone el acento, la propia de una relación personal e íntima que traspase con nitidez los límites de una simple relación de amistad, por intensa que sea ésta.

Los preceptos mencionados no tienen como finalidad dispensar una especial protección a la institución matrimonial, sino justamente sancionar la aparición en la relación sentimental que es inherente a aquélla, pero que comparte con otras uniones afectivas a las que se extiende la protección, de situaciones de violencia, maltrato o dominación.

Las relaciones de pareja constituyen, como refiere la Exposición de Motivos de la LO 1/2004, uno de los tres ámbitos básicos de relación de la persona con las que suele producirse la aparición de la violencia de género. En efecto, una de las razones por las que, precisamente se extendió el círculo de los sujetos pasivos que podrían quedar afectados por los hechos previstos en los arts. 153, 171-4 y 173.2 CP, no fue otra que la de extender la especial protección del tipo a aquellas relaciones que, conforme a la legislación anterior, estaban excluidas por no concurrir el requisito de la convivencia y estabilidad en la redacción de análoga afectividad a la del matrimonio.

Con ello tienen cabida no sólo las relaciones de estricto noviazgo (término no empleado en el precepto penal que examinaremos) esto es, aquellas que, conforme a un estricto método gramatical, denotan una situación transitoria en cuanto proyectada a un futuro de vid. en común, sea matrimonial, sea mediante una unión de hecho más o menos estable y con convivencia, sino también aquellas otras relaciones sentimentales basadas en una afectividad de carácter amoroso y sexual (y aquí radica la relación de analogía con el matrimonio/que, por no quedar limitadas a una mera relación esporádica y coyuntural, suponen la existencia de un vínculo afectivo de carácter íntimo entre las componentes de la pareja, cualquiera que sea la denominación precisa con la que quiere designarse».

2) STS 1068/2009, Sala de lo Penal, de 4 de noviembre. Ponente: Excmo. Sr. D. Diego Antonio Ramos Gancedo.

Un hombre no puede ser sujeto pasivo de un delito de violencia de género.

«No obstante tal calificación, la sentencia aplica el tipo delictivo del art. 171.4º (por error, sin duda, se cita el 171.5) aduciendo por todo soporte argumental que entre amenazante y amenazado existía una relación de "pareja conviviente, siendo en aquel momento compañeros sentimentales".

Ocurre, sin embargo, que el tipo penal aplicado establece con meridiana claridad que el sujeto pasivo de la leve amenaza es la persona que sea o haya sido la esposa o mujer que esté o haya estado ligado al autor por una relación análoga de afectividad. No prevé la norma que la víctima pueda ser un individuo del sexo masculino.

En nuestro caso, la relación de pareja sentimental se establece entre dos hombres, lo que escapa a la descripción típica, sin que le esté permitido a esta Sala hacer una interpretación extensiva de la norma, en perjuicio del reo, máxime teniendo en cuenta que las diversas cuestiones de inconstitucionalidad planteadas sobre el art. 171.4 CP, en la redacción dada al mismo por el art. 38 de la LO 1/2004, de 28 de noviembre, de Medidas de Protección Integral contra la Violencia de Género, por vulnerar los arts. 9.3 y 10, 14, 24.2 y 25 C.E. (en una de las cuales se aducía precisamente como ejemplo de discriminación por omisión, el que la Ley no contemple los actos de violencia cometidos en una pareja estable homosexual, con lo que, en todo caso estarían excluidos de los arts. 153.1 y 171.4º CP los supuestos de parejas homosexuales masculinas), han sido todas ellas desestimadas por distintas resoluciones del Alto Tribunal y, en concreto, por las dictadas por los Plenos de éste en SSTC de 24 de julio de 2.008 y de 19 de febrero de 2.009, en la que se recalca —entre otras consideraciones— que el art. 171.4 no vulnera ninguno de los valores constitucionales que se protegen en los preceptos invocados por los proponentes, ya mencionados, señalando que el artículo del Código Penal cuestionado, que establece paladinamente como autor del hecho punible a un hombre y como víctima a una mujer se sustenta, en primer lugar, en las finalidades de la diferenciación, que, conviene recordarlo, son la protección de la libertad y de la seguridad de las mujeres, "que el legislador entiende como insuficientemente protegid[a]s en el ámbito de las relaciones de pareja", y "la lucha contra la desigualdad de la mujer en dicho ámbito" (STC 59/2008, F. 8)».

3) STS 59/2013, Sala de lo Penal, 1 de febrero. Ponente: Excmo. Sr. D. Julián Artemio Sánchez Melgar.

Dentro de la violencia de género tienen cabida las relaciones de noviazgo y las relaciones sentimentales basadas en una afectividad de carácter amoroso y sexual.

«La jurisprudencia de esta Sala ha declarado que por relación de afectividad, debe estimarse: a) Existencia de una relación matrimonial o asimilada a la matrimonial, y b) Que el delito cometido tenga relación directa o indirecta con el marco o vínculo de relaciones o comunidad de vida de ambas personas —STS 216/2007—, por lo que el plus de punición se justifica por el plus de culpabilidad que supone que el autor desprecie con su acción la comunidad de convivencia que tiene con la víctima.

Esta circunstancia de parentesco, tiene su proyección más típica en los arts. 153, 171-4 º y 173 CP en relación a la violencia de género.

Hay que recordar que la jurisprudencia de esta Sala en relación a los artículos más arriba citados de la violencia contra la mujer, estima que la eliminación de la nota de convivencia, ha dado entrada dentro de la violencia contra la mujer, no solo las relaciones de estricto noviazgo, sino aquellas otras relaciones sentimentales basadas en una afectividad de carácter amoroso y sexual como se recoge en la STS 1376/2011, de 23 de diciembre, aunque no falten otras que exigen un mínimo de consistencia y de vocación de futuro —STS 1348/2011, de 14 de diciembre—. De manera que una relación sentimental estable de unos tres años de duración, cumple sobradamente los requisitos expuestos».

4) SAP Madrid 1329/2008, Sección 27ª, 10 de noviembre. Ponente: Ilma. Sra. D.ª Pilar Rasillo López.

Dentro del concepto de violencia de género se pueden incluir las relaciones extramatrimoniales.

«Pues bien, en la presente causa, negada por el acusado la relación sentimental con la denunciante, ha quedado probado que entre víctima y agresor existía una relación de pareja, tal como se analiza en la sentencia de instancia, que excedía de la simple amistad, tratándose de novios, desde hacía dos años, siendo considerados como tales por todas sus amistades y su entorno, teniendo el acusado llaves de la casa de D.ª Mercedes a la que entraba y salía tal como manifiesta la vecina de D.ª Mercedes, conociéndose sus familias y habiendo propuesto matrimonio al acusado a D.ª Mercedes según han manifestado tanto el testigo D. Bernardo (amigo de D.ª Mercedes a quien así se lo dijo el acusado) y D.ª Marta (vecina de D.ª Mercedes).

La denunciante D.ª Estela ha declarado que mantiene una relación sentimental con el recurrente desde hace aproximadamente un mes y medio, que no residen en el mismo domicilio si bien esporádicamente el recurrente permanece en el domicilio de la denunciante, resultando que posee las llaves del mismo (la denunciante se las pidió cuando llegó a su casa en estado ebrio).

De todo ello ha de concluirse, como hace correctamente la Juzgadora de instancia que estamos ante una relación sentimental entre el agresor y su víctima, estable y ciertamente duradera, acudiendo el acusado al domicilio de la denunciante a su conveniencia, habiéndola propuesto matrimonio, siendo considerados socialmente como pareja, lo que va mucho más allá de una simple amistad, es tenido como pareja, lo que supone un vínculo íntimo acreditativo de ese plus reconocido y tutelado en el art. 153 C.P. objeto de aplicación, estándose en definitiva ante una de las relaciones en él tipificadas».

CAPÍTULO IV

JUZGADOS DE VIOLENCIA SOBRE LA MUJER

1. INTRODUCCIÓN

Una de las principales novedades de la LO 1/2004, de 28 de diciembre, fue la creación de los Juzgados de Violencia sobre la Mujer.

Se trata de unos órganos judiciales especializados dentro de la Jurisdicción Penal que, en determinados supuestos, extienden su conocimiento a algunos procesos civiles en materia de Derecho de Familia.

El objetivo de este Capítulo consiste en analizar estos órganos judiciales y, a tal efecto, nos detendremos en los siguientes aspectos:

— Características.
— Organización.

2. CARACTERÍSTICAS

Los Juzgados de Violencia sobre la Mujer son **órganos unipersonales de la Jurisdicción Penal** que tienen competencia exclusiva en la instrucción de los procesos penales por delitos de violencia de género y, en determinados supuestos, extienden su competencia a resolver algunos procesos civiles relacionados con Derecho de Familia.

Se trata, por tanto, de órganos judiciales especializados en la materia. La **atribución de una competencia dual** (civil y penal) responde a la idea de ofrecer un tratamiento procesal en la misma sede. De esta manera, se evitaba que la víctima tuviera que acudir a un Juzgado de Instrucción para tramitar la causa penal y, posteriormente, a un Juzgado de Familia o, en su caso, de Primera Instancia para solicitar la separación o el divorcio, así como las medida paterno-filiales tras la ruptura de la relación sentimental (custodia de los menores de edad, régimen de visitas, pensión de alimentos, etc.).

La Exposición de Motivos de la LO 1/2004, de 28 de diciembre, justificaba la creación de estos Juzgados de la siguiente manera:

> «En cuanto a las medidas jurídicas asumidas para garantizar un tratamiento adecuado y eficaz de la situación jurídica, familiar y social de las víctimas de violencia sobre la mujer en las relaciones intrafamiliares, se han adoptado las siguientes: conforme a la tradición jurídica española, se ha optado por una fórmula de especialización dentro del orden penal, de los Jueces de Instrucción, creando los Juzgados de Violencia sobre la Mujer y excluyendo la posibilidad de creación de un orden jurisdiccional nuevo o la asunción de competencias penales por parte de los Jueces Civiles. Estos Juzgados conocerán de la instrucción, y, en su caso, del fallo de las causas penales en materia de violencia sobre la mujer, así como de aquellas causas civiles relacionadas, de forma que unas y otras en la primera instancia sean objeto de tratamiento procesal ante la misma sede. Con ello se

asegura la mediación garantista del debido proceso penal en la intervención de los derechos fundamentales del presunto agresor, sin que con ello se reduzcan lo más mínimo las posibilidades legales que esta Ley dispone para la mayor, más inmediata y eficaz protección de la víctima, así como los recursos para evitar reiteraciones en la agresión o la escalada en la violencia».

El Juzgado de Violencia sobre la Mujer ejerce su **jurisdicción en el partido judicial**.

El partido judicial constituye una de las categorías de la división territorial del Estado a efectos judiciales junto con el municipio, la provincia y la Comunidad Autónoma (artículo 30 LOPJ).

El Juzgado tiene sede en la **capital del partido judicial** y extiende su jurisdicción a todo su ámbito territorial. No obstante, existe la posibilidad de que el Gobierno, a propuesta del Consejo General del Poder Judicial y en su caso, con informe de la Comunidad Autónoma con competencias en materia de Justicia, podrá establecer mediante real decreto que los Juzgados de Violencia sobre la Mujer que se determinen extiendan su jurisdicción a dos o más partidos dentro de la misma provincia.

En consecuencia, a modo de resumen, pueden sistematizarse las siguientes **características**:

— Son órganos judiciales unipersonales.
— Se integran dentro de la Jurisdicción Penal.
— Su competencia se extiende al partido judicial si bien, tras la reforma de la LO 7/2015 de 21 de julio, pueden extender su jurisdicción a dos o más partidos dentro de la misma provincia.
— Establecen su sede en la capital del partido judicial y toman la designación del municipio en el que se encuentren.
— Tienen competencias penales relacionadas con la instrucción de los delitos de violencia de género, la adopción

de órdenes de protección, el enjuiciamiento de los delitos leves y el dictado de sentencias de conformidad en los Juicios Rápidos.

— Asumen competencias civiles, en determinados supuestos, para la tramitación de procesos relacionados con el Derecho de Familia (nulidad, separación, divorcio, medidas paterno-filiales, etc.).

3. ORGANIZACIÓN

En España existen tres modelos de organización y funcionamiento de los Juzgados de Violencia sobre la Mujer de acuerdo con artículo 87 bis LOPJ y el artículo 15 bis de la Ley 38/1988, de 28 de diciembre, de Demarcación y Planta Judicial:

- **Juzgados exclusivos.**

Se trata de órganos judiciales que tienen competencia exclusiva y excluyente en las materias civiles y penales relacionados con la violencia de género (artículo 87 bis, apartado 1, LOPJ).

Estos Juzgados se han creado en aquellos partidos judiciales en los que existe mayor carga de trabajo y, por tanto, existe uno o varios Juzgados de esta clase dedicados en exclusiva a la tramitación de estos procedimientos.

Desde el año 2005, se han ido creando y constituyendo unidades judiciales de esta clase. El número de estos Juzgados varían en función de la población del partido judicial. Así, por ejemplo, en Madrid existen once Juzgados exclusivos; en Barcelona, cinco Juzgados; en Sevilla, cuatro Juzgados; y, en Almería, un solo Juzgado.

- **Juzgados compatibles con otras competencias.**

En aquellos partidos judiciales con menor carga de trabajo, se ha optado por atribuir de forma exclusiva el conocimiento de los asuntos relacionados con la violencia de género a un Juzgado de Instrucción (partidos judiciales con jurisdicción civil y penal separada) o un Juzgado de Primera Instancia e Instrucción (partidos judiciales con jurisdicción mixta).

Esta atribución competencial es compatible con las restantes competencias propias del órgano jurisdiccional de que se trate (artículo 87 bis, apartado 3, LOPJ). Por ejemplo, si se trata de un Juzgado de Instrucción, además de la instrucción de los procesos penales por violencia de género, seguirá asumiendo la instrucción de los demás procesos penales, celebración de juicios sobre delito leve, etc.

A fin de paliar el incremento de trabajo que supone la atribución exclusiva de competencias en violencia de género, las respectivas Juntas de Jueces de cada partido judicial han acordado una exención total o parcial en el reparto de otros asuntos (por ejemplo, que no se le reparten querellas o, en su caso, en un porcentaje menor al resto de órgano judiciales).

Este modelo de organización es el que rige, por ejemplo, en el partido judicial de Majadahonda integrado por ocho Juzgados de Primera Instancia e Instrucción. En este caso, el Juzgado mixto n.º 7 tiene atribuido el conocimiento en exclusiva de los procesos en materia de violencia sobre la mujer.

- **Juzgados únicos.**

Si en el partido judicial solo existe un Juzgado de Primera Instancia e Instrucción, éste debe asumir lógicamente la tramitación y resolución de todos los procesos en materia de violencia sobre la mujer, así como las restantes en el orden civil y penal (artículo 87 bis, apartado 4, LOPJ).

4. LEGISLACIÓN

Artículo 87 bis de la Ley Orgánica 6/1985, de 1 de julio, del Poder Judicial.

Artículo 15 bis de la Ley 38/1988, de 28 de diciembre, de Demarcación y Planta Judicial.

CAPÍTULO V

DERECHOS DE LAS MUJERES VÍCTIMAS DE VIOLENCIA DE GÉNERO

1. INTRODUCCIÓN

Las mujeres víctimas de violencia de género tienen reconocido un conjunto de derechos de diversa naturaleza cuya finalidad es, en definitiva, facilitar el fin de la relación con el agresor y recuperar su proyecto de vida.

No existe una normativa que unifique la regulación de esta materia. Por tal motivo, la elaboración de un catálogo sistemático de derechos exige acudir a numerosas disposiciones, entre ellas, la LO 1/2004, la Ley de Enjuiciamiento Criminal, el Estatuto de la Víctima del Delito, el Estatuto de los Trabajadores o la Ley General de la Seguridad Social.

Dentro de este catálogo de derechos podríamos distinguir dos bloques.

Un **primer bloque** vendría constituido por los derechos de carácter social, asistencial o laboral que se reconocen a las mujeres víctimas de violencia de género.

Un **segundo bloque** estaría integrado por los derechos que se reconocen a las mujeres por ser víctimas de un delito y que tienen una incidencia en las distintas fases del proceso penal (investigación, enjuiciamiento y ejecución).

Dado que el presente Manual versa sobre los aspectos procesales relacionados con la violencia de género, vamos a centrar nuestra explicación en este punto, sin perjuicio de que, en el último apartado, haremos una breve referencia a los derechos sociales, laborales y de carácter asistencial.

2. CONCEPTO DE VÍCTIMA

Se puede definir como **víctima de violencia de género** a la mujer que es objeto de cualquier acto de violencia física y psicológica, incluidas las agresiones a la libertad sexual, las amenazas, las coacciones o la privación arbitraria de libertad, ejercido sobre ella por parte de quien sea o haya sido su cónyuge o de quien esté o hayan estado ligado a ella por relaciones similares de afectividad, aun sin convivencia (artículo 1 LO 1/2004).

Esta definición debe completarse con las disposiciones del artículo 2 de la Ley 4/2015, de 27 de abril, del Estatuto de la víctima del delito que introduce, en el proceso penal español, la distinción entre las **víctimas directas e indirectas**:

— La *víctima directa* es «toda persona física que haya sufrido un daño o perjuicio sobre su propia persona o patrimonio, en especial lesiones físicas o psíquicas, daños emocionales o perjuicios económicos directamente causados por la comisión de un delito».

— La *víctima indirecta* surge cuando el delito ha causado directamente la muerte o desaparición del ofendido.

En este caso, se considera víctima indirecta:

- A su cónyuge no separado legalmente o de hecho y a los hijos de la víctima o del cónyuge no separado legalmente o de hecho que en el momento de la muerte o desaparición de la víctima convivieran con ellos.
- A la persona que hasta el momento de la muerte o desaparición hubiera estado unida a ella por una análoga relación de afectividad y a los hijos de ésta que en el momento de la muerte o desaparición de la víctima convivieran con ella;
- A sus progenitores y parientes en línea recta o colateral dentro del tercer grado que se encontraren bajo su guarda y a las personas sujetas a su tutela o curatela o que se encontraren bajo su acogimiento familiar.
- Si no existen los parientes mencionados anteriormente, se considera víctima indirecta a los demás parientes en línea recta y a sus hermanos, con preferencia, entre ellos, del que ostentara la representación legal de la víctima.

Para entender la anterior distinción, basta poner un ejemplo. En el caso de que el esposo o pareja haya golpeado sin causa lesión (artículo 153.1 CP), la mujer agredida tendrá la consideración de víctima directa.

En cambio, si el agresor ha matado a su esposa, en tal caso se considerará víctima indirecta los hijos del matrimonio o pareja y a los progenitores de la mujer fallecida.

3. DERECHOS PROCESALES Y EXTRAPROCESALES DE LAS MUJERES VÍCTIMAS DE VIOLENCIA DE GÉNERO

La elaboración de un catálogo sistemático de derechos procesales y extraprocesales de las víctimas de violencia de género presenta algunas dificultades dado que, hasta la fecha, vienen reconocidos en múltiples disposiciones legales.

Ciñéndonos a la LO 1/2004, la Ley de Enjuiciamiento Criminal y el Estatuto de la Víctima, podríamos citar los siguientes derechos:

- **Derecho a entender y ser entendida.**

Este derecho, que se contempla en el artículo 4 EVD, rige desde la información previa a la interposición de la denuncia y durante las distintas fases de desarrollo del proceso penal.

Este derecho supone las siguientes implicaciones:

— Todas las comunicaciones con las víctimas, orales o escritas, se han de hacer en un lenguaje claro, sencillo y accesible, de un modo que tenga en cuenta sus características personales y, especialmente, las necesidades de las personas con discapacidad sensorial, intelectual o mental o su minoría de edad. Si la víctima fuera menor o tuviera la capacidad judicialmente modificada, las comunicaciones se harán a su representante o a la persona que le asista.

— Se debe facilitar a la víctima la asistencia o apoyo necesarios para que pueda hacerse entender con las autoridades o las Oficinas de Asistencia a las Víctimas, lo que incluye la interpretación en las lenguas de signos reconocidas legalmente y los medios de apoyo a la comunicación oral de personas sordas, con discapacidad auditiva y sordo ciegas.

— La víctima puede estar acompañada de una persona de su elección desde el primer contacto con autoridades y funcionarios.

No obstante, el Juzgado podrá denegar motivadamente el acompañamiento de esta persona cuando preste declaración en calidad de testigo-víctima y se considera que la presenta del acompañante pueda perturbar el correcto desarrollo de la diligencia de investigación (artículo 433 LECR).

- **Derecho a la información.**

Este derecho recogido en el artículo 5 EVD presente ofrecer a la víctima información actualizada sobre el significado de la tramitación de un proceso penal. A tal efecto, las autoridades o funcionarios que traten con la víctima deberán ofrecer información en un lenguaje sencillo y accesible, sobre los siguientes extremos:

— Medidas de apoyo disponibles.

— Modo de ejercicio de su derecho a denunciar y de facilitar elemento de prueba a las autoridades encargadas de la investigación.

— Posibilidad de solicitar medidas de protección y, en su caso, el procedimiento para hacerlo.

— Procedimiento para obtener asesoramiento y defensa jurídica.

— Indemnizaciones a las que pueda tener derecho y, en su caso, procedimiento para reclamarlas.

— Servicios de interpretación y traducción disponibles.

— Procedimiento por medio del cual la víctima puede ejercer sus derechos en el caso de que resida fuera de España.

— Recursos que puede interponer contras las resoluciones que considere contrarias a sus derechos.

— Servicios de justicia restaurativa disponibles.

— Modo de obtener, en su caso, el reembolso de los gastos judiciales.

— Solicitud para que se notifiquen a la víctima determinadas resoluciones procesales, fecha, hora y lugar del juicio, así como el contenido de la acusación dirigida contra el infractor.

• **Derecho a recibir información sobre la causa penal**.

Este derecho se contempla en el artículo 7 EVD y su finalidad de este derecho es informar a la víctima de forma inmediata del devenir del procedimiento penal que se sustancia contra el agresor. A tal efecto, la víctima deberá manifestar una dirección de correo electrónico y, en su defecto, una dirección postal o domicilio, al que serán remitidas las comunicaciones y notificaciones.

En principio, la ley condiciona esta notificación a que la víctima haya solicitado expresamente que se le suministre dicha información. Sin embargo, en el caso de delitos de violencia de género, el artículo 7.3 del Estatuto de la Víctima del delito obliga, en todo caso, a notificar a la víctima determinadas resoluciones que afectan a las medidas cautelares que afectan a su seguridad (prisión provisional, puesta en libertad del infractor, orden de protección, etc.), salvo que la víctima haya manifestado expresamente su deseo de no recibir ninguna notificación.

La información que debe suministrarse a la víctima abarca los siguientes aspectos:

— Fecha, hora y lugar del juicio.

— Contenido de la acusación dirigida contra el infractor.

— Resolución por la que se acuerde no iniciar el procedimiento penal.

— Sentencia que ponga fin al procedimiento.

— Resoluciones que acuerden la prisión o la posterior puesta en libertad del infractor, así como la posible fuga del mismo.

— Resoluciones que acuerden la adopción de medidas cautelares personales o que modifiquen las ya acordadas, cuando hubieran tenido por objeto garantizar la seguridad de la víctima.

— Resoluciones o decisiones de cualquier autoridad judicial o penitenciaria que afecten a sujetos condenados por delitos cometidos con violencia o intimidación y que supongan un riesgo para la seguridad de la víctima. En estos casos y a estos efectos, la Administración penitenciaria comunicará inmediatamente a la autoridad judicial la resolución adoptada para su notificación a la víctima afectada.

— Resoluciones judiciales en materia penitenciaria y, concretamente las siguientes:

- Auto del Juzgado de Vigilancia Penitenciaria que autoriza la posible clasificación del penado en tercer grado antes de que se extinga la mitad de la condena (artículo 36.2, párrafo tercero, CP) cuando se trate de determinados delitos y, entre ellos, homicidio, lesiones, delitos contra la libertad, delitos contra libertad o indemnidad sexuales.

- Auto del Juzgado de Vigilancia Penitenciaria que acuerda que los beneficios penitenciarios, los permisos de salida, la clasificación en tercer grado y el cómputo de tiempo para la libertad condicional se refieran al límite de cumplimiento de condena, y no a la suma de las penas impuestas (artículo 78.3 CP) en el caso de los delitos mencionados anteriormente.

- Auto del Juzgado de Vigilancia Penitenciaria que concede al penado la libertad condicional cuando se trata de determinados delitos (los enumerados en el artículo 36.3 segundo párrafo CP o en el artículo 13.1, letra a, EVD), siempre que se hubiera impuesto una pena de más de cinco años de prisión.

- **Derecho a la traducción e interpretación.**

Este derecho se contempla en el artículo 9 EVD). Toda víctima que no hable o no entienda el castellano o la lengua oficial que se utilice en una determinada actuación procesal tiene derecho:

— A ser asistida gratuitamente por un intérprete que hable una lengua que comprenda cuando se le reciba declaración en la fase de investigación por el Juez, el Fiscal o funcionarios de policía, o cuando intervenga como testigo en el juicio o en cualquier otra vista oral. Este derecho será también aplicable a las personas con limitaciones auditivas o de expresión oral.

— A la traducción gratuita de determinadas resoluciones procesales, entre ellas, la sentencia que ponga fin al procedimiento, autos de prisión provisional o de adopción de medidas cautelares o autos de sobreseimiento. La traducción incluirá un breve resumen del fundamento de la resolución adoptada, cuando la víctima así lo haya solicitado.

— A la traducción gratuita de aquella información que resulte esencial para el ejercicio de los derechos. Las víctimas podrán presentar una solicitud motivada para que se considere esencial un documento.

— A ser informada, en una lengua que comprenda, de la fecha, hora y lugar de celebración del juicio.

La asistencia de intérprete se puede prestar por medio de videoconferencia o cualquier medio de comunicación, salvo que el Juez o Tribunal, de oficio o a instancia de parte, acuerde la presencia física del intérprete para salvaguardar los derechos de la víctima.

- **Derecho de acceso a los servicios de asistencia y apoyo.**

Este derecho se regula en el artículo 10 EVD. Se reconoce a la víctima el derecho de acceder, de forma gratuita y confidencial, a los servicios de asistencia y apoyo facilitados por las Administración Públicas y por las Oficinas de Asistencias a las Víctimas.

Los hijos menores y los menores sujetos a tutela, guarda y custodia de las mujeres víctimas de violencia de género o de personas víctimas de violencia doméstica tendrán derecho a las medidas de asistencia y protección, es decir, los derechos básicos (artículos 4 a 10 EVD) y la protección de las víctimas (artículos 19 a 26 EVD).

Las Oficinas de Asistencia a las Víctimas tienen un elenco variado de funciones cuyo objetivo es prestar una asistencia integral, coordinada y especializada a las víctimas del delito y dar respuesta a sus necesidades específicas.

Dentro de sus funciones, podríamos destacar las siguientes (artículo 19 a 24 del Real Decreto 1109/2015, de 11 de diciembre):

— El apoyo emocional a las víctimas y su asistencia terapéutica

— Información sobre el acceso a la justicia gratuita y asistencia para su solicitud.

— Evaluación de un plan de apoyo psicológico para las víctimas vulnerables y en los casos en los que se aplica una orden de protección.

— Información sobre los servicios especializados disponibles que puedan prestar asistencia a la víctima, a la vista de sus circunstancias personales y la naturaleza del delito de que pueda haber sido objeto.

— Acompañamiento de la víctima a lo largo del proceso.

— Colaboración y coordinación con los organismos, instituciones y servicios que están implicados en la asistencia a las víctimas.

— Recibir la comunicación de las resoluciones judiciales y realizar las funciones de información y asistencia que, en su caso, resulten precisas.

- **Derecho a formular denuncia y a solicitar copia de ésta.**

Este derecho se contempla en el artículo 6 EVD. A través de la denuncia, se ponen en conocimiento del Juzgado, Fiscalía o Policía la comisión de unos hechos que revisten caracteres de delito.

En la denuncia, la víctima deberá contener los datos de identificación del agresor, la relación que existe con él, si existen hijos, así como los hechos que motivan la denuncia y la solicitud, en su caso, de que se adopte una orden de protección.

Dado que los delitos de violencia de género son delitos públicos, cualquier ciudadano que tenga noticia de los mismos está obligado a formular denuncia, salvo que sea impúber o no goce del pleno uso de la razón (artículo 260 LECR) o se trata de determinados parientes del investigado (artículo 261 LECR).

En cuanto a la forma, la denuncia podrá formularse por escrito (deberá firmarse), de palabra (se extenderá acta), personalmente o través de mandatario con poder especial. También podría efectuarse a través de llamada telefónica al número de emergencias (112) o al número especializado en atención de víctimas de violencia de género (016).

La víctima tiene derecho a obtener una copia de la denuncia y a la asistencia lingüística gratuita y a la traducción escrita de la misma, cuando no entienda o no hable ninguna de las lenguas que tengan carácter oficial en el lugar en el que se presenta la denuncia.

• **Derecho a la protección de la víctima durante la investigación penal.**

Este derecho se reconoce en el artículo 21 EVD) y pretende evitar la «victimización secundaria» derivada del contacto con la Administración de Justicia. Para salvaguardar este derecho, la ley establece una serie de medidas:

— Deberá recibirse declaración a las víctimas, cuando resulte necesario, sin dilaciones injustificadas.

— Deberá recibirse declaración a las víctimas el menor número de veces posibles y únicamente cuando resulte estrictamente necesario para los fines de investigación penal.

— Las víctimas tienen derecho a estar acompañadas por una persona de su elección durante la práctica de aquellas diligencias en las que deba intervenir, salvo que motivadamente se resuelva lo contrario por el funcionario o autoridad encargado de la práctica de la diligencia para garantizar el correcto desarrollo de la misma.

— Los reconocimientos médicos de las víctimas solamente se lleven a cabo cuando resulten imprescindibles para los fines del proceso penal, y se reduzca al mínimo el número de los mismos.

- **Derecho a la protección de la intimidad de la víctima.**

Este derecho se contempla en el artículo 22 EVD e implica la obligación de todas las Autoridades y funcionarios que intervengan en el proceso de respetar la intimidad de las víctimas. En el caso de víctimas menores de edad o de víctimas con discapacidad necesitadas de especial protección, debe adoptarse las adoptarse las medidas necesarias para impedir la difusión de cualquier tipo de información que pueda facilitar su identificación.

Para garantizar este derecho en la fase de juicio oral, el Juzgado o Tribunal puede adoptar una serie de medidas y, entre ellas, las siguientes (artículo 681 y 682 LECR):

— Acordar que las sesiones del juicio se celebren a puerta cerrada.
— Prohibir la divulgación o publicación de información relativa a la identidad de la víctima, de datos que puedan facilitar su identificación de forma directa o indirecta, o de aquellas circunstancias personales que hubieran sido valoradas para resolver sobre sus necesidades de protección.
— Prohibir la obtención, divulgación o publicación de imágenes de la víctima o de sus familiares.
— Restringir la presencia de los medios de comunicación audiovisuales en las sesiones del juicio.

- **Derecho a ejercer la acción penal o civil.**

Este derecho se contempla en los artículos 11, letra a, EVD y artículos 109, 109 bis y 110 LECR.

La víctima puede ejercitar la acción penal a través de su personación como acusación particular. De esta manera, podrá formular escrito de calificación provisional (artículo 650 LECR) o escrito de acusación (artículo 781 LECR) y solicitar que se condena al agresor a la pena que corresponda según el delito cometido.

En el aspecto civil, la víctima puede interesar la restitución, la reparación del daño o la indemnización de daños y perjuicios (artículo 110 CP). En el acto de recibirse declaración a la víctima y efectuarse el ofrecimiento de acciones, se le preguntará si reclama la responsabilidad civil derivada del delito (artículo 109 LECR) o si, por el contrario, renuncia a la misma o se reserva las acciones para ejercitarlas en la vía civil (artículo 111 LECR).

En los delitos de violencia de género, la responsabilidad civil suele concretarse en el importe de la indemnización por los perjuicios físicos y psicológicos causados a la víctima. Así, por ejemplo, en un delito de malos tratos en el ámbito familiar (artículo 153.1 CP) al agresor, en caso de resultar condenado, deberá indemnizar los días que la mujer ha necesitado para la curación de las lesiones y, en su caso, las secuelas que le haya causado.

No existe un baremo que determine el importe de estas indemnizaciones. En la práctica forense, se toma como referencia el baremo que cuantifica los daños personales derivados de accidentes de circulación aprobado por la Ley 35/2015, de 22 de septiembre. Sin embargo, la jurisprudencia ha reconocido que el importe de estas indemnizaciones debe incrementarse dado que, en este caso, nos encontramos ante hechos dolosos que tienen un mayor desvalor penal que los causados de forma imprudente.

• **Derecho a personarse en las actuaciones y tomar conocimiento de lo actuado.**

Este derecho se contempla en los artículos 302, 771 y 776 LECR.

Las víctimas de violencia de género pueden personarse como acusación particular en cualquier momento del procedimiento si bien ello no permitirá retrotraer ni reiterar las actuaciones ya practicadas antes de su personación, ni podrá suponer una merma del derecho de defensa del acusado (artículo 20.7 LO 1/2004).

Hasta que se proceda a la designación de Procurador, el Abogado nombrado para la asistencia de la víctima ostenta también su representación en tanto que se produzca la personación como acusación (artículo 20.6 LO 1/2004).

Una vez personada en las actuaciones, podrá tomar conocimiento de lo actuado, salvo que el Juzgado haya decretado, total o parcialmente, el secreto de actuaciones cuando resulte necesario para: 1) evitar un riesgo grave para la vida, libertad o integridad física de otra persona; o 2) prevenir una situación que pueda comprometer de forma grave el resultado de la investigación o del proceso.

En todo caso, el secreto de sumario deberá alzarse necesariamente con al menos diez días de antelación a la conclusión del sumario (artículo 302 LECR).

- **Derecho a la asistencia jurídica gratuita.**

Este derecho se reconoce en el artículo 20 LO 1/2004 y artículo 2, letra g, de la Ley 1/1996, de 10 de enero, de Asistencia Jurídica Gratuita.

Las víctimas de violencia de género tienen derecho a recibir asesoramiento jurídico gratuito en el momento inmediatamente previo a la interposición de la denuncia, y a la defensa y representación gratuitas por abogado y procurador en todos los procesos y procedimientos administrativos que tengan causa directa o indirecta en la violencia padecida.

Se garantiza, por tanto, una defensa jurídica gratuita y especializada de forma inmediata a todas las víctimas de violencia de género que lo soliciten

Este derecho se reconoce con independencia de la existencia de recursos para litigar. Por tanto, no se aplican los umbrales de renta establecidos en el artículo 3 de la Ley 1/1996, de 10 de enero, de asistencia jurídica gratuita.

La mujer adquiere la condición de víctima —a efectos de que se conceda el beneficio de justicia gratuita— cuando se formula denuncia o querella o se inicia un proceso penal por hechos que revisten los caracteres de violencia de género.

El beneficio de justifica gratuita se pierde tras la firmeza de la sentencia absolutoria, o del sobreseimiento definitivo o provisional por no resultar acreditados los hechos delictivos. En cualquier caso, la mujer víctima no tendrá la obligación de abonar el coste de las prestaciones disfrutadas gratuitamente hasta ese momento.

El contenido del derecho a la asistencia jurídica gratuita se concreta en los siguientes extremos:

— Asesoramiento y orientación gratuitos previos al proceso y, especialmente, antes de interponer denuncia.

— Defensa y representación gratuitas por medio de abogado y procurador en todos los procesos judiciales y administrativos relacionados con la violencia ejercida.

— Inserción gratuita de anuncios o edictos, en el curso del proceso, que preceptivamente deban publicarse en periódicos oficiales.

— Exención del pago de tasas y depósitos judiciales necesarios para interponer recursos.

— Asistencia pericial gratuita en el proceso a cargo del personal técnico adscrito a los órganos jurisdiccionales, o, en su defecto, a cargo de funcionarios, organismos o servicios técnicos dependientes de las Administraciones públicas.

— Obtención gratuita o reducción del 80% de los derechos arancelarios de los documentos notariales cuando tengan relación directa con el proceso y sean requeridos por el órgano judicial en el curso del mismo, o sirvan para la fundamentación de la pretensión del beneficiario de la justicia gratuita.

— Reducción del 80 por 100 de los derechos arancelarios que correspondan por la obtención de notas, certificaciones, anotaciones, asientos e inscripciones en los Registros de la Propiedad y Mercantil, cuando tengan relación directa con el proceso y sean requeridos por el órgano judicial en el curso del mismo, o sirvan para la fundamentación de la pretensión del beneficiario de la justicia gratuita.

• **Derecho a la obtención de ayudas por ser víctimas de delitos violentos y contra la libertad sexual.**

Estas ayudas públicas se regulan en la Ley 35/1995, de 11 de diciembre, de ayudas y asistencia a las víctimas de delitos violentos y contra la libertad sexual. Esta normativa ha sido objeto de desarrollo a través del Real Decreto 738/1997, de 23 de mayo.

Las ayudas se tramitan y resuelven por el Ministerio de Economía y Hacienda (artículo 8.1 Ley 35/1995).

Pueden solicitar estas ayudas públicas las víctimas directas e indirectas de los delitos dolosos y violentos, cometidos en España, en cualquier de los siguientes supuestos (artículo 1.1 Ley 35/1995):

— Delitos con resultado de muerte.

— Delitos con resultado de daños graves en la salud física o mental.

— Delitos contra la libertad sexual, aunque se perpetren sin violencia.

Con carácter general, pueden acceder a estas ayudas quienes, en el momento de cometerse el delito, sean españoles o nacionales de algún otro Estado miembro de la Unión Europea o quienes, no siéndolo, residan habitualmente en España o sean nacionales de otro Estado que reconozca ayudas análogas a los españoles en su territorio.

Cuando se trate de víctimas de violencia de género, podrán acceder a las ayudas las mujeres nacionales de cualquier otro Estado que se hallen en España, cualquiera que sea su situación administrativa.

El plazo para solicitar estas ayudas será de 3 años contado desde la fecha en que se produjo el hecho delictivo cuando se trata de un delito de violencia de género (artículo 7.4 Ley 35/1995). En los restantes casos, el plazo es de 1 año (artículo 7.1 Ley 35/1995). No obstante, dicho plazo queda en suspenso con el inicio del proceso penal y volverá a correr una vez recaiga resolución judicial firme que ponga fin provisional o definitivamente al proceso y le haya sido notificada personalmente a la víctima.

El importe de las ayudas no puede superar en ningún caso la indemnización fijada en la sentencia. En cuanto a su fórmula de cálculo, se establecen distintos sistemas en función del delito sufrido por la víctima (artículo 6.1 Ley 35/1995). En el caso de víctimas de violencia de género, el importe de las ayudas se incrementará en un 25%. En el caso de muerte de la mujer por un acto de violencia de género, dicho incremento se aplicará a la indemnización que corresponda a los beneficios hijos menores de edad o mayores incapacitados (artículo 6.2 Ley 35/1995).

Pueden concederse ayudas provisionales con anterioridad a que recaiga resolución judicial firme que ponga fin al proceso penal, siempre que quede acreditada la precaria situación económica en que hubiese quedado la víctima o sus beneficiarios. Cuando la víctima del delito tenga la consideración de víctima de violencia de género, podrán concederse las ayudas provisionales cualquiera que sea la situación económica de la víctima o de sus beneficiarios (artículo 10.1 Ley 35/1995).

Finalmente, se establece una acción de subrogación del Estado hasta el total importe de la ayuda provisional o definitiva satisfecha a la víctima o beneficiarios en los derechos que asistan a los mismos contra el obligado civilmente por el hecho delictivo (artículo 13 Ley 35/1995).

4. REFERENCIA A LOS DERECHOS SOCIALES, LABORALES Y ASISTENCIALES DE LAS MUJERES VÍCTIMAS DE VIOLENCIA DE GÉNERO

Una vez analizados los derechos de las mujeres víctimas de violencia de género que tienen incidencia en el proceso penal, haremos una breve referencia a los derechos sociales, laborales y asistenciales.

Dentro de este apartado, vamos a centrar nuestro estudio en los siguientes derechos:

- **Derecho a la asistencia social integrada.**

Este derecho se contempla en el artículo 19 LO 1/2004). Se reconoce a las víctimas el derecho a contar con unos servicios sociales de atención multidisciplinar que se impliquen, entre otros factores, en la información a las víctimas, atención psicológica, apoyo social, seguimiento de las reclamaciones efectuadas, apoyo educativo a la unidad familiar y a la formación e inserción laboral.

Estos servicios también prestarán asistencia social integral a los menores que se encuentren bajo la patria potestad o guarda y custodia de la persona agredida.

- **Derechos laborales.**

En el Estatuto de los Trabajadores, se reconocen los siguientes derechos:

— Derecho a la reducción de la jornada de trabajo con disminución proporcional del salario o a la reordenación del tiempo de trabajo, a través de la adaptación del horario, de la aplicación del horario flexible o de otras formas de ordenación del tiempo de trabajo que se utilicen en la empresa, para que la mujer haga efectiva su protección o su derecho a la asistencia social integral (artículo 37.8 ET).

— Derecho a la movilidad geográfica. Las mujeres que se vean obligadas a abandonar su puesto de trabajo en la localidad donde venían prestando sus servicios, para hacer efectiva su protección o su derecho a la asistencia social integral, tendrán derecho preferente a ocupar otro puesto de trabajo, del mismo grupo profesional o categoría equivalente, que la empresa tenga vacante en cualquier otro de sus centros de trabajo. La empresa le reservará el puesto de trabajo durante los primeros 6 meses (artículo 40.4 ET)

— Derecho a la suspensión del contrato de trabajo por decisión de la trabajadora que se vea obligada a abandonar su puesto de trabajo como consecuencia de ser víctima de violencia de género, con reserva del puesto de trabajo (artículos 45.1, letra n, y artículo 48.8 ET).

— Derecho a la extinción del contrato de trabajo por decisión de la trabajadora que se vea obligada a abandonar definitivamente su puesto de trabajo como consecuencia de ser víctima de violencia de género (artículo 49.1, letra m, ET).

— Nulidad de la decisión extintiva del contrato en el supuesto de las trabajadoras víctimas de violencia de género por el ejercicio de los derechos de reducción o reordenación de su tiempo de trabajo, de movilidad geográfica, de cambio de centro de trabajo o de suspensión de la relación laboral en los términos y condiciones reconocidos en el Estatuto de los Trabajadores (artículo 53.4, letra c, ET).

— Nulidad del despido disciplinario en el supuesto de las trabajadoras víctimas de violencia de género por el ejercicio de los derechos de reducción o reordenación de su tiempo de trabajo, de movilidad geográfica, de cambio de centro de trabajo o de suspensión de la relación laboral en los términos y condiciones reconocidos en el Estatuto de los Trabajadores (artículo 55.5, letra b, ET).

- **Derechos en materia de Seguridad Social**.

Entre otros, podemos citar los siguientes derechos reconocidos en la Ley General de la Seguridad Social:

— El período de suspensión del contrato de trabajo con reserva del puesto de trabajo previsto para las trabajadoras por cuenta ajena, tendrá la consideración de período de cotización efectiva a efectos de las correspondientes prestaciones de la Seguridad Social por jubilación, incapacidad permanente, muerte y supervivencia, maternidad, desempleo y cuidado de menores afectados por cáncer u otra enfermedad grave (artículo 165.5 LGSS).

— Suspensión de la obligación de cotizar a la Seguridad Social durante un período de seis meses para las trabajadoras por cuenta propia o autónomas que cesen en su actividad para hacer efectiva su protección o su derecho a la asistencia social integral (artículo 329.1, letra b, LGSS).

— Se considera en situación legal de desempleo, a los efectos de devengar dicha prestación, la suspensión de la relación laboral o la resolución voluntaria por parte de la trabajadora al verse obligada a abandonar, temporal o definitivamente, su puesto de trabajo como consecuencia de la violencia de género (artículo 267 LGSS).

— Derecho a la pensión de viudedad en los supuestos de separación, divorcio o nulidad matrimonial de las mujeres víctimas de violencia de género que, aunque no sean acreedoras de la pensión compensatoria, acrediten los requisitos exigidos (artículo 220.1 LGSS).

— Incremento de la pensión de orfandad de los huérfanos, en los términos de los supuestos de orfandad absoluta, cuando el condenado por sentencia firme por la comisión de un delito doloso de homicidio en cualquiera de sus formas no pudiese adquirir la condición de beneficiario de la pensión de viudedad, o la hubiese perdido (artículo 233.3 LGSS).

- **Ayuda social.**

Se regula en la Real Decreto 1452/2005, de 2 de diciembre, por el que se regula la ayuda económica establecida en el artículo 27 de la Ley Orgánica 1/2004, de 28 de diciembre, de medidas de protección integral contra la violencia de género.

Se trata de una ayuda económica dirigida a las mujeres víctimas de violencia de género que reúnan los siguientes requisitos:

— Carecer de rentas que, en cómputo mensual, superen el 75 por ciento del salario mínimo interprofesional vigente excluida la parte proporcional de dos pagas extraordinarias.

— Tener especiales dificultades para obtener un empleo, dada su edad, falta de preparación general o especializada o sus circunstancias sociales, lo que se acredita mediante el informe emitido por el Servicio Público de Empleo correspondiente.

Esta ayuda económica se abona en un único pago, y su importe, calculado en función de un número de mensualidades del subsidio por desempleo correspondiente, depende de si la mujer tiene o no familiares a su cargo, y de si la propia mujer y/o los familiares a su cargo tienen reconocido un grado de discapacidad.

Esta ayuda económica es incompatible con la renta activa de inserción —que explicamos a continuación— siempre que esa ayuda se estuviera percibiendo en el momento de la solicitud de admisión en el programa.

- **Renta activa de inserción.**

Se regula en el Real Decreto 1369/2006, de 24 de noviembre, por el que se regula el programa de renta activa de inserción para desempleados con especiales necesidades económicas y dificultad para encontrar empleo.

Es una ayuda económica que se reconoce a las personas desempleadas incluidas en el llamado «programa de renta activa de inserción», a través del cual se llevan a cabo actuaciones encaminadas a incrementar las oportunidades de inserción en el mercado de trabajo.

Para ser incluida en el programa de renta activa de inserción y ser beneficiaria de esta ayuda económica, la mujer víctima de violencia de género deberá cumplir los siguientes requisitos:

— Acreditar su condición de víctima de violencia de género.

— Estar inscrita como demandante de empleo, si bien no se le exige llevar 12 meses inscrita ininterrumpidamente como demandante de empleo.

— No convivir con su agresor.

— Ser menor de 65 años, si bien no se le exige tener 45 o más años de edad.

— Carecer de rentas propias, de cualquier naturaleza, superiores en cómputo mensual al 75% del salario mínimo interprofesional vigente, excluida la parte proporcional de dos pagas extraordinarias.

— Puede ser beneficiaria de un nuevo programa de renta activa de inserción, aunque hubiera sido beneficiaria de otro programa dentro de los 365 días anteriores a la fecha de la solicitud.

La cuantía de la renta activa de inserción es del 80% del Indicador Público de Renta de Efectos Múltiples (IPREM) mensual vigente en cada momento.

5. LEGISLACIÓN

Artículos 17 a 28 de la Ley Orgánica 1/2004, de 28 de diciembre, de Medidas de Protección Integral contra la Violencia de Género.

Artículos 109, 109 bis, 110, 111, 301 y 302 de la Ley de Enjuiciamiento Criminal.

Artículos 4 a 26 de la Ley 4/2015, de 27 de abril, del Estatuto de la víctima del delito.

Artículos 2 y 6 de la Ley 1/1996, de 10 de enero, de Asistencia Jurídica Gratuita.

CAPÍTULO VI

DELITOS DE VIOLENCIA DE GÉNERO

1. INTRODUCCIÓN

Los **delitos de violencia de género** se pueden definir como aquellas infracciones penales que —siguiendo lo establecido en el artículo 1 de la LO 1/2004, de 28 de diciembre— se cometen por el hombre contra su esposa o mujer que éste o haya estado ligada por él por una análoga relación de afectividad aun sin convivencia.

La LO 1/2004, de 28 de diciembre, reforzó la protección penal de las mujeres víctimas de violencia de género mediante la elevación de la sanción penal que se imponía a los hombres por estas conductas.

Esta **diferencia de trato penal** (es decir, penas más graves cuando el hecho se cometía por un varón) fue avalada por el Tribunal Constitucional al considerar, básicamente, que no se infringía el principio de igualdad (artículo 14 CE) puesto que se trata de una diferenciación razonable que no conduce a consecuencias desproporcionadas. La mayor sanción no se impone por el sexo del autor del delito, sino por la mayor gravedad de los hechos cometidos a partir del contexto relacional en que se producen y que suponen una manifestación de una grave y arraigada desigualdad (STC 59/2008).

Esta diferencia punitiva, sin embargo, no se incorporó a todos los delitos, sino exclusivamente en aquellas conductas que, en principio, revestían menor gravedad en atención a la pena establecida por la ley (maltrato de obra, amenazas leves, coacciones leves, etc.). Ésta es la razón por la que no se introdujeron cambios en otros delitos que también podían cometerse por el varón en un contexto de violencia de género como, por ejemplo, el homicidio, detención ilegal, abusos o agresiones sexuales.

En consecuencia, dentro de este apartado, vamos a limitar nuestro estudio a aquellos **delitos que más habitualmente se dan en la práctica diaria de los Juzgados de Violencia sobre la Mujer** y que son los siguientes:

— Lesiones cualificadas (artículo 148.4 CP)
— Malos tratos (artículo 153.1 CP)
— Amenazas leves (artículo 171.4 CP).
— Coacciones leves (artículo 172.2 CP).
— Delito de hostigamiento (artículo 172 ter CP).
— Violencia doméstica habitual (artículo 173.2 CP)
— Injurias o vejaciones injustas de carácter leve (artículo 173.4 CP)
— Delito contra la intimidad —*sexting*— (artículo 197.7 CP)
— Quebrantamiento de condena o de medida cautelar (artículo 468 CP).

2. LESIONES CUALIFICADAS

El artículo 148 CP establece que las lesiones del artículo 147.1 CP podrán ser castigadas con pena de prisión de 2 a 5 años en varios supuestos y, entre ellos, en el apartado 4 «si la víctima fuere o hubiere sido esposa, o mujer que estuviere o hubiere estado ligada al autor por una análoga relación de afectividad, aun sin convivencia».

Este tipo penal exige que el sujeto haya cometido un delito de lesiones contemplado en el artículo 147.1 CP lo que supone el cumplimiento de dos requisitos:

— Que el sujeto activo haya atentado contra la integridad corporal o salud física o mental de la víctima.
— Que le haya provocado lesiones que objetivamente requieran tratamiento médico o quirúrgico.

La **jurisprudencia del Tribunal Supremo** ha ido perfilando el significado de estos conceptos. Por un lado, considera «tratamiento médico» como la planificación de un sistema de curación o de un esquema médico prescrito por un titulado en medicina con finalidades curativas. En cambio, el término «tratamiento quirúrgico» resulta más restrictivo porque hace referencia a la realización de cualquier intervención médica de esta naturaleza «cirugía mayor o menor» objetivamente necesaria para reparar el cuerpo humano o para restaurar o corregir cualquier alteración orgánico o funcional producida por las lesiones.

A través de estos criterios generales, la jurisprudencia ha ido interpretando qué tipo de actuaciones médicas constituían o no tratamiento médico o quirúrgico. La exigencia objetiva de este tratamiento reviste especial trascendencia por cuanto, en caso de que necesitarse tales tratamientos, las lesiones serían constitutivas de delito leve (artículo 147.2 CP) o de maltrato de obra (artículo 147.3 CP) que solo pueden perseguirse a instancia de parte (artículo 147.4 CP).

A título de ejemplo, la jurisprudencia ha considerado tratamiento médico la colocación de collarín cervical, los puntos de sutura, escayolas, férulas, puntos de aproximación, ortopedia, etc. En cambio, no se ha considerado tratamiento las radiografías, resonancias magnéticas o la administración de analgésicos.

Por tanto, en caso de haberse cometido un acometimiento del varón hacia la mujer que haya afectado a su integridad física, en primer lugar, se debe examinar si las lesiones han requerido tratamiento médico o quirúrgico. En caso de haberlo requerido, se podría aplicar —de forma facultativa— el artículo de lesiones cualificadas del artículo 148.4 CP. En caso contrario, nos encontraríamos ante un delito de malos tratos en el ámbito familiar del artículo 153.1 CP. Dada la diferencia de penas entre ambos preceptos, debe analizarse detenidamente esta cuestión para una correcta calificación jurídica de los hechos.

Por último, debemos analizar un problema que se suscita en alguna ocasión: **la concurrencia de varias agravantes establecidas en el artículo 148 CP**. Esta situación se produciría, por ejemplo, en el caso de que un varón clave un cuchillo a su mujer causándole lesiones que requieren tratamiento médico. En este caso, concurren al mismo tiempo la agravante de utilización de armas (artículo 148.1 CP) y la agravante porque la víctima sea esposa o mujer ligada por análoga relación de afectividad (artículo 148.4 CP).

Ante esta situación, existen dos posibilidades:

— La *primera opción* es valorar conjuntamente todas las circunstancias y, por tanto, el Tribunal impondrá la pena que considere adecuada dentro de la horquilla del tipo penal (2 a 5 años).

— La *segunda opción* —que se estima más correcta— consiste en valorar una de las circunstancias agravantes como específica para cualificar el delito de acuerdo con el artículo 148 CP. Las restantes circunstancias, se apreciarían como genéricas con los efectos penológicos establecidos en el artículo 66.1 CP (por ejemplo, si concurre una o dos circunstancias agravantes, se impondrá la pena en su mitad superior). Esta solución permite valorar todo el desvalor de la acción realizada por el sujeto activo y no incurre en la prohibición de *non bis in ídem*.

3. MALOS TRATOS

El artículo 153.1 CP contempla el delito de malos tratos en el ámbito familiar. Este tipo penal comprende todo tipo de acometimientos contra la integridad física de una mujer que no requieren tratamiento médico ni quirúrgico.

El delito se puede cometer por el varón de dos maneras:

— Causando un menoscabo psíquico o lesión que no requiera tratamiento médico ni quirúrgico.
— Golpeando o maltratando de otra sin causar lesión.

Este delito, por tanto, abarcaría un conjunto muy amplio de conductas lesivas de la integridad física de la mujer como los empujones, patadas, golpes, puñetazos, forcejeos que, sin embargo, no requieren tratamiento médico ni quirúrgico.

Las **penas** por la comisión de este delito son alternativas pues el Ministerio Fiscal y/o las acusaciones particulares pueden solicitan que se imponga al agresor, bien la pena de prisión (6 meses a 1 año), bien trabajos en beneficio de la comunidad (31 a 80 días). En relación con esta última pena —que suele imponerse en casos menos graves y cuando no existen antecedentes penales— debe tenerse en cuenta que solo puede imponerse previo consentimiento del condenado (artículo 49 CP).

La sentencia, en todo caso, además de las penas anteriormente establecidas (prisión o trabajos en beneficio de la comunidad), deberá imponer:

— Privación del derecho a la tenencia y porte de armas (1 año y 1 día a 3 años)

— Prohibición de aproximación a la víctima por un plazo máximo de 5 años (artículo 57.2 en relación con el artículo 48.2 CP).

El Código Penal —tras la reforma efectuada por la LO 1/2004— ha incorporado en los delitos más habituales relacionados con la violencia de género (malos tratos, amenazas y coacciones) un conjunto específico de agravaciones y un tipo atenuado.

En cuanto a las **agravaciones**, que suponen la aplicación de la pena en su mitad superior, se contemplan en el artículo 153.3 CP y son las siguientes:

— *El delito se cometa en presencia de menores.*

El Tribunal Supremo ha clarificado que el término «en presencia» no debe interpretarse en el sentido de que los menores se hallen físicamente delante de las personas que protagonizan la escena violenta, sino que se extiende a las percepciones sensoriales de otra índole que posibiliten tener conciencia de que se está ejecutando una conducta agresiva de hecho de palabra propia de la escena de violencia. En tales casos, resulta claro que el menor se ve afectado de forma muy negativa en su formación, maduración psico-social y salud física y mental.

— *El sujeto activo utilice armas.*

El fundamento de esta agravación es el peligro abstracto para la salud de la víctima, así como su especial efecto intimidatorio.

— *Se cometa en el domicilio común o en el domicilio de la víctima.*

Esta agravación no se puede aplicar cuando el delito se comete en un lugar de estancia temporal o esporádico como, por ejemplo, la habitación de un hotel. Debe tratarse de un lugar que, por tanto, constituya domicilio entendido como lugar en el que la víctima desarrolla su vida cotidiana ajena a la injerencia de terceras personas y donde existe un marcho de privacidad

— *Se cometa quebrantando una pena o medida cautelar de prohibición de residencia, aproximación o de comunicación.*

En estos supuestos, se podrá condenar por el delito de malos tratos analizado y, a su vez, por el correspondiente delito de quebrantamiento de pena o de medida cautelar del artículo 468 del Código Penal.

En cuanto al **tipo atenuado**, se contempla en el artículo 153.4 CP y permite al Tribunal imponer la pena inferior en grado en atención a las circunstancias personales del autor y las concurrentes en la realización del hecho.

La jurisprudencia viene efectuando una interpretación restrictiva de este precepto cuyo ámbito de aplicación serían aquellos supuestos de levedad de la acción o del resultado producido, concurrencia de una situación de riña mutuamente aceptada por la pareja o supuestos en los que previamente no han existido episodios anteriores de violencia de género.

4. AMENAZAS LEVES

El artículo 171.4 CP castiga el delito de amenazas leves en el ámbito de violencia de género.

Los **elementos** que integran el delito de amenazas serían los siguientes:

— Es un delito de simple actividad, de expresión o de peligro.

— El núcleo del tipo es el anuncio de un mal que tendrá que ser serio, real y perseverante.

— El mal que se anuncia debe ser futuro, injusto, ilícito, determinado, posible, dependiente de la voluntad del sujeto activo y causante de una natural intimidación.

— Es un delito circunstancial en el que deben valorarse las palabras amenazadoras, las personas intervinientes, los actos anteriores, simultáneos y posteriores.

— Debe existir un dolo consistente en el propósito de ejercer presión sobre la víctima, atemorizándola y privándola de tranquilidad y sosiego.

La **diferenciación** entre los distintos tipos de amenazas (leves o graves) depende de muchos factores por cuanto se trata de un delito circunstancial. Habrá que atender a la gravedad de los males anunciados, así como la seriedad y credibilidad en cuanto a su posible realización por el sujeto activo. Deberá analizarse, por tanto, los gestos o expresiones utilizadas y comprobar si son susceptibles de causar cierta intimidación en el sujeto pasivo lo que exigirá, normalmente, atender al contexto en que se hayan efectuado.

Si se considera que se trata de amenazas graves, en tal caso ya no se aplicaría el tipo del artículo 171.4 CP, sino en su caso, el tipo básico de amenazas del artículo 169 CP que prevé penas de 1 a 5 años de prisión (si son amenazas condicionales) o de prisión de 6 meses a 2 años (si no son condicionales).

Las **penas** del delito de amenazas leves del artículo 171.4 CP son las mismas que hemos analizado anteriormente respecto del delito de malos tratos. También debe imponerse con carácter imperativo la pena de prohibición de aproximación a la víctima por un plazo máximo de 5 años (artículo 57.2 en relación con el artículo 48.2 CP).

Al igual que en el delito comentado anteriormente, se prevén las mismas agravaciones (artículo 171.5 CP; a excepción de la utilización de armas) y un tipo atenuado de aplicación facultativo que permite al Tribunal imponer la pena inferior en grado (artículo 171.6 CP).

5. COACCIONES LEVES

El artículo 172.2 CP castiga el delito de coacciones leves en el ámbito de violencia de género.

Los **elementos** de este delito son los siguientes:

— Una acción antijurídica, carente de legitimidad, concretada en el empleo de violencia por el sujeto activo, de naturaleza material (*vis fisica*) o intimidatoria con presión moral (*vis compulsiva*), o incluso violencias ejercidas sobre las cosas (*vis in rebus*).

— La finalidad de la acción del sujeto activo es impedir hacer lo que la ley no prohíbe o efectuar lo que no se quiera, sea justo o injusto.

— Debe existir un ánimo consistente en un deseo de restringir la libertad ajena.

— Debe existir una relación de causalidad entre la acción compulsiva y el resultado generado por la misma.

La diferenciación con el delito menos grave de coacciones del artículo 172.1 CP depende de la intensidad de la coacción ejercida lo que exige un análisis del medio empleado por el autor, de su intencionalidad, así como del contexto en el que se produce. Así, por ejemplo, la jurisprudencia ha considerado que integraría este tipo penal conducta del varón que agarra a su pareja de la muñeca para obligarla a salir a una pista de baile de una discoteca en contra de su voluntad. O la conducta del varón que cambia la cerradura de la vivienda para impedir a su esposa entrar o salir de la misma.

Las **penas** del delito de coacciones leves del artículo 172.2 CP son las mismas que hemos analizado anteriormente respecto del delito de malos tratos y de amenazas. También debe imponerse con carácter imperativo la pena de prohibición de aproximación a la víctima por un plazo máximo de 5 años (artículo 57.2 en relación con el artículo 48.2 CP).

Al igual que en el delito comentado anteriormente, se prevén las mismas agravaciones (artículo 171.2 CP; a excepción de la utilización de armas) y un tipo atenuado de aplicación facultativo que permite al Tribunal imponer la pena inferior en grado (artículo 171.2, *in fine* CP).

6. DELITO DE HOSTIGAMIENTO

El delito de *stalking*, acoso u hostigamiento se ha introducido *ex novo* por la LO 1/2015, de 30 de marzo y se contempla en el artículo 172 ter CP.

El ***stalking*** se puede definir como la persecución ininterrumpida e intrusiva de una persona que pretende iniciar o restablecer contra personal con otra persona contra su voluntad.

Sus principales **caracteres**, por tanto, serían los siguientes:

— Existencia de una conducta reiterada e intencionada que implique una persecución obsesiva.

— La finalidad de dicha persecución está relacionada con la búsqueda de cercanía física o visual.

— La conducta tiene como objetivo una persona concreta.

— Se trata de una situación no deseada por la víctima dado que le provoca una intrusión en su espacio vital que es susceptible de generar una sensación de miedo o intranquilidad.

Las formas de comisión de este delito son de lo más variadas y comprenden tanto las llamadas constantes a la víctima, mensajes de voz, encuentros repetidos no casuales, envío de regalos, pintadas en las proximidades de la casa, chantaje emocional, etc. Por desgracia, este tipo de situaciones se producen con cierta frecuencia en casos de rupturas sentimentales no aceptadas por una de las partes.

La **conducta típica** consiste en «acosar a una persona llevando a cabo de forma insistente y reiterada, y sin estar legítimamente autorizado», ciertas conductas que, de este modo, «alterar gravemente el desarrollo de la vida cotidiana» de la víctima. El artículo 172 ter especifica los medios a través de los cuales puede cometerse este delito:

— Vigilar, perseguir o buscar su cercanía física.

— Establecer o intentar establecer contacto con ella a través de cualquier medio de comunicación, o por medio de terceras personas.

— Adquirir, mediante el uso indebido de sus datos personales, productos o mercancías, o contratar servicios, o hacer que terceras personas se pongan en contacto con ella.

— Atentar contra su libertad o contra su patrimonio, o contra la libertad o patrimonio de otra persona próxima a ella.

El **Tribunal Supremo** ha clarificado que el delito de hostigamiento exige implícitamente una cierta prolongación en el tiempo. Debe existir una patente voluntad de perseverar en acciones intrusivas y que éstas no se perciban como algo puramente episódico o coyuntural. En tal caso, no serían aptas para alterar las costumbres cotidianas de las víctimas y, por tanto, no cumplirían las exigencias para integrar el tipo penal.

En cuanto a las **penas**, en caso de cometerse en un contexto de violencia sobre la mujer, se impondrá la pena de prisión (1 a 2 años) o trabajos en beneficio de la comunidad (60 a 120 días). Esta pena se impondrá sin perjuicio de las que le correspondan por los concretos delitos en que se hubieran concretado los actos de acoso (por ejemplo, si el agresor ha causado daños en alguna propiedad de la esposa, aparte de la pena por el delito de hostigamiento, se le impondrán las penas que correspondan por los delitos de daños).

Si los hechos se cometen por el varón sobre su esposa o mujer con la que esté o haya estado unida por análoga relación de afectividad, no se requiere denuncia de la víctima (artículo 172 ter, apartado 2; CP). Es decir, en tal caso, se configura como un delito público perseguible de oficio al igual que el resto de los delitos de violencia de género.

7. VIOLENCIA DOMÉSTICA HABITUAL

El delito de violencia doméstica habitual se contempla en el artículo 173.2 CP que castiga a quien «habitualmente ejerza violencia física o psíquica»

Aunque el sujeto pasivo de este delito puede ser tanto el varón como la mujer, así como otros familiares (ascendientes, descendientes, hermanos, etc.), vamos a centrar nuestro análisis cuando la víctima sea «quien sea o haya sido su cónyuge o sobre persona que esté o haya estado ligada a él por una análoga relación de afectividad aun sin convivencia».

Los **elementos** que integran este delito son los siguientes:

— *El sujeto activo debe ejercer violencia física o psíquica.*

La violencia física puede manifestarse de muy diversas maneras desde un maltrato de obra sin causar lesión hasta unas lesiones cualificadas por el resultado (artículo 149 y 150 CP). Por su parte, la violencia psíquica puede ejercerse a través de insultos, vejaciones, amenazas, acoso o coacciones.

En relación con esta cuestión, debe tenerse en cuenta el El Acuerdo del Pleno de la Sala II del TS de 21 de julio de 2009 establece que: «El tipo delictivo del artículo 173.2 del Código Penal exige que el comportamiento atribuido sea activo, no siendo suficiente el comportamiento omisivo. Sin perjuicio de ello es sancionable penalmente, conforme a dicho precepto, quien contribuye a la violencia de otra, no impidiéndola pese a encontrarse en situación de garante».

— *La violencia física o psíquica deben ser habituales.*

La habitualidad se valora por la concurrencia de una pluralidad de actos en los que exista cierta proximidad temporal. Resulta indiferente que los actos hayan sido o enjuiciados pues no existe vulneración del principio *non bis in ídem*. Asimismo, resulta indiferente que los actos de violencia hayan podido prescribir. El único límite es que no se pueden tener en cuenta aquellos hechos sobre los cuales se haya dictado sentencia absolutoria.

Para acreditar la habitualidad, se puede acudir a cualquier medio de prueba como son, por ejemplo, denuncias previas, sentencias condenatorias, partes médicos (haya o no dado lugar a la iniciación de procedimientos penales), testigos que hayan presenciado los hechos, etc.

En cuanto a las **penas**, este delito se castiga con pena de prisión (6 meses a 3 años) y privación del derecho a la tenencia y porte de armas (3 a 5 años). Estas penas se imponen sin perjuicio de las que le correspondan por los actos concretos en los que se haya concretado la violencia física o psíquica.

En el ámbito de violencia de género, además, debe imponerse con carácter imperativo la pena de prohibición de aproximación a la víctima por un plazo máximo de 5 años (artículo 57.2 en relación con el artículo 48.2 CP).

También puede imponerse de forma facultativa la medida de seguridad post-delictual de **libertad vigilada** (artículo 173.2 CP) que consiste en el sometimiento del condenado a control judicial a través del cumplimiento de ciertas obligaciones como, por ejemplo, de la presentarse periódicamente en el lugar que establezca el Tribunal; prohibición de acudir a determinados territorios, lugares o establecimientos; obligación de participar en programas formativos; obligación de seguir tratamiento médico externo (artículo 106 CP).

8. INJURIAS O VEJACIONES INJUSTAS DE CARÁCTER LEVE

El artículo 173.4 CP castiga el delito leve de injurias o vejaciones injustas de carácter leve.

Al igual que el delito comentado anteriormente, el sujeto pasivo puede ser tanto el varón como la mujer, así como otros familiares (por ejemplo, un padre que insulta a su hijo). No obstante, en atención al objeto de estudio de este Manual, nos centraremos en el caso de que la víctima sea esposa o mujer que esté o haya estado unida al autor por análoga relación de afectividad aun sin convivencia.

El delito se puede cometer de **dos formas**:

— A través de una *injuria* que se puede definir como «la acción o expresión que lesionan la dignidad de otra persona, menoscabando su fama o atentando contra su propia estimación» (artículo 208 CP).

En el ámbito de violencia de género, este tipo de conductas pueden consistir, por ejemplo, en insultos a la víctima.

— A través de una *vejación injusta leve* que haría referencia a una especie de atentado contra la integridad moral de una persona que, sin embargo, no tiene la gravedad y entidad suficiente para ser constitutivo de delito menos grave (artículo 173.1 CP).

Dentro de este apartado podrían incluirse un conjunto variado de conductas como escupir a la víctima, humillarla levemente, etc.

A diferencia de los delitos comentados anteriormente (que tienen el carácter de menos grave en atención al artículo 13.2 y 33.3 CP), en este caso nos encontramos ante un **delito leve**. Esto implica una serie de particularidades que deben tenerse en cuenta:

— Solo es perseguible mediante denuncia de la persona agraviada o de su representante legal.
— Se juzgan por el Juzgado de Violencia sobre la Mujer competente.

— No interviene el Ministerio Fiscal de acuerdo con las pautas establecidas en la Circular 1/2015, de la Fiscalía General del Estado, sobre pautas para el ejercicio de la acción penal en relación con los delitos leves tras la reforma penal operada por la LO 1/2015.

— No resulta preceptiva la asistencia de Abogado ni de Procurador, sin perjuicio de las partes contraten dichos profesionales para que les asesoren y asistan a juicio.

— Contra la sentencia que se dicte por el Juzgado de Violencia sobre la Mujer cabe recurso de apelación que se resolverá por la Audiencia Provincial correspondiente, constituida por un solo Magistrado (artículo 82.1. 2º LOPJ).

En cuanto a las **penas**, el artículo 173.4 CP contempla las siguientes penas que pueden imponerse de forma alternativa:

— Localización permanente (5 a 30 días), siempre en domicilio diferente y alejado del de la víctima.

— Trabajos en beneficio de la comunidad (5 a 30 días) siempre que el penado consienta previamente su realización.

— Multa (1 a 4 meses), si bien esta pena solo puede imponerse cuando conste acreditado que entre ellos no existen relaciones económicas derivadas de una relación conyugal, de convivencia o filiación, o de la existencia de una descendencia común.

Finalmente, debe indicarse que, de forma facultativa, el Tribunal podrá imponer las prohibiciones de residencia, aproximación o comunicación del agresor con la víctima durante un plazo máximo de 6 meses (artículo 57.3 en relación con el artículo 48 CP). En este caso, como se puede comprobar, la imposición de esta pena accesoria es facultativa a diferencia de los delitos comentados anteriormente en los que debe imponerse de forma imperativa la prohibición de aproximación (artículo 57.2 CP).

9. DELITO CONTRA LA INTIMIDAD (SEXTING)

El delito de *sexting* se contempla en el artículo 197.7 CP y constituye unas de las novedades de la LO 1/2005, de 30 de marzo, de reforma del Código Penal.

La palabra *sexting* es una combinación de la palabra «sex» (sexo) y la «texting» (escrito) y consiste en la autoproducción y envío de material gráfico (imágenes y vídeos) de contenido erótico o sexual a través de teléfonos móviles, redes sociales u otras tecnologías de la información y comunicación.

Uno de los motivos que impulsó la introducción *ex novo* de este delito fue, sin duda, el conocido como **«Caso Hormigos»**. El caso trataba de una concejal que había enviado a su pareja un vídeo de carácter sexual a través de WhatsApp. Posteriormente, el destinatario reenvió dicho vídeo íntimo a terceras personas hasta que se hizo público. La víctima interpuso denuncia por un delito contra la intimidad. Sin embargo, el Juzgado acordó el archivo de las actuaciones dado que la conducta denunciada no cumplía las exigencias que establece el delito contra la intimidad del artículo 197.1 CP, en el sentido de que el autor había recibido el material gráfico con el consentimiento de la víctima.

En el ámbito de violencia de género, por desgracia, en ocasiones se producen conductas de este tipo que se enmarcan dentro del llamado *revenge porn* o «porno vengativo». Cuando se produce la ruptura de la relación sentimental, cualquiera de los miembros de la pareja puede aprovechar la ocasión para difundir material íntimo que se captó o grabó con el consentimiento de la otra parte en el trascurso de la relación. Sin embargo, esa inicial prestación del consentimiento no avala la difusión, a terceras personas, de las grabaciones. En esos casos, se produce un daño irreparable a la intimidad y dignidad de la persona cuya grabación se difunde.

El artículo 197.7 castiga al que «sin autorización de la persona afectada, difunda, revele o ceda a terceros imágenes o grabaciones audiovisuales de aquélla que hubiera obtenido con su anuencia en un domicilio o en cualquier otro lugar fuera del alcance de la mirada de terceros, cuando la divulgación menoscabe gravemente la intimidad personal de esa persona».

En este delito, por tanto, pueden distinguirse **dos momentos temporales**:

— Una *primera fase* en la que el sujeto activo obtiene el material íntimo (fotos, vídeos, etc.) con el consentimiento de la víctima. Dicho consentimiento se extiende, exclusivamente, a la obtención del material, pero no permite, por sí mismo, su difusión a terceras personas.

— Una *segunda fase* en la que se quebranta el «pacto de confianza» existente en relación con dicho material (por ejemplo, la pareja acordó que tales vídeos serían para uso privado a modo de recuerdo) en la medida que el sujeto activo la difunde a terceras personas.

En cuanto a las **penas** por el delito de *sexting*, el artículo 197.7 CP prevé una pena alternativa:

— Prisión (3 meses a 1 año).
— Multa (6 a 12 meses).

No obstante, el precepto prevé tres **agravaciones** que obligan a imponer la pena en su mitad superior y que son las siguientes:

— Cuando el sujeto activo sea el cónyuge o por persona que esté o haya estado unida a él por análoga relación de afectividad, aun sin convivencia.

— Cuando la víctima sea menor de edad o una persona con discapacidad necesitada de especial protección.

— Cuando los hechos se hubieran cometido con una finalidad lucrativa.

10. QUEBRANTAMIENTO DE CONDENA O MEDIDA CAUTELAR

El artículo 468 CP tipifica el quebrantamiento de condena, medida de seguridad, prisión, medida cautelar, conducción o custodia.

En el ámbito de violencia de género, este delito se comete, normalmente, en **tres situaciones diferentes**:

— El *primer supuesto* sería cuando el Juzgado de Violencia sobre la Mujer ha acordado una orden de protección con diversas prohibiciones (acercarse o comunicarse con la víctima, etc.) y el investigado se acerca o comunica con ella. En este caso, se trataría de un quebrantamiento de medida cautelar.

— El *segundo supuesto* sería cuando el agresor ha sido condenando en firme y se la ha impuesto la pena accesoria de prohibición de aproximación, de comunicación o de residencia en un determinado lugar. En este caso, si infringe tales penas, nos encontraríamos ante un quebrantamiento de condena.

— El *tercer supuesto* se produce cuando, en los casos más graves de violencia de género, se acuerda que el investigado o condenado lleve consigo dispositivos técnicos para monitorizan de forma permanente que no se acerca de la víctima o se adentre en aquellos lugares en los que tiene prohibido residir. Si el investigado o condenado perturba o inutiliza estos dispositivos, también cometería un delito de quebrantamiento.

Los **elementos** del delito de quebrantamiento serían los siguientes:

— El sujeto activo debe incumplir la pena o medida cautelar establecida en resolución judicial.
— Debe ser consciente de la existencia de dicha prohibición pues se trata de un delito que solo puede cometerse de forma dolosa.
— Debe constar en la causa la notificación fehaciente y personal de la sentencia o auto que imponía la pena o medida cautelar, respectivamente.
— Se debe haber advertido expresamente al sujeto activo que, en caso de quebrantar la pena o medida, cometería otro delito. Este extremo resulta de especial relevancia para evitar que el sujeto activo alegue error de tipo (artículo 14.1 CP) o de prohibición (artículo 14.3 CP) basado en que desconocía el contenido y alcance de la prohibición establecida en la resolución judicial.

El **Tribunal Supremo** ha efectuado tres importantes aportaciones en relación con el delito de quebrantamiento:

— *La primera de ellas está relacionada con el consentimiento de la víctima.*

En ocasiones, la víctima, después de haberse acordado una orden de protección, reanuda la convivencia con el agresor o propicia que se lleve a cabo un contacto personal.

La jurisprudencia ha dado diferente tratamiento a esta situación. Por un lado, algunos Tribunales consideraban que, en estos casos, no existía responsabilidad penal del agresor porque la medida se fijó para la protección de la víctima y, en caso de que ésta quisiera reanudar la convivencia, es que no consideraba necesaria la misma. En cambio, otros Tribunales consideraban que el consentimiento de la víctima solo tenía eficacia cuando se trataba de una medida cautelar (orden de protección) y carecía de cualquier relevancia cuando se quebrantaba una pena impuesta en sentencia firme.

Dada la inseguridad jurídica en este tema, finalmente el Tribunal Supremo clarificó, en el Acuerdo No Jurisdiccional de 25 de noviembre de 2008, que «el consentimiento de la víctima no excluye la punibilidad» del delito de quebrantamiento.

— *La segunda cuestión también está relacionada con el consentimiento de la víctima.*

El Tribunal Supremo ha clarificado que éste no puede actuar como circunstancia atenuante de análoga significación (artículo 21.7 CP).

En efecto, el consentimiento de la víctima no se encuentra dentro del catálogo de causas de justificación (artículo 20 CP) ni tampoco dentro de las atenuantes genéricas (artículo 21 CP). Por tal motivo, no puede sostenerse la creación de una circunstancia atenuante al amparo del artículo 21.7 CP porque carece de cualquier relación con los supuestos enumerados en el artículo 20 y 21 CP.

Asimismo, la jurisprudencia ha matizado que el cumplimiento de una pena o medida cautelar impuesta por un Tribunal como consecuencia de la comisión de un delito público no puede quedar al arbitrio del condenado o de la víctima, ni siquiera en los casos en los que las mismas se orienten a la protección de aquella. La necesidad de proteger de manera efectiva a quienes son víctimas de la violencia de género representa un interés colectivo indisponible y, por tal motivo, el consentimiento de aquellas carece de eficacia para minorar la sanción penal impuesta al condenado.

— *La tercera cuestión está relacionada con la pena o medida cautelar de prohibición de comunicación.*

El Tribunal Supremo ha matizado que las «llamadas perdidas» efectuadas por el condenado o sujeto a la medida cautelar de prohibición de comunicación constituyen delito de quebrantamiento de condena al entenderse que se ha consumado un acto de comunicación.

11. OTROS ASPECTOS SUSTANTIVOS RELACIONADOS CON LOS DELITOS DE VIOLENCIA DE GÉNERO

Una vez que hemos analizado los delitos más frecuentes relacionados con la violencia de género, debemos mencionar otros aspectos de interés que pueden resultar útiles para los Abogados y demás profesionales que asumen estos procedimientos.

- **Culpabilidad del sujeto activo.**

En los delitos de violencia de género, se han suscitado dudas al analizar la culpabilidad del sujeto activo. La cuestión estaba relacionada con la exigencia o no de un ánimo machista o de subyugación de la pareja femenina por parte de la masculina como un elemento indispensable de los delitos de violencia de género. De acuerdo con este planteamiento, el autor, no sólo debería actuar con dolo, sino también movido por un ánimo de dominación sobre la mujer.

Esta cuestión ha tenido una indudable trascendencia práctica. Basta poner el ejemplo de un varón que golpea en la cara a su esposa sin causarle lesión. Si se considera necesario acreditar el ánimo de dominación sobre la víctima, el Tribunal podría llegar a la conclusión de que éste no concurría. En tal caso, la conducta ya no podría calificarse como un delito de lesiones del artículo 153.1 CP (castigado con pena de prisión de 6 meses a 1 año o trabajos en beneficio de la comunidad de 31 a 80 días), sino como un delito leve de maltrato de obra del artículo 147.3 CP castigado con pena de multa de 1 a 3 meses.

La jurisprudencia ha estado dividida sobre esta cuestión. Así, por un lado, algunas Audiencias Provinciales entendieron que se tenía que demostrar un propósito de degradar en el autor que revelase un ánimo de dominación sobre la víctima. En cambio, otras Audiencias Provinciales consideraron que la norma penal solo exigía que el sujeto actuase con dolo dado que el legislador no había incorporado expresamente un elemento subjetivo del injusto.

El Tribunal Supremo ha unificado doctrina sobre esta cuestión al establecer, en relación con el delito de malos tratos del artículo 153.1 CP, que:

— El precepto penal no exige la existencia de un ánimo de dominar o de machismo del hombre hacia la mujer.

— Solo se exige que exista un comportamiento objetivo de agresión y la constatación de una relación de pareja o ex pareja entre los sujetos activo y pasivo.

— No se puede degradar a delito leve la calificación jurídica de los hechos por la circunstancia de que los dos miembros de la pareja se hayan golpeado mutuamente. En tal caso, se estaría admitiendo que las lesiones mutuamente provocadas por la pareja reciben un beneficio penal que no tiene amparo ni en el tipo penal ni en la legislación en materia de violencia de género. Por tanto, varón y mujer deberán responder de forma autónoma por el delito de lesiones cometido. Así, el hombre que ha golpeado a su esposa será condenado por un delito del artículo 153.1 CP. Y, la mujer que golpea al esposo, responderá por el delito del artículo 153.2 CP. Esta solución, evidentemente, no impide que se pueda apreciar, en atención a la prueba practicada en el plenario, una eximente completa o incompleta de legítima defensa (artículos 20.4 CP y 21.1 CP).

• **Suspensión de ejecución de las penas privativas de libertad.**

Los requisitos generales para acceder a la suspensión de la ejecución de penas privativas de libertad establecida en el artículo 80 CP son tres:

1) que el delincuente haya delinquido por primera vez;
2) que la pena o la suma de las penas impuestas no supere los 2 años; y
3) que haya satisfecho la responsabilidad civil o, en su caso, el condenado haya asumido el compromiso de abonarla en el plazo prudencial que determine el Juez o Tribunal.

Una vez concedida la suspensión, el condenado no puede delinquir en un plazo de 2 a 5 años (para las penas privativas de libertad no superiores a 2 años) o en un plazo de 3 meses a 1 años (para los delitos leves).

No obstante, en los delitos de violencia de género, el Juez o Tribunal que acuerde la suspensión de la ejecución debe imponer con carácter obligatorio determinadas prohibiciones y deberes que el condenado debe respetar durante el período de suspensión y que son las siguientes (artículo 83.2 CP):

— Prohibición de aproximarse a la víctima o a aquéllos de sus familiares u otras personas que se determine por el juez o tribunal, a sus domicilios, a sus lugares de trabajo o a otros lugares habitualmente frecuentados por ellos, o de comunicar con los mismos por cualquier medio. La imposición de esta prohibición será siempre comunicada a las personas con relación a las cuales sea acordada.

— Prohibición de residir en un lugar determinado o de acudir al mismo, cuando en ellos pueda encontrar la ocasión o motivo para cometer nuevos delitos.

— Participar en programas formativos que, en delito de violencia de género, serán en materia de igualdad de trato y no discriminación.

Por tanto, durante el período de suspensión de ejecución de la pena, el condenado a pena de prisión por un delito de violencia de género deberá, no sólo respetar las penas accesorias de prohibición de aproximación y/o comunicación (artículo 57.2 en relación con el artículo 48 CP), sino también las prohibiciones específicas impuestas por el Tribunal.

En caso de quebrantarse, por ejemplo, la prohibición de acercamiento, se podría revocar al condenado la suspensión de la ejecución y ordenar el cumplimiento de la pena de prisión inicialmente impuesta (artículo 86.1, letra b, CP).

• **Agravante de género.**

La reforma del Código de 2015 ha introducido *ex novo* la llamada agravante de género. En efecto, el artículo 22.4 CP contempla como agravante «cometer el delito por [...] razones de género».

El Tribunal Supremo ha precisado que esta agravante está basada en la existencia de un ánimo de dominación y desprecio sobre la mujer. Estos elementos no surgen de la personalidad del penado, sino que se derivan de las características de la conducta ejecutada como son. Así, por ejemplo, en el caso de que el varón haya sometido a la mujer a un clima de terror mediante agresiones constantes y le haya quitado la documentación para que no pueda huir o buscar ayuda. Se trata, por tanto, de constatar que el varón ha efectuado conductas propias de dominación y de machismo.

Esta agravante debe aplicarse en todos los supuestos en que se actúe contra la mujer por el mero hecho de serlo, aunque entre el autor del delito y la víctima no exista ningún tipo de relación. Basta, por tanto, que el Tribunal constante, tras la prueba practicada en el juicio oral, que la actuación del varón contra una mujer venga motivada por la intención de dejar patente su sentimiento de superioridad frente a la misma.

Finalmente, la jurisprudencia ha dictaminado la compatibilidad de la agravante de género (artículo 22.4 CP) y la agravante de parentesco (artículo 23 CP). En efecto, ambas agravantes tienen un distinto fundamento. Así, por un lado, la agravante de parentesco se basa en los vínculos familiares y de afectividad, presentes o pasados. En cambio, la agravante de género está relacionada con la motivación del sujeto activo que actúa contra la mujer por razones de género, con independencia de la existencia o no de una relación de pareja entre la víctima y el sujeto activo.

12. LEGISLACIÓN

Artículos 22.4, 80, 83, 148, 153, 171.4, 172.2, 172 ter, 173, 197.7 y 468 de la Ley Orgánica 10/1995, de 23 de noviembre, del Código Penal.

13. JURISPRUDENCIA

1) STS 677/2018, Sala de lo Penal, 20 de diciembre. Ponente: Excmo. Sr. D. Vicente Magro Servet.

El elemento intencional de la dominación o machismo no es una exigencia a incluir en el tipo penal del artículo 153.1 del Código Penal cuando actúa un hombre en el maltrato a una mujer, ni tampoco cuando se trata de una agresión mutua de los mismos.

«Indudablemente, no podemos pretender trasladar a los elementos del tipo penal la referencia a los conceptos de "dominación o machismo" que vienen a constituir una mención en la legislación para tratar de fundamentar una reforma conjunta que optó por dar un tratamiento propio y específico a unos hechos en cuyo trasfondo existía una conducta de cultura de actos de esa dominación, como arquetipo de lo que estaba detrás de ese comportamiento antijurídico, que, desde el punto de vista punitivo, se sanciona en mayor medida en el art. 153 CP cuando el sujeto activo sea un hombre y el pasivo mujer, su pareja o ex pareja. Pero sin que ello exija que cuando se trate de una agresión de hombre a su pareja o ex pareja, o agresión mutua de los mismos, el elemento intencional de esa dominación o machismo se constituya como una exigencia a incluir en los hechos probados como un dolo específico no exigido por el tipo penal en modo alguno.

Construir, pues, un elemento subjetivo del tipo en el art. 153.1 CP donde no lo hay, supone exacerbar la verdadera intención del legislador para llevar al tipo penal un fundamento extraído de la Exposición de Motivos de una norma legal.

En consecuencia, en ningún caso se ha exigido como elemento del tipo del art. 153.1 CP ese elemento subjetivo del injusto, pero ni cuando actúa un hombre en el maltrato a una mujer, ni tampoco, —y aquí está la clave del caso— cuando se trata de un acometimiento mutuo se exige el ánimo de dominación para poder fundamentar una condena por el art. 153.1 CP cuando el sujeto activo sea un hombre, y para el apartado 2° del mismo precepto cuando en esa misma agresión, y con reciprocidad, el sujeto pasivo sea una mujer. Y ello, con el aditamento objetivo, sí exigido en el tipo penal, de la relación entre ambos del apartado 1° del art. 153 CP».

2) STS 27/2019, Sala de lo Penal, 24 de enero. Ponente: Excma. Sra. D.ª Susana Polo García.

La agravación contenida en el artículo 153.3 CP no se aplica cuando el delito de violencia de género se comete en lugares de estancia temporal o esporádica.

«2. El artículo 153 CP en su redacción anterior a la reforma operada por ley 1/2015, establecía en su apartado tercero que "Se impondrán las penas en su mitad superior cuando el delito se perpetre en presencia de menores, o utilizando armas, o tenga lugar en el domicilio común o en el domicilio de la víctima", agravación esta última que ha sido mantenida con la reforma del Código Penal citada.

Tal y como decíamos en nuestra Sentencia 870/2016, de 18 de noviembre "El art. 153.3 habla del domicilio de la víctima. Con esa agravación se presta una tutela reforzada al ámbito de privacidad de la víctima sancionando de forma más rigurosa el plus de antijuridicidad y victimización que supone que el ataque o la agresión se lleve a cabo en el espacio de privacidad de la víctima, en el lugar donde desarrolla su vida cotidiana, en su más señalado reducto de intimidad.

Han de excluirse del ámbito de la agravación por razones tanto teleológicas como estrictamente literales los supuestos en que el maltrato se lleva a cabo en un inmueble que, siendo propiedad de víctima o familiares, no constituye su domicilio ni siquiera transitorio o de temporada; o en un lugar de estancia meramente esporádica o puntual (la habitación del hotel, v. gr.). No es que se quiera administrativizar el concepto de domicilio del art. 153.3 (vid. STS 731/2013, de 7 de octubre); pero sí exigir que estemos ante un lugar de desarrollo más o menos estable de la propia vida personal"».

3) STS 188/2018, Sala de lo Penal, 18 de abril. Ponente: Excmo. Sr. D. Alberto Gumersindo Jorge Barreiro.

La agravación prevista en el artículo 153.3 CP no exige que los menores presencian directamente los episodios de violencia de género, sino que pueda conocerlos de forma sustancial a través de su capacidad auditiva y otros medios sensoriales complementarios.

«Por consiguiente, la expresión "en presencia" no ha de interpretarse en el sentido de que los menores han de hallarse físicamente delante de las personas que protagonizan la escena violenta, de modo que el menor pueda tener una percepción visual directa de ellas. La interpretación estrictamente literal del vocablo como "estado de la persona que se halla delante de otra u otras o en el mismo sitio que ellas" (diccionario de la RAE) vaciaría en gran medida de contenido la función y los fines de la norma, llegando a hipótesis absurdas de desprotección normativa de los menores. Y ello porque en muchos casos no se hallan dentro de la habitación de sus ascendientes o de las personas que realizan las escenas violentas, pero escuchan y son plenamente conscientes de lo que está sucediendo, percatándose tanto de las expresiones verbales que contienen un componente agresivo o violento, como del ruido que es propio de un golpe o de otra agresión. La interpretación del término "en presencia" no puede pues restringirse a las percepciones visuales directas, sino que ha de extenderse a las percepciones sensoriales de otra índole que posibiliten tener conciencia de que se está ejecutando una conducta agresiva de hecho o de palabra propia de una escena de violencia. Y es que en tales supuestos es patente que el menor resulta directamente afectado de forma muy negativa en su formación y desarrollo personal, en su maduración psico-social y en su salud física y mental».

4) STS 116/2014, Sala de lo Penal, 11 de febrero. Ponente: Excmo. Sr. D. Luciano Varela Castro.

La diferencia entre el delito de amenazas leves del artículo 171.4 y el delito de amenazas del artículo 169 CP depende de las circunstancias que rodean la acción desplegada por el sujeto activo.

«La gravedad de la amenaza no puede valorarse por la mera literalidad de la expresión en que consiste. Ni, desde luego, atendiendo a datos de posterior acaecer, tanto más si éste se debe a circunstancias (las relacionadas con el aborto de la víctima) sobrevenidas a la amenaza ahora a valorar. Ha de atenderse, por el contrario, a las circunstancias concurrentes antes y al tiempo del hecho, que son las que determinan la valoración que la propia víctima puede hacer de la seriedad y verosimilitud del acto con el que se ve conminada. Tales datos, junto con la naturaleza del mal anunciado, son el contexto razonable de valoración».

5) STS 324/2017, Sala de lo Penal, 8 de mayo. Ponente: Excmo. Sr. D. Antonio del Moral García.

El delito de hostigamiento (stalking) del artículo 172 ter CP exige una alteración grave de la vida cotidiana de la víctima.

«Con la introducción del art. 172 ter CP nuestro ordenamiento penal se incorpora al creciente listado de países que cuentan con un delito con esa morfología. La primera ley antistalking se aprobó en California en 1990. La iniciativa se fue extendiendo por los demás estados confederados hasta 1996 año en que ya existía legislación específica no solo en todos ellos, sino también un delito federal. Canadá, Australia, Reino Unido, Nueva Zelanda siguieron esa estela a la que se fueron sumando países de tradición jurídica continental: Alemania (Nachstellung), Austria (behrrliche Verfolgung), Países Bajos, Dinamarca, Bélgica o Italia (atti persecutori). En unos casos se pone más el acento en el bien jurídico seguridad, exigiendo en la conducta una aptitud para causar temor; en otros, como el nuestro, se enfatiza la afectación de la libertad que queda maltratada por esa obsesiva actividad intrusa que puede llegar a condicionar costumbres o hábitos, como única forma de sacudirse la sensación de atosigamiento.

Hemos de convalidar la interpretación del art. 172 ter 2 CP que anima la decisión adoptada por el Jugado de lo Penal refrendada por la Audiencia. Los términos usados por el legislador, pese a su elasticidad (insistente, reiterada, alteración grave) y el esfuerzo por precisar con una enumeración lo que han de considerarse actos intrusivos, sin cláusulas abiertas, evocan un afán de autocontención para guardar fidelidad al principio de intervención mínima y no crear una tipología excesivamente porosa o desbocada. Se exige que la vigilancia, persecución, aproximación, establecimiento de contactos incluso mediatos, uso de sus datos o atentados directos o indirectos, sean insistentes y reiterados lo que ha de provocar una alteración grave del desarrollo de la vida cotidiana».

6) STS 828/2012, Sala de lo Penal, 23 de octubre. Ponente: Excmo. Sr. D. Alberto Gumersindo Jorge Barreiro.

No se infringe el principio de non bis in ídem cuando se condena, no sólo por el delito de violencia habitual del artículo 173.2 CP, sino también por los concretos actos de violencia que resulten acreditados.

«La cuestión ya ha sido tratada en diferentes ocasiones por esta Sala en un sentido contrario a la tesis del recurrente, atendiendo para ello a la redacción del art. 173 del C. Penal y a los bienes jurídicos que se tutelan en los preceptos que ahora se traen a colación.

Y así, en la STS 725/2007, de 13 de septiembre, se argumenta que el art. 173.2 CP de 1995 acoge una cláusula concursal en la que se excluye la infracción del principio non bis in ídem, ya que dispone que las penas se impondrán "sin perjuicio de las que pudieran corresponder a los delitos o faltas en que se hubieran concretado los actos de violencia física o psíquica". Esta Sala —señala la referida sentencia— ha dicho que los concretos actos de violencia solo tienen el valor de acreditar la actitud del agresor y que la necesidad legal de penar separada y acumuladamente el delito de violencia doméstica habitual y los delitos o faltas en que se hubieren concretado los actos de violencia no suponen una infracción del citado principio. La violencia física o psíquica habitual es algo distinto de los concretos actos de violencia aisladamente considerados y el bien jurídico protegido —la dignidad de la persona— es mucho más amplio y relevante que el mero ataque a la integridad física o a la libertad de la víctima».

7) STS 667/2019, Sala de lo Penal, 14 de enero. Ponente: Excma. Sra. D.ª Ana María Ferrer García.

El consentimiento de la víctima no constituye una atenuante en el delito de quebrantamiento del artículo 468 CP.

«En lo que se refiere a la eficacia en relación al mismo del consentimiento de la persona afectada por alguna de las prohibiciones del artículo 48 CP como víctima del hecho generador de su imposición, tras algunas iniciales oscilaciones, nuestra jurisprudencia ha sido unívoca a partir del

Pleno no jurisdiccional de la Sala II del TS de 25 de enero de 2008, en el que se acordó que: "...el consentimiento de la mujer no excluye la punibilidad a efectos del artículo 468.2 del Código Penal". Tesis acogida por sucesivas sentencias (entre otras SSTS 39/2009 de 29 de enero; 172/2009 de 24 de febrero; 61/2010 de 28 de enero; 95/2010 de 12 de febrero 268/2010 de 26 de febrero; 1065/2010 de 26 de noviembre; 126/2011 de 31 de enero; 1010/2012 de 21 de diciembre; 539/2014 de 2 de julio; 803/2015 de 9 de diciembre; o 748/2018 de 14 de febrero de 2019).El cumplimiento de una pena o medida cautelar impuesta por un Tribunal como consecuencia de la comisión de un delito público no puede quedar al arbitrio del condenado o de la víctima, ni siquiera en los casos en los que las mismas se orienten a la protección de aquella. La necesidad de proteger de manera efectiva a quienes son víctimas de la violencia de género emerge hoy como un interés colectivo indisponible, que ha desembocado en todo un esquema legal orientado a tal fin, y que desde esta perspectiva ha sido interpretado por esta Sala.

En línea con ello, claudica cualquier posibilidad de anclar en el consentimiento de la persona que, además de la condenada, se ve afectada por alguna de las prohibiciones del artículo 48 CP en su condición de víctimas del delito generador de las mismas, la "análoga significación" que faculta la construcción de una atenuante a través de la vía que abre el artículo 21.7 CP. De esta manera mantiene toda su vigencia el criterio que sobre esta cuestión sustentó la STS 539/2014 de 2 de julio, precisamente por entender que "si el legislador diseña una atenuante exigiendo para su apreciación la concurrencia de ciertos elementos o requisitos, no es lógico que por la puerta del art. 21. 6º (actual 7ª) se introduzcan como atenuante los supuestos en que faltan esos requisitos y que han sido conscientemente desechados por el legislador (STS. 1346/2009 de 29.12)". Todo ello sin perjuicio de que pueda ser un factor a tomar en cuenta a la hora de individualizar la pena».

8) STS 565/2018, Sala de lo Penal, 19 de noviembre. Ponente: Excmo. Sr. D. Julián Artemio Sánchez Melgar.

La agravante de género del artículo 22.4 CP y la de parentesco del artículo 23 CP son compatibles dado que tienen distinto fundamento.

«Con respecto a la compatibilidad entre la agravante de género con la agravante de parentesco, partimos en primer lugar de su distinto fundamento. En efecto, la primera tiene un matiz netamente subjetivo, basado en consecuencia en la intención —manifestada por actos de violencia—, de llevar a cabo actos de dominación sobre la mujer, mientras que la agravante de parentesco tiene un marcado componente objetivo basado en la convivencia, incluso desconectado de un vínculo afectivo. En consecuencia, no se exige éste, pero sí un requisito de convivencia, trabado en la relación de pareja. Hemos declarado también que existe ese requisito en supuestos de reanudación de la convivencia cuando ha habido una ruptura y la víctima vuelve al hogar mediatizada por actos del agresor para que regrese al mismo, continuando con las agresiones que en muchos casos acaban con la vida de la víctima, tal y como ocurrió en el supuesto analizado por esta Sala en Sentencia 371/2018, de 19 de julio, ante un supuesto de asesinato cometido hacia su pareja que había abandonado el hogar y que regresó para continuar su convivencia con quien más tarde acabaría matándola de 51 puñaladas.

Es por ello que son compatibles, la referida circunstancia agravante de parentesco, fundada en vínculos familiares y de afectividad, presentes o pasados en el caso de cónyuges o parejas de hecho, con la agravación basada en el hecho de haberse cometido el delito con una determinada motivación, relacionada con la condición de la víctima como mujer por razones de su género. Pero la circunstancia de que sea compatible con la agravante de parentesco en las situaciones de pareja con convivencia no excluye que la agravante de género del art. 22.4 CP pueda aplicarse también aisladamente si el ataque se hace a una mujer con la que el sujeto activo no tiene ninguna relación de pareja o ex pareja, pero se pueda desprender de la prueba practicada que se ha realizado el ilícito penal con actos que implican dominación del hombre hacia una mujer por el hecho de ser mujer».

9) STS 650/2019, Sala de lo Penal, 20 de diciembre. Ponente: Excmo. Sr. D. Miguel Colmenero Menéndez de Luarca.

El delito de quebrantamiento de condena del artículo 468 se entiende consumado si ha sido efectiva la comunicación de la existencia de la llamada.

«Respecto del segundo aspecto, como el propio artículo ya prevé, la prohibición de establecer contacto se refiere a cualquier medio de comunicación o medio informático o telemático. Cualquier terminal móvil, e incluso la mayoría de los de línea fija, refleja en su pantalla el número desde el que se hace la llamada, y, en caso de que no sea atendida, aparece en el registro del teléfono como llamada perdida, constando la hora y el número de procedencia. En realidad, esta es una forma de contacto escrito equivalente a un mensaje que se hubiera remitido a la persona destinataria de la llamada haciendo constar que ésta se ha efectuado; incluso aunque tenga lugar de forma automática, ejecutada por el propio sistema, se trata de un mensaje en el que se pone en conocimiento del destinatario que se le ha efectuado una llamada desde un determinado terminal. El sistema de los terminales telefónicos, que cualquiera conoce, funciona así de forma automática proporcionando esa información. De manera que el mero hecho de llamar, cuando es posible identificar la procedencia, ya supone en esos casos un acto consumado de comunicación.

No puede descartarse que se presentan supuestos en los que, bien por cancelación de la línea, o por otras razones, resultaría imposible que la persona protegida pudiera conocer la existencia de la llamada efectuada por quien tiene prohibida la comunicación. La cuestión se podría trasladar entonces al examen de la tentativa, y en algunos casos imaginables a la tentativa relativamente inidónea, cuya relevancia penal ha admitido esta Sala. Pero es una cuestión que no es necesario abordar aquí en detalle, dados los hechos que se han declarado probados.

Ha de concluirse por lo dicho que, en los casos en los que se efectúe una llamada al teléfono de la persona protegida por la medida o la pena, y esta no la atienda, el delito quedará consumado si ha sido efectiva la comunicación de la existencia de esa misma llamada efectuada por quien tiene prohibida la comunicación. En esos casos habrá existido un acto de comunicación consumado».

SEGUNDA PARTE

ACTUACIONES EN SALA PENAL

CAPÍTULO VII

COMPETENCIA PENAL DE LOS JUZGADOS DE VIOLENCIA SOBRE LA MUJER

1. INTRODUCCIÓN

Los Juzgados de Violencia sobre la Mujer son órganos unipersonales especializados dentro de la Jurisdicción Penal a los que se ha atribuido el conocimiento de los procesos penales relacionados con los delitos de violencia de género.

Su competencia en el orden penal se regula en el artículo 87 ter, apartado 1, LOPJ y comprende los siguientes aspectos que vamos a desarrollar con detenimiento en el presente Capítulo:

— Instrucción de los procesos penales por delitos de violencia de género.
— Adopción de las órdenes de protección de las víctimas.
— Conocimiento y fallo de los delitos leves en el ámbito de violencia de género.

— Dictar sentencia de conformidad con la acusación en los Juicios Rápidos.
— Emisión y la ejecución de los instrumentos de reconocimiento mutuo de resoluciones penales en la Unión Europea.

2. COMPETENCIA OBJETIVA

La competencia objetiva de los Juzgados de Violencia sobre la Mujer se detalla en el artículo 87 ter, apartado 1, LOPJ y comprende el conocimiento de los siguientes procesos penales:

- **Instrucción de los procesos penales por delitos de violencia de género.**

Como hemos comentado anteriormente, los Juzgados de Violencia sobre la Mujer son, en definitiva, Juzgados de Instrucción especializados en la investigación de los delitos relacionados con la violencia de género.

Esta función instructora tiene por objeto esclarecer los hechos denunciados y determinar el grado de participación de las personas que en ellos hayan intervenido.

El Juzgado incoará el procedimiento que corresponda según el delito que se haya cometido:

— Sumario ordinario cuando se trate de delitos castigados con pena de prisión superior a 9 años (por ejemplo, una violación del artículo 179 CP).
— Procedimiento Abreviado cuando se trate de delitos castigados con pena de prisión inferior a 9 años u otras penas de distinta naturaleza cualquiera que sea su cuantía o duración (por ejemplo, delito de violencia habitual del artículo 173.2 CP).

— Juicio Rápido cuando se cumplen los requisitos específicos establecidos para este procedimiento especial establecidos en el artículo 795 LECR.

— Tribunal del Jurado cuando se trate de los delitos enumerados en el artículo 1 de la LO 5/1995, de 22 del mayo, del Tribunal del Jurado (por ejemplo, un delito de homicidio doloso consumado).

El artículo 87 ter, apartado 1, LOPJ establece una relación de los delitos cuya instrucción corresponde a estos órganos judiciales especializados y que serían los siguientes:

— Homicidio.
— Aborto.
— Lesiones.
— Lesiones al feto.
— Delitos contra la libertad.
— Delitos contra la integridad moral.
— Delitos contra la libertad e indemnidad sexuales.
— Delitos contra la intimidad y el derecho a la propia imagen.
— Delitos contra el honor.
— Delitos contra los derechos y deberes familiares.
— Delito de quebrantamiento del artículo 468 CP.

Aparte de estos delitos, el artículo 87 ter LOPJ establece una cláusula abierta según la cual se atribuye a estos Juzgados el conocimiento de otros dos delitos:

— Cualquier delito cometido con violencia o intimidación contra quien sea o haya sido su esposa, o mujer que esté o haya estado ligada al autor por análoga relación de afectividad, aun sin convivencia (por ejemplo, un delito de robo con violencia).

— Cualquier delito cometido con violencia o intimidación contra los menores o personas con la capacidad modificada judicialmente que con él convivan o que se hallen sujetos a la potestad, tutela, curatela, acogimiento o guarda de hecho de la esposa o conviviente, cuando también se haya producido un acto de violencia de género.

En este caso, como se puede advertir, la competencia del Juzgado de Violencia sobre la Mujer se extiende a otras personas distintas de la mujer, si bien ello requiere que también se haya producido un acto de violencia de género. Por tanto, ambos delitos deben haberse cometido en unidad de acto o, en su caso, existir conexidad delictiva.

Sería, por ejemplo, aquel supuesto en el que el varón amenaza a su esposa y, posteriormente, agrede a uno de los hijos comunes. En tal caso, el Juzgado de Violencia sobre la Mujer extiende su competencia a ambos delitos por cuanto se ha producido un acto de violencia de género.

- **Adopción de las órdenes de protección de las víctimas.**

La orden de protección se puede definir como una medida cautelar que se adopta en el proceso penal para la protección de las víctimas de violencia de género o sus hijos.

Se contempla en el artículo 544 ter LECR y puede acordarse de oficio o a instancia del Ministerio Fiscal, de la víctima o de alguna persona que tenga con ella relación de parentesco.

Como analizaremos en el Capítulo IX de este Manual, la orden de protección puede incluir tanto medidas de naturaleza penal (prohibición de acercarse o comunicarse con la víctima, etc.) como civil (sistema de guarda de los menores de edad, pensión de alimentos, régimen de visitas, etc.).

• Conocimiento y fallo de los delitos leves en el ámbito de violencia de género.

Los delitos leves se pueden definir como aquellas infracciones penales que la ley castiga con pena leve (artículo 13.3 CP).

Tras la reforma de la LO 1/2015, de 30 de marzo, se ha derogado el Libro III dedicado a las faltas y ha optado por canalizar dichas infracciones penales en tres vías:

Un primer grupo de faltas se han despenalizado al considerar que encuentran una solución más adecuada en la Jurisdicción Civil. Sería el caso, por ejemplo, de las injurias entre particulares, la falta de lesiones por imprudencia leve o el incumplimiento de régimen de visitas.

Un segundo grupo de faltas se han tipificado como infracciones administrativas en la LO 4/2015, de 30 de marzo, de protección de la seguridad ciudadana. Sería el caso de la falta de respeto y consideración a los agentes de la Autoridad (artículo 37.4); la desobediencia o la resistencia a la autoridad o a sus agentes en el ejercicio de sus funciones (artículo 36.6); o dejar sueltos o en condiciones de causar daños animales feroces o dañinos, así como abandonar animales domésticos en condiciones en que pueda peligrar su vida (artículo 37.16).

Un tercer grupo de faltas se han configurado como delitos leves y, por tanto, se mantiene su sanción por el Derecho Penal. A título de ejemplo, podemos citar las lesiones dolosas que no requieran tratamiento médico o quirúrgico (artículo 147.2 CP); amenazas leves (artículo 171.7 CP); coacciones leves (artículo 172.3 CP); hurto por importe de menos de 400 euros (artículo 234.2 CP); o estafa por importe de menos de 400 euros (artículo 249 CP).

En el caso de los Juzgados de Violencia sobre la Mujer, solo tienen competencia para conocer del delito leve de injurias o de vejación injusta leve (artículo 173.4 CP).

El resto de infracciones penales en el ámbito de violencia de género tienen la consideración de delitos menos graves (malos tratos del artículo 153.1 CP; amenazas del artículo 171.4 CP; hostigamiento del artículo 172 ter CP, etc.) o graves (violación del artículo 179 CP; homicidio del artículo 138 CP; etc.).

• **Dictar sentencia de conformidad con la acusación.**

Como tendremos ocasión de analizar en el Capítulo XI, la mayor parte de los procedimientos penales por delitos menos graves de violencia de género (maltrato de obra, amenazas, coacciones, etc.), se tramitan como Juicio Rápido (artículos 795 a 803 LECR).

En este caso, una vez practicada la instrucción y acordada la apertura de juicio oral, existen dos posibilidades:

— Una *primera posibilidad* es que el acusado se conforme con la pena solicitada por el Ministerio Fiscal y, en su caso, por la acusación particular.

Para ello es necesario que se cumplan dos siguientes requisitos (artículo 801.1 LECR):

1) Que los hechos objeto de acusación hayan sido calificados como delito castigado con pena de hasta tres años de prisión, con pena de multa cualquiera que sea la cuantía, o con otra pena de distinta naturaleza cuya duración no exceda de diez años.

2) Que, si se trata de una pena privativa de libertad, la pena solicitada o la suma de las penas solicitadas no supere, reducida en un tercio, los dos años de prisión.

Si se cumplen estos requisitos, el Juzgado dicta sentencia de conformidad imponiendo la pena solicitada por el Ministerio Fiscal o, en su caso, la más grave de las acusaciones reducida en un tercio.

— La *segunda posibilidad* es que el acusado no se conforme, bien por estar en desacuerdo con el escrito de acusación, bien porque la pena solicitada excede de los límites del artículo 801.1 LECR.

En este caso, el Juzgado de Violencia sobre la Mujer, una vez presentado el escrito de defensa, remite las actuaciones al Juzgado de lo Penal para la celebración de juicio oral.

• **Emisión y la ejecución de los instrumentos de reconocimiento mutuo de resoluciones penales en la Unión Europea.**

Los Juzgados de Violencia sobre la Mujer son órganos competentes para la emisión y ejecución de la orden europea de protección.

Este instrumento se regula en la Directiva 2011/99/UE del Parlamento Europeo y del Consejo, de 13 de diciembre, sobre la orden europea de protección.

En el ordenamiento jurídico interno, la regulación se contiene en los artículos 130 a 142 de la Ley 23/2014, de 20 de noviembre, de reconocimiento mutuo de resoluciones penales en la Unión Europea.

Dentro de esta competencia, habría que distinguir dos conceptos:

— *Emisión de la orden europea de protección.*

Para emitir la orden, se requiere el cumplimiento de tres requisitos: 1) que se haya dictado una resolución judicial penal adoptando la medida de protección, tanto si se trata de medidas cautelares impuestas como de penas privativas de derechos que, por su contenido análogo, persigan idéntica finalidad de protección de la víctima; b) que la víctima resida, permanezca o tenga intención de hacerlo en otro Estado miembro de la Unión Europea; c) que la víctima solicite la adopción de la orden de protección, por sí misma o a través de su tutor o representante legal.

Una vez adoptada la orden, debe ser transmitida directamente al órgano judicial competente del Estado de ejecución que puede consultarse a través del Atlas Judicial Europeo, las «Fichas belgas» o el auxilio de la Red Judicial Europea.

— *Ejecución de la orden europea de protección.*

Los Juzgados de Violencia sobre la Mujer son los órganos encargados de la ejecución de las órdenes europeas de protección emitidas en otros países de la Unión Europea cuando se refieren a hechos delictivos propios de su competencia (artículo 87 ter LOPJ). En el resto de supuestos, la ejecución se encomienda a los Juzgados de Instrucción.

Una vez recibida la orden, el Juzgado, previa audiencia al Ministerio Fiscal por plazo de 3 días, dicta Auto en el que reconoce la orden y adopta una resolución en la que imponga cualquiera de las medidas previstas en el Derecho español para un caso análogo a fin de garantizar la protección de la persona protegida.

No obstante, el Juzgado también podría denegar la ejecución de la orden en España por unos motivos tasados (artículos 32 y 140 de la Ley 23/2014).

3. COMPETENCIA TERRITORIAL

La competencia territorial sirve para determinar, a qué concreto órgano judicial de entre los que tienen una misma categoría, le corresponde el conocimiento de un determinado proceso penal.

Esta competencia territorial, con carácter general, se determina por la aplicación del llamado «*forum delicti comissi*» según el cual la competencia territorial se fija por el lugar de comisión del hecho delictivo. Por tanto, el juzgado que debe conocer de un asunto es aquel donde se ha cometido el delito (artículo 14 LECR) y, en caso de no conocerse dicho lugar, se aplican los fueros subsidiarios (artículo 15 LECR) que establecen la competencia a favor del juzgado donde se han descubierto las pruebas materiales del delito, donde el presunto autor ha sido aprehendido, el de residencia del presunto reo o, en última instancia, a favor del Juzgado que primero ha practicado actuaciones en relación con el hecho delictivo.

En los delitos de violencia de género, no rige este criterio pues la LO 1/2004 estableció otro criterio de competencia territorial: **el Juzgado competente es el del domicilio de la víctima** (artículo 15 bis LECR).

Este criterio no impide que el Juzgado del lugar donde se hayan cometido los hechos adopte la orden de protección (artículo 544 ter LECR) o cualquiera otra medida urgente (artículo 13 LECR). Esta situación se daría, por ejemplo, en el caso de un matrimonio que tiene su domicilio habitual en Barcelona y, mientras están pasando unas vacaciones en

Madrid, el varón agrede a su esposa. En este caso, el detenido será presentado ante el Juzgado de Violencia sobre la Mujer de Madrid que podrá, si lo considera oportuno, adoptar una orden de protección. Posteriormente, dicho órgano judicial acordará la inhibición a favor del Juzgado de Violencia sobre la Mujer de Barcelona porque es el lugar donde la víctima tiene su domicilio.

El Tribunal Supremo ha considerado que el **domicilio de la víctima que debe tenerse en cuenta para fijar la competencia es el que tenía aquélla cuando se cometieron los hechos** (Acuerdo del Pleno de la Sala de lo Penal del Tribunal Supremo de 31 de enero de 2006).

4. LEGISLACIÓN

Artículo 87 ter de la Ley Orgánica 6/1985, de 1 de julio, del Poder Judicial

Artículo 15 bis de la Ley de Enjuiciamiento Criminal.

5. JURISPRUDENCIA

1) Acuerdo del Pleno no Jurisdiccional de la Sala de lo Penal del Tribunal Supremo de 31 de enero de 2006.

Para determinar la competencia del Juzgado de Violencia sobre la Mujer debe tenerse en cuenta el domicilio de la víctima al ocurrir los hechos.

«El domicilio a que se refiere el Art. 15 bis LECrim. es el que tenía la víctima al ocurrir los hechos».

2) ATS, Sala de lo Penal, 30 de junio de 2011. Ponente: Excmo. Sr. D. José Ramón Soriano Soriano (LA LEY 153062/2011).

En caso de existir varios domicilios, la competencia territorial se atribuye al Juzgado de Violencia sobre la Mujer donde sucedieron los hechos primeros donde la víctima tenía su arraigo.

«En los casos de dualidad de lugares de residencia (lo que no es infrecuente) el criterio legal debe ser completado con otros, así dar prevalencia al órgano judicial que empezó primero (art. 18.2 LECrim.) al lugar que a la vez pueda ser residencia del imputado (art. 15.3) o al lugar donde sucedieron los hechos (art. 14.2). Pero frente a esas pautas, parece que en los casos de coexistencia de varios lugares de residencia más o menos obligados por las circunstancias, debe darse primacía, por suponer el fuero que responde con más fidelidad a la finalidad que buscaba el legislador al introducir el art. 15 bis, a aquel lugar en que sucedieron los hechos primeros donde la víctima tenía su arraigo, pues los hechos segundos derivan de aquéllos y son conexos, lo que nos conduce a Berja. No se trata de una mutación de domicilio posterior a los hechos, sino de un domicilio preexistente que tras los hechos se abandona (ver auto de 22.11.07 y 23.4.09 cuestión de competencia 2002/09 y de 18/12/09, cuestión de competencia 20495/09, y de 1915/11 cuestión de competencia 20114/11 entre otros muchos)».

3) ATS, Sala de lo Penal, 4 de mayo de 2012. Ponente: Excmo. Sr. D. Carlos Granados Pérez (LA LEY 58501/2012).

El órgano judicial competente para instruir los procesos penales por delitos de violencia de género cometidos en el extranjero es el Juzgado de Violencia sobre la Mujer del domicilio de la víctima al tiempo de ocurrir los hechos y no el Juzgado Central de Instrucción.

«Hay que delimitar lo que se entiende por domicilio de la víctima ya que el nuevo precepto no precisa si se está refiriendo al domicilio de la víctima en el momento en el que se producen los hechos punibles o el que tenga al tiempo de presentar la denuncia.

Esta decisión ha sido sometida a un Pleno no jurisdiccional de esta Sala que, en reunión celebrada el día 31 de enero de 2006, acordó que por domicilio de la víctima habría de entenderse el que tenía cuando se produjeron los hechos punibles, en cuanto responde mejor al principio de juez predeterminado por la Ley, no dependiendo de posibles cambios de domicilio, criterio que coincide con el expuesto por el Ministerio Fiscal, aplicando el mantenido por la Circular 4/2005, de la Fiscalía General del Estado.

En el caso que nos ocupa el domicilio de la víctima es en Irún, que denuncia una agresión sufrida en Hendaya de manos de su pareja, también español, la competencia de los Juzgados de violencia de género se fija en el art. 14.5 a) LECrim., con ello nos encontramos que en el momento de los hechos la víctima tenía su domicilio en Irún lo que conforme al 15 bis LECrim., la competencia correspondería a Irún y las agresiones se encuentra dentro de los delitos comprendidos en el art. 14 5 a) competencia de los juzgados de violencia de género, encajando el supuesto planteado en tales preceptos y teniendo en cuenta la celeridad en el proceso penal y más en delitos de esta naturaleza, la competencia no puede ser otra que del Juzgado de Irún pues la "ratio legis" de favorecer la situación procesal de la víctima no deja de existir en los casos como el que nos ocupa que los hechos suceden fuera del territorio español, al igual que cuando los hechos suceden en otra comunidad Autónoma lejana al domicilio habitual de la víctima que es el que establece la competencia conforme al art. 15 bis LECrim».

4) ATS, Sala de lo Penal, 14 de septiembre de 2017. Ponente: Excmo. Sr. D. Julián Artemio Sánchez Melgar (LA LEY 134309/2017).

Para fijar la competencia territorial en los procesos penales de violencia de género, no se pueden tener en cuenta los llamados domicilios puramente transitorio o temporales.

«El artículo 15 bis de la Ley de Enjuiciamiento Criminal (LA LEY 1/1882), incorporado por Ley Orgánica 1/2004, de 28 de diciembre (LA LEY 1692/2004), dispone que "En el caso de que se trate de algunos de los delitos o faltas cuya instrucción o conocimiento corresponda al Juez de Violencia sobre la Mujer, la competencia territorial vendrá determinada por el lugar del domicilio de la víctima..." norma que trata de favorecer la situación procesal de la víctima en su relación con el órgano jurisdiccional y que puede suponer una excepción a la norma general del forum delicti comisi. Hay pues que resolver lo que se entiende por domicilio de la víctima ya que el nuevo precepto no precisa si se está refiriendo al domicilio de la víctima en el momento en el que se producen los hechos punibles o el que tenga al tiempo de presentar la denuncia. Esta decisión ha sido sometida a un Pleno no jurisdiccional de esta Sala que, en reunión celebrada el día 31 de enero de 2006, ha acordado que por domicilio de la víctima habrá que entender el que tenía cuando se produjeron los hechos punibles, en cuanto responde mejor al principio de juez predeterminado por la Ley, no dependiendo de posibles cambios de domicilio y es el criterio que coincide con el mantenido por la Circular 4/2005, de la Fiscalía General del Estado, criterio asentado en la doctrina jurisprudencial. No tienen tal consideración los llamados domicilios puramente transitorios o temporales que no integran la idea de domicilio reservado por el art. 40 del CC (LA LEY 1/1889)., al lugar de residencia habitual (ver Autos de 13/3/2014 o 17/9/2014 entre otros)».

5) ATS, Sala de lo Penal, 14 de junio de 2012. Ponente: Excmo. Sr. D. Juan Ramón Berdugo Gómez de la Torre (LA LEY 83858/2012).

En los casos de coexistencia de varios lugares de residencia más o menos simultaneados debe darse primacía a aquel lugar en el que la víctima de violencia de género tenga mayor arraigo.

«En el caso que os ocupa la denuncia revela que la violencia se produce hasta el día de la presentación de la denuncia, es decir, el 13 noviembre 2011, iniciándose cuando el matrimonio tenía su residencia habitual en Escalonilla (Torrijos) hasta el año 2011 cuando deciden trasladarse a Reus, donde fijan su nuevo domicilio, donde se producen los últimos hechos objeto de la denuncia interpuesta en esa localidad, trasladándose a continuación la denunciante-víctima de nuevo a Torrijos, como consta en la misma denuncia, así en los casos de dualidad de domicilios como el que nos ocupa (ver auto de 13/05/08 cuestión de competencia 20586/07 y de 24/1/12, cuestión de competencia 20664/12) (lo que no es infrecuente), el criterio legal debe ser complementado con otros que, en este caso, apuntan en diversas direcciones. Se podría dar prevalencia al órgano judicial que haya iniciado la causa y por tanto ha conocido de ella en primer lugar (art 18.2 de la Ley procesal Penal (LA LEY 1/1882); al lugar que a la vez pueda ser el de residencia del imputado (art 15.3); o al lugar donde sucedieron los hechos (art 14). Pero frente a esas pautas parece que en los casos de coexistencia de varios lugares de residencia más o menos simultaneados debe darse primacía, por suponer el fuero que responde con más fidelidad a la finalidad que buscaba el legislador al introducir el art 15 bis, a aquel lugar en el que la víctima tenga mayor arraigo. lo que en este caso nos conduce al Juzgado de Torrijos. No se trata de una mutación de domicilio posterior a los hechos, sino un domicilio preexistente que tras los hechos se ha convertido en el único efectivo (ver también auto de 22 de noviembre de 2007)».

CAPÍTULO VIII

DILIGENCIAS DE INSTRUCCIÓN

1. INTRODUCCIÓN

Durante la fase de instrucción de los procedimientos penales en materia de violencia de género, se realizan numeras diligencias de investigación cuya finalidad es el esclarecimiento de los hechos (artículo 299 LECR).

El objetivo de este Capítulo consiste en ofrecer una visión general de aquellas diligencias de investigación más frecuentes que se realizan en el Juzgado de Violencia sobre la Mujer. Se trata de actuaciones judiciales que no se desarrollan propiamente en «Sala», sino más bien en el despacho del Juez o, en su caso, en una dependencia destinada al efecto.

Las diligencias que van a centrar nuestro estudio son las siguientes:

— Declaración del investigado.
— Declaración de la víctima de violencia de género.
— Declaración de testigos.

— Exploración de menores de edad.

2. DECLARACIÓN DE INVESTIGADO

La declaración del investigado constituye una diligencia esencial del procedimiento penal cuya finalidad es ofrecer al presunto responsable de la infracción penal la posibilidad de defenderse y ofrecer su versión de los hechos.

Esta diligencia de investigación se regula en los artículos 385 a 409 bis LECR. Estos preceptos deben completarse con otras disposiciones relevantes en esta materia: 1) el artículo 118 LECR que regula el derecho de defensa del investigado; 2) el artículo 520 LECR que contempla los derechos de la persona detenida; y 3) los artículos 767, 768 y 775 LECR que contemplan algunas especialidades aplicables al Procedimiento Abreviado.

Desde el punto de vista del abogado, el modo de plantear esta declaración difiere según la posición procesal que se asuma. Si el letrado ejerce la acusación particular o popular, deberá formular preguntas dirigidas a acreditar la incriminación del investigado. Si, por el contrario, se asume el papel de la defensa, el letrado deberá aconsejar al cliente que solo responda determinadas preguntas, de respuestas evasivas o se acoja al derecho a no declarar contra sí mismo. No obstante, en ocasiones, la estrategia de defensa pasa por reconocer los hechos con la finalidad de negociar posteriormente con el Ministerio Fiscal una posible rebaja de la pena.

- **Derechos de la persona investigada y/o detenida.**

La Constitución Española ha garantizado una serie de derechos a la persona investigada y/o detenida en los artículos 17 y 24.2. Se trata de derechos fundamentales que posteriormente han tenido un especial desarrollo normativo en el artículo 520 LECR.

Tras la modificación de los artículos 118 y 520 LEC realizada por la LO 13/2015, de 5 de octubre, los derechos que asisten al investigado que se encuentra detenido son los siguientes:

— Derecho a ser informado de los hechos que se le atribuyan, así como de cualquier cambio relevante en el objeto de la investigación y de los hechos investigados. Esta información será facilitada con el grado de detalle suficiente para permitir el ejercicio efectivo del derecho de defensa.

— Derecho a examinar las actuaciones con la debida antelación para salvaguardar el derecho de defensa y en todo caso, con anterioridad a que se le tome declaración.

— Derecho a actuar en el proceso penal para ejercer su derecho de defensa de acuerdo con lo dispuesto en la ley.

— Derecho a guardar silencio no declarando si no quiere, a no contestar alguna o algunas de las preguntas que le formulen, o a manifestar que sólo declarará ante el juez.

— Derecho a no declarar contra sí mismo y a no confesarse culpable.

— Derecho a designar abogado, sin perjuicio de lo dispuesto en el apartado 1.a) del artículo 527 y a ser asistido por él sin demora injustificada. En caso de que, debido a la lejanía geográfica no sea posible de inmediato la asistencia de letrado, se facilitará al detenido comunicación telefónica o por videoconferencia con aquél, salvo que dicha comunicación sea imposible.

— Derecho a acceder a los elementos de las actuaciones que sean esenciales para impugnar la legalidad de la detención o privación de libertad.

— Derecho a que se ponga en conocimiento del familiar o persona que desee, sin demora injustificada, su privación de libertad y el lugar de custodia en que se halle en cada momento. Los extranjeros tendrán derecho a que las circunstancias anteriores se comuniquen a la oficina consular de su país.

— Derecho a comunicarse telefónicamente, sin demora injustificada, con un tercero de su elección. Esta comunicación se celebrará en presencia de un funcionario de policía o, en su caso, del funcionario que designen el juez o el fiscal, sin perjuicio de lo dispuesto en el artículo 527.

— Derecho a ser visitado por las autoridades consulares de su país, a comunicarse y a mantener correspondencia con ellas.

— Derecho a ser asistido gratuitamente por un intérprete, cuando se trate de extranjero que no comprenda o no hable el castellano o la lengua oficial de la actuación de que se trate, o de personas sordas o con discapacidad auditiva, así como de otras personas con dificultades del lenguaje.

— Derecho a ser reconocido por el médico forense o su sustituto legal y, en su defecto, por el de la institución en que se encuentre, o por cualquier otro dependiente del Estado o de otras Administraciones Públicas.

— Derecho a solicitar asistencia jurídica gratuita, procedimiento para hacerlo y condiciones para obtenerla.

— Derecho a ser informado del plazo máximo legal de duración de la detención hasta la puesta disposición de la Autoridad Judicial y del procedimiento por medio del cual puede impugnar la legalidad de su detención.

Al margen de estos derechos, conviene mencionar que el investigado también ostenta otros:

1) Derecho a que se le permita manifestar lo que tenga por conveniente para su exculpación o para explicar los hechos (artículo 396 LECR);

2) Derecho a dictar por sí mismo las declaraciones y, en caso de que no lo ejerza, lo realizará el Juez consignando las mismas palabras que hubiese utilizado el investigado (artículo 397 LECR);

3) Derecho a leer su declaración (artículo 402 LECR); y

4) Derecho a declarar cuantas veces quisiere. El Juez debe tomarle inmediatamente declaración siempre, claro está, que sus manifestaciones tengan relación con la causa (artículo 400 LECR).

- **Asistencia letrada.**

En el proceso penal español, se garantiza la asistencia letrada de cualquier persona desde que se procede a su detención o desde que de las actuaciones resulte la imputación de un delito (artículo 767 LECR). A tal efecto, el investigado o detenido podrá designar un abogado de su confianza y, en caso de no hacerlo, se le designa uno de oficio.

La asistencia del abogado al investigado detenido comprende los siguientes aspectos (artículo 520.6 LECR modificado por la LO 13/2015, de 5 de octubre):

— Solicitar, en su caso, que se informe al detenido o preso de los derechos de toda persona detenida y que se proceda, si fuera necesario, al reconocimiento médico por el médico forense o su sustituto legal y, en su defecto, por el de la institución en que se encuentre, o por cualquier otro dependiente del Estado o de otras Administraciones Públicas

— Intervenir en las diligencias de declaración del detenido, en las diligencias de reconocimiento de que sea objeto y en las de reconstrucción de los hechos en que participe el detenido. El abogado podrá solicitar al juez o funcionario que hubiesen practicado la diligencia en la que haya intervenido, una vez terminada ésta, la declaración o ampliación de los extremos que considere convenientes, así como la consignación en el acta de cualquier incidencia que haya tenido lugar durante su práctica.

— Informar al detenido de las consecuencias de la prestación o denegación de consentimiento a la práctica de diligencias que se le soliciten.

— Si el detenido se opusiera a la recogida de las muestras mediante frotis bucal, conforme a las previsiones de la Ley Orgánica 10/2007, de 8 de octubre, reguladora de la base de datos policial sobre identificadores obtenidos a partir del ADN, el juez de instrucción, a instancia de la Policía Judicial o del Ministerio Fiscal, podrá imponer la ejecución forzosa de tal diligencia mediante el recurso a las medidas coactivas mínimas indispensables, que deberán ser proporcionadas a las circunstancias del caso y respetuosas con su dignidad.

— Entrevistarse reservadamente con el detenido, incluso antes de que se le reciba declaración por la policía, el fiscal o la autoridad judicial, sin perjuicio de lo dispuesto en el artículo 527 (es decir, cuando el Juez de Instrucción restringe este derecho por medio de resolución motivada).

• **Forma de practicarse la declaración de investigado/detenido.**

La declaración de investigado ante el Juez de Violencia sobre la Mujer se realiza de la siguiente manera:

1º) El *Letrado de la Administración de Justicia debe informarle de los derechos que le asisten* y debe requerirle para que designe un domicilio en España en el que se harán las notificaciones o bien una persona que las reciba en su nombre.

Esta designación de domicilio es muy importante porque la citación en el mismo permite celebrar el juicio en ausencia del investigado siempre que la pena no exceda de dos años de privación de libertad o de seis años si tuviera otra naturaleza. Es decir, que, si el Juzgado de lo Penal cita al investigado en ese domicilio y éste no acude el día del juicio, si lo solicita alguna parte acusadora, se puede celebrar el juicio sin su presencia, salvo que la pena exceda de las mencionadas anteriormente (artículo 775 y 786.1 LECR).

Esta disposición no se aplica en el Proceso Ordinario porque, por definición, este tipo de procedimiento se aplica para investigar y enjuiciar aquellas infracciones penales castigadas con pena de prisión que exceda de 9 años (artículo 757 LECR).

2º) El *Juez tiene que informarle, de la manera más compresible, de los hechos que se le imputan*. De esta manera, el investigado tiene conocimiento directo del objeto de acusación por parte del Juez lo que constituye una garantía esencial del procedimiento.

3º) El *Juez debe realizar una serie de preguntas generales sobre el investigado*. En este sentido, el artículo 388 LECR señala que el Juez le preguntará:

> «por su nombre, apellidos paterno y materno, apodo, si lo tuviere, edad, naturaleza, vecindad, estado profesión, arte, oficio o modo de vivir, si tiene hijos, si fue procesado anteriormente, por qué delito, ante qué Juez o Tribunal, qué pena se le impuso, si la cumplió, si sabe leer y escribir y si conoce el motivo por el que se le ha procesado».

Sin embargo, en la práctica forense, el Juez no suele realizar estas preguntas por varias razones. En primer lugar, porque cuando el investigado presta declaración, el Juez ya dispone de la consulta en el Registro Central de Antecedentes Penales y sabe, por tanto, si el investigado ha sido condenado, la pena que se le impuso, el Tribunal, si está cumplida, etc. En segundo lugar, a los investigados se les pide, previamente a recibirles declaración, el DNI o documento de identificación equivalente, de tal manera que, en el encabezamiento de la declaración, ya constan todos los datos de filiación de la persona. Y, en tercer lugar, en la actualidad la mayoría de personas que vendrán a declarar saben leer y escribir por lo que la pregunta, normalmente, resultará innecesaria.

4º) El *Juez inicia el interrogatorio del investigado* de acuerdo con las siguientes reglas:

— Las preguntas deben dirigirse a la averiguación de los hechos y a la participación del investigado en ellos, así como de las demás personas que hayan contribuido a ejecutarlos o encubrirlos.
— Las preguntas deben ser directas y, en ningún caso, puede realizarse de manera sugestiva o capciosa.
— No se puede emplear ningún tipo de coacción o engaño.
— Se deben consignar las contestaciones lo más fiel posible y, de ser posible, con las mismas palabras empleadas por el investigado.

5º) El *Juez da la palabra al Ministerio Fiscal y, posteriormente, a la acusación particular o popular, si las hubiere*. En la práctica diaria, los Fiscales no suelen acudir a las declaraciones de investigados, salvo en determinados supuestos excepcionales cuando así lo consideren según la complejidad de la causa o porque, acto seguido, se va a celebrar una comparecencia de prisión provisional (artículo 505 LECR) o para adoptar una orden de protección (artículo 544 ter LECR).

6º) El *Juez da la palabra a la defensa del investigado* para que formule las preguntas que tenga por conveniente.

Si el interrogatorio se prolonga durante mucho tiempo o el Juez aprecia síntomas de cansancio en el investigado a consecuencia del elevado número de preguntas, deberá acordar hacer un receso y conceder al investigado el tiempo necesario para descansar y recuperar la calma (artículo 393 LECR).

7º) Una vez terminadas las preguntas, *el investigado, si lo desea, puede realizar las manifestaciones que tenga por conveniente para su exculpación o para la explicación de los hechos.* En la práctica diaria, el investigado no suele hace ninguna manifestación adicional después del interrogatorio de su letrado. Es posible que ni el Juez ni el resto de los intervinientes le hayan preguntado sobre algún extremo que desee aclarar. En cualquier caso, si solicita al Juez añadir algún dato, éste deberá hacer constar las manifestaciones, pues ello constituye una garantía del derecho a la «autodefensa» reconocido en diversos tratados internacionales (artículo 6.3, letra c, del Convenio Europeo de Derechos Humanos y artículo 14.3, letra d, del Pacto Internacional de Derechos Civiles y Políticos).

8º) El investigado tiene *derecho a leer su declaración* (artículo 402 LECR). Es conveniente que el letrado de la defensa también la repase para comprobar que se han transcrito de forma adecuadas las manifestaciones de su cliente.

9º) La declaración *debe firmarse por todos los que hubieren intervenido* en el acto y por el Letrado de la Administración de Justicia (artículo 404 LECR). También resulta recomendable que el investigado y su letrado soliciten una copia de la misma para su constancia.

3. DECLARACIÓN DE LA VÍCTIMA DE VIOLENCIA DE GÉNERO

Las mujeres víctimas de violencia de género tienen la consideración jurídico-procesal de parte ofendida, dado que son las titulares del bien jurídico protegido que ha sido lesionado o puesto en peligro por el agresor (integridad física, libertad, libertad sexual, etc.).

La víctima interviene en el proceso penal como testigo. La LECR no establece una normativa detallada sobre la forma de recibir declaración a estas víctimas. Se trata, más bien, de algunos preceptos aislados que establecen las líneas maestras de esta diligencia de investigación (artículos 109, 110, 771.1, 776.1 LECR). En cualquier caso, estas disposiciones deben completarse con lo establecido en la Ley 4/2015, de 27 de abril, del Estatuto de la víctima del delito que establece, entre otros extremos, el derecho a estar acompañada por una persona de su elección en el momento de la toma de declaración (artículo 4, letra c).

- **Forma de practicarse la declaración de la víctima.**

1º) El *Letrado de la Administración de Justicia deberá informarle de los derechos* que le asisten en su condición de víctima de un delito de violencia de género. Este trámite se le conoce en la práctica forense con el nombre de «ofrecimiento de acciones». A tal efecto, se le informa por escrito de los siguientes derechos:

— Derecho a mostrarse parte en el proceso mediante el nombramiento de Abogado y Procurador o que le sea nombrado de oficio, en caso de ser titular del derecho de asistencia jurídica gratuita.
— Derecho a ejercitar las acciones civiles y penales que procesan o, solamente, unas u otras, según le convenga.
— Derecho, una vez personado, a tomar conocimiento de lo actuado o instar lo que a su Derecho convenga.
— Se le debe informar que, aunque no haga uso del anterior derecho, el Ministerio Fiscal ejercitará la acción penal y la acción civil, salvo, en relación con esta última,

que el ofendido haya enunciado a ella o se haya reservado su ejercicio para un procedimiento posterior.

— Derecho a renunciar a la restitución de la cosa, la reparación del daño e indemnización del perjuicio causado.

— Si ha sido víctima, directa o indirecta, de un delito violento o contra la libertad sexual, se le debe informar del contenido de los derechos que consta en la Ley 35/1995, de 11 de diciembre. Se trata de una ley que establece un conjunto de ayudas públicas a las víctimas de estos delitos basada en la solidaridad dado que, normalmente, los investigados son insolventes.

El procedimiento para su reclamación tiene naturaleza administrativa y su concesión se realiza por el Ministerio de Economía y Hacienda. El Estado se subroga hasta el importe de la ayuda concedida y puede reclamarla por el procedimiento administrativo de apremio contra el obligado civilmente por el hecho delictivo.

— En caso de violencia de género, se informa de los derechos que las mujeres víctimas de este delito tienen reconocidos en la Ley Orgánica 1/2004, de 28 de diciembre, de medidas de protección integral contra la violencia de género.

2º) El *Juez recibe declaración a la víctima de violencia de género*. Dado que estas personas tienen la condición de testigo en el proceso penal (en definitiva, la víctima es el primer testigo y, a veces, el único del delito), el Juez debe advertirles de que tienen la obligación de declarar y de decir la verdad apercibiéndoles con las penas establecidas en el Código Penal para el delito de falso testimonio.

No obstante, como veremos en el siguiente apartado, la víctima de violencia de género pueden acogerse a la dispensa de declarar en contra de su esposo o pareja (artículo 416 LECR).

3º) Una vez que el Juez haya finalizado el interrogatorio, *da la palabra al Ministerio Fiscal y, posteriormente, a la acusación particular o popular, si las hubiere.*

4º) El *Juez da la palabra a la defensa del investigado* para que formule las preguntas que tenga por conveniente.

5º) La *declaración debe firmarse por todos los que hubieren intervenido* en el acto y por el Letrado de la Administración de Justicia (artículo 444 LECR).

En la parte final de la declaración, el Letrado de la Administración de Justicia debe advertir por escrito al ofendido y/o perjudicado (en su calidad de testigo) que tienen la obligación de comparecer ante el Tribunal competente cuando se les cite para ello, así como deberán poner en conocimiento de la Oficina Judicial los cambios de domicilio que hiciere hasta ser citado para el juicio oral, bajo apercibimiento, si no lo cumple, de ser castigado con una multa de 200 a 1.000 euros, a no ser que incurriere en responsabilidad criminal por la falta (artículo 446 LECR).

- **Dispensa de la obligación de declarar.**

El artículo 24.2 CE cuando se indica que: «La ley regulará los casos en que, por razón de parentesco o de secreto profesional, no se estará obligado a declarar sobre hechos presuntamente delictivos».

En cumplimiento de dicha previsión constitucional, el *artículo 416.1 LECR* establece la dispensa a:

«Los parientes del procesado en líneas directa ascendente y descendente, su cónyuge o persona unida por relación de hecho análoga a la matrimonial, sus hermanos consanguíneos o uterinos y los colaterales consanguíneos hasta el segundo grado civil, así como los parientes a que se refiere el número 3 del artículo 261. El Juez instructor advertirá al testigo que se halle comprendido en el párrafo anterior que no tiene obligación de declarar en contra del procesado; pero que puede hacer las manifestaciones que considere oportunas, y el Secretario judicial consignará la contestación que diere a esta advertencia».

La dispensa permite al testigo resolver el conflicto entre decir la verdad y su deber personal hacia personas ligadas a él por vínculos familiares. Por tanto, no se configura como una prohibición de declarar, sino como un derecho que, en su caso, puede ejercitar el testigo para preservar ese vínculo de solidaridad que le une a determinados parientes.

Su fundamento radica también en la protección de la intimidad en el ámbito familiar (artículo 18.1 CE). Constituye un derecho del testigo al que no se le puede imponer una fidelidad ciega al interés público en el descubrimiento de los hechos delictivos.

Esta dispensa solo se aplica a las declaraciones testificales y no cuando se trata de manifestaciones de coimputados dado que éstos tienen derecho a no declarar contra sí mismos.

La dispensa supone, en la práctica, un derecho a guardar silencio. Sin embargo, en caso de que el testigo, una vez advertido de la dispensa, decide declarar, no puede alterar conscientemente la verdad o prestar un testimonio de complacencia invocando los lazos familiares.

Por otro lado, se puede ejercitar en cualquier momento del proceso y, de esta manera, la víctima podría haber declarado en fase de instrucción y, posteriormente, acogerse a la misma en el juicio oral.

Los principales problemas prácticos que se han suscitado en relación con el ámbito de aplicación de la dispensa son los siguientes:

— *Momento temporal en el que deben regir las relaciones afectivas.*

Una línea jurisprudencial sostenía que los lazos de parentesco —en el caso de violencia de género, unión marital o situación de hecho asimilable— debía concurrir en el momento en que fuese llamada la víctima para comparecer a prestar el testimonio en el proceso penal. En cambio, otras sentencias apuntaban la idea de que, si había cesado el matrimonio o la relación de pareja al tiempo de declarar en juicio, ya no podía acogerse a la dispensa.

Ante la disparidad de criterios, se adoptó el Acuerdo del Pleno de la Sala de lo Penal del Tribunal Supremo de 24 de abril de 2013 según el cual:

> «La exención de la obligación de declarar prevista en el art. 416 LECrim alcanza a las personas que están o han estado unidas por alguno de los vínculos a que se refiere el precepto. Se exceptúan la declaración por hechos acaecidos con posterioridad a la disolución del matrimonio o cese definitivo de la situación análoga de afecto y supuestos en que el testigo esté personado como acusación en el proceso».

Este Acuerdo, por tanto, tenía las siguientes implicaciones en los procesos penales en materia de violencia de género:

La dispensa alcanza a las personas que están o han estado unidas por matrimonio o relación análoga a la matrimonial.

El ámbito objetivo de la dispensa se limita a los hechos que ocurrieron mientras estaba vigente el matrimonio o la relación afectiva de hecho.

El testigo no puede ampararse en la dispensa cuando se le pregunta por hechos que han ocurrido después de la disolución del matrimonio o cese definitivo de la situación análoga de hecho.

No puede acogerse a la dispensa el testigo/perjudicado que está personado en el proceso como acusación particular pues, en tal caso, se considera que está interesado en el ejercicio de la acción penal y en la condena de la persona investigada.

Posteriormente, en relación con esta última cuestión, el Acuerdo del Pleno No Jurisdiccional de 23 de enero de 2018 de la Sala de lo Penal del Tribunal Supremo ha matizado: «*No queda excluido de la posibilidad de acogerse a tal dispensa (416 LECRIM) quien, habiendo estado constituido como acusación particular, ha cesado en esa condición*».

Por tanto, si el testigo/perjudicado deja de ejercer la acusación particular, puede acogerse a la dispensa del deber de declarar.

— *Diferencias entre testigos y testigos/víctimas que han interpuesto denuncia.*

En principio, podría pensarse que la dispensa alcanza por igual a los testigos (que simplemente han presenciado un hecho delictivo cometido por el familiar investigado) y a los testigos/víctimas (que han presenciado el delito en la medida que se ha cometido contra ellos y sin titulares del bien jurídico protegido lesionado o puesto en peligro por el autor).

Sin embargo, el Tribunal Supremo ha establecido que debe distinguirse si la víctima ha interpuesto o no denuncia.

Si la *víctima libre, voluntaria y espontáneamente ha presentado denuncia,* las previsiones del artículo 416.1 LECR son superfluas. Carece de relevancia procesal si no se ha advertido al testigo de la dispensa y, por tanto, se podría valorar la declaración incriminatoria prestada en fase de instrucción si se incorpora válidamente al plenario.

Por tanto, si la mujer víctima de violencia de género acude a la Policía, Fiscalía o Juzgado para interponer denuncia contra su esposo o pareja y en demanda de auxilio, se entiende que renuncia tácitamente al derecho del artículo 416.1 LECR.

Si la *víctima no ha presentado denuncia* y se ha incoado el procedimiento penal por otra fuente de conocimiento del delito, pervive el derecho a no declarar del artículo 416.1 LECR. En caso de que no se haya advertido al testigo de ese derecho, la declaración será nula de pleno derecho.

Esta situación se produce, por ejemplo, porque la Policía elabora un atestado por un presunto delito de violencia de género que ha presenciado directamente mientras realizaban labores de seguridad ciudadana. También en los supuestos que la Policía acude al domicilio de la víctima tras haber recibido una llamada de los vecinos.

En estos casos, se requerirá la colaboración de la mujer víctima para esclarecer los hechos y, por tanto, cuando sea llamada por la Policía, Juzgado o Fiscalía para prestar declaración, se le debe advertir de su derecho a no declarar.

— *Validez de las declaraciones prestadas por la mujer víctima de violencia de género cuando posteriormente se acoge a la dispensa en el acto del juicio oral.*

Esta situación se produce, por ejemplo, cuando la víctima ha prestado declaración en contra de su marido en fase de instrucción. Y, sin embargo, en el momento del juicio oral se acoge a la dispensa y no presta declaración (artículo 707 LECR).

Ante la disparidad de criterios sobre esta materia, el Tribunal Supremo ha clarificado esta cuestión en el Acuerdo de 23 de enero de 2018 en cuyo punto primero establece que:

> «El acogimiento, en el momento del juicio oral, a la dispensa del deber de declarar establecida en el artículo 416 de la LECRIM, impide rescatar o valorar anteriores declaraciones del familiar-testigo aunque se hubieran efectuado con contradicción o se hubiesen efectuado con el carácter de prueba preconstituida».

— *Aplicación de la dispensa a los menores de edad.*

En estos casos, el Juez o Tribunal debe analizar el grado de madurez del menor de edad para dilucidar si el menor se encuentra en condiciones de poder acogerse a la dispensa. No se supedita, por tanto, a la mayoría de edad del testigo.

El Juez o Tribunal deberá examinar si el menor tiene las mínimas condiciones de madurez intelectual y emocional para percibir el conflicto, ponderar los intereses enfrentados y tomar una decisión personal y libre en cuanto al ejercicio del derecho a la dispensa. Sobre esta cuestión, debe tenerse en cuenta que el artículo 162.1 CC exceptúa de la representación legal de los padres «los actos relativos a los derechos de la personalidad que el hijo, de acuerdo con su madurez, pueda ejercitar por sí mismo».

No se aplica la dispensa a menores de edad temprana (cuatro, seis, siete, ocho y once años) porque carecen de capacidad para decidir por sí mismos y distinguir aquello que en su relato podría perjudicar al pariente investigado.

En cambio, sí puede aplicarse a menores con un mayor grado de madurez. En este sentido, el Tribunal Supremo permitió ejercitar el derecho a una menor que, al tiempo de celebrarse el juicio, solo le faltaban seis meses para alcanzar la mayoría de edad.

— *Consecuencias de no comunicar la dispensa.*

Al tratarse de una garantía legal, reconocida en el artículo 24.2 CE, la jurisprudencia ha mantenido la obligatoriedad de su advertencia tanto en fase policial como judicial. Una vez que se ha iniciado el proceso penal, debe advertirse al testigo de su derecho a no declarar, tanto en fase de instrucción (artículo 416.1 LECR) como en fase de juicio oral (artículo 707 LECR).

En caso de que no se haya advertido al testigo de la dispensa, la declaración será nula de pleno derecho y, por tanto, no podrá ser objeto de valoración por el Tribunal sentenciador. Esta nulidad, por tanto, no abarca a la totalidad del juicio, sino exclusivamente a la declaración que preste el familiar (en nuestro caso, la mujer víctima de violencia de género). Por tanto, podría condenarse al acusado en caso de que existan otras pruebas de cargo que permitan desvirtuar la presunción de inocencia.

Si la mujer víctima de violencia de género ha interpuesto denuncia contra su agresor o está personada como acusación particular, no opera la dispensa. En tales casos, la falta de advertencia de la dispensa, no genera la nulidad de la declaración pues —como hemos comentado anteriormente— se entiende que ha renunciado tácitamente a este derecho en la medida que ha solicitado el auxilio judicial e interesa la condena del marido o pareja.

Finalmente, debe tenerse en cuenta aquellos supuestos en los que el Tribunal sentenciador ofrece indebidamente a la mujer víctima de violencia de género acogerse a la dispensa. Esta situación se produciría, por ejemplo, si la mujer está personada como acusación particular contra su marido o pareja. Si la víctima se acoge a la misma, se podría estar vulnerando el derecho a la tutela judicial efectiva de la parte acusadora al verse privado indebidamente de su derecho a utilizar dicho medio de prueba (artículo 24.2 CE).

- **Recomendaciones.**

Al margen de las previsiones legales, el Grupo de Expertos y Expertas del Consejo General del Poder Judicial en materia de violencia doméstica y de género publicaron en noviembre de 2018 una guía de buenas prácticas para la toma de declaración de las víctimas de violencia de género. Este documento pretendía prevenir la victimización secundaria derivada de su relación con el sistema de justicia penal. Por tal motivo, se establecen algunas recomendaciones para evitar la sensación de desamparo, la ansiedad y, especialmente, que la víctima se retracte de su declaración o retire la denuncia a consecuencia de un funcionamiento inadecuado de la Administración de Justicia.

Cuando se recibe declaración a la mujer víctima de violencia de género en la fase de instrucción (es decir, al poco tiempo de haberse producido los hechos), deben seguirse una serie de *pautas para evitar la victimización secundaria*. A modo de síntesis, podemos citar las siguientes:

— El Juez debe indagar en la relación que existe entre el investigado y la víctima, ya sea relación matrimonial, ya de pareja de hecho. En este sentido, resulta esencial saber cuándo comenzó la relación, si la pareja ha tenido descendencia, si la relación ha cesado y si esta situación ha sido aceptada por el investigado.

— Debe advertirse a la víctima de la dispensa de la obligación de declarar del artículo 416 LECR.

La explicación de este artículo (que implica, en esencia, que la mujer podría no declarar en contra de su pareja lo que dificulta notablemente, en muchas ocasiones, la prueba de los hechos denunciados) debe ser comprensible y adecuada a las circunstancias de la víctima.

Debe manifestarse, además que, si se acoge a tal dispensa, nada impide que pueda volver a denunciar en caso de que se produzcan otros actos de violencia de género.

También se recomienda indagar sobre los motivos de la dispensa para comprobar si obedecen a una decisión voluntaria de la mujer o, en su caso, vienen motivados por presiones externas o incluso amenazas del agresor.

Se recomienda igualmente que la víctima, en su caso, se entreviste con el personal de la Oficina de Atención a las Víctimas de Delito para que le explique detalladamente las consecuencias de la renuncia a declarar y, especialmente, el hecho de que el proceso penal puede seguir adelante si el Ministerio Fiscal dispone de otras pruebas de los hechos (testigos) y, en particular, cuando aquéllos son especialmente graves.

— La declaración de la víctima debe ser lo más detallada posible a fin de concretar todos los episodios de violencia física, psíquica y sexual que ha sufrido la mujer. En este punto, deberá preguntarse la víctima sobre posibles medios para acreditar tales hechos, por ejemplo, conocer la identidad de posibles testigos, existencia de partes médicos, grabaciones efectuadas por la víctima, etc.

Por otro lado, la declaración deberá prestar especial atención a ciertos elementos que influyen en la calificación jurídica de los hechos como, por ejemplo, que el hecho se haya cometido en presencia de menores o en el domicilio familiar (artículo 153.3 CP).

En caso de tratarse de violencia psíquica, el Juez deberá investigar qué medios ha utilizado el agresor (hostigamiento, coacciones, mecanismos de control de la víctima, etc.) y la afectación que ha producido a la víctima en su vida cotidiana.

— El Juez deberá indagar acerca de la existencia de factores de riesgo de cara a decidir sobre las medidas cautelares que resulten más adecuadas para la protección de la víctima.

A tal efecto, deberá interrogarse a la víctima sobre posibles adicciones del investigado, conductas violentas, celosas o posesivas, así como, en su caso, si aquél padece algún tipo de trastorno mental.

También sería conveniente indagar acerca de posibles conductas violentas respecto de los menores de edad.

— Finalmente, el Juez deberá informar a la víctima de las medidas de protección sobre su persona y los hijos. En este punto, resulta recomendable transmitir a la víctima que las órdenes de protección no se conceden de forma automática pues podrían denegarse porque existen indicios contradictorios y la declaración de la denunciante no vaya acompañada de corroboraciones periféricas.

En cuanto a las medidas civiles, el Juez deberá interrogar a la víctima sobre todas las cuestiones necesarias para resolver sobre las mismas (ingresos del agresor, régimen de titularidad de la vivienda, horarios labores, colaboración de terceras personas para facilitar el régimen de visitas, etc.). Se debe advertir a la víctima que, si ya existen medidas adoptadas, no cabe solicitar unas nuevas medidas, salvo en casos excepcionales que vengan motivados por la gravedad de los hechos ocurridos.

También se deberá informar a la víctima de que las visitas pueden realizarse a través de un Punto de Encuentro Familiar o que, en su caso, también podría pedir la suspensión.

4. DECLARACIÓN DE TESTIGOS

El testigo se puede definir como aquella persona física que, sin ser parte en el proceso, es llamada a declarar, según su experiencia personal, acerca de la existencia y naturaleza de unos hechos conocidos con anterioridad al proceso por haberlos presenciado directamente o por haber tenido noticia de ellos por otros medios.

Esta diligencia de investigación se regula en los artículos 410 a 450 LECR.

- **Características de los testigos.**

Las principales características del testigo en el proceso penal son las siguientes:

En primer lugar, los *testigos tienen la obligación de comparecer* cuando sean citados para declarar ante el Juez de Instrucción. En caso de que no comparezcan ni aleguen justa causa que lo impida, podrán ser sancionados con multa de 200 a 5.000 euros (artículo 420 LECR).

Si el testigo se resistiere a comparecer, el Tribunal podrá acordar que las Fuerzas y Cuerpos de Seguridad del Estado procedan a conducirlo ante su presencia (artículo 420 LECR).

Al margen de las medidas comentadas anteriormente (multa y conducción forzosa), la conducta del testigo que no comparece sin justa causa puede ser constitutiva de un delito de obstrucción a la Justicia (artículo 463.1 CP).

En segundo lugar, existen ciertas *excepciones a la obligación de los testigos de comparecer ante el Juez de Instrucción* (artículos 411 y 412 LECR). Se trata de determinados cargos públicos que gozan de este privilegio de forma absoluta o relativa. En el primer caso, no tienen la obligación de comparecer ni de declarar (así, por ejemplo, el caso del Rey, la Reina, sus consortes, el Príncipe Heredero y los Regentes del Reino o los Agentes Diplomáticos acreditados en España). Y, en el segundo caso, no tienen la obligación de comparecer, pero sí de declarar, si bien pueden hacerlo por escrito o, en determinados supuestos, en su despacho o en la sede del órgano del que sean miembro. Se trataría, por ejemplo, del caso de Altas Instituciones de la Nación como el Presidente y demás miembros del Gobierno, Diputados, Senadores, Magistrados del Tribunal Constitucional, Consejeros del Tribunal de Cuentas o Secretarios de Estado.

En tercer lugar, los *testigos tienen la obligación de declarar* lo que supieren sobre lo que se les pregunte (artículo 420 LECR). Si el testigo se niega declarar, el Tribunal le impondrá en el acto una multa de 200 a 5.000 euros.

Si el testigo persiste en su negativa, el Tribunal acordará deducir testimonio al considerar que existen indicios de un delito de desobediencia grave a la Autoridad (artículo 556.1 CP).

En cuarto lugar, *algunos testigos están dispensados de la obligación de declarar* (artículos 416, 417 y 418 LECR). Se trata de personas que, si bien deben comparecer ante el Tribunal, no tienen la obligación de declarar por concurrir en ellos determinadas circunstancias.

Estas excepciones son las siguientes:

— Los parientes del investigado en línea directa ascendiente y descendiente, su cónyuge o persona unida por relación de hecho análoga a la matrimonial, sus hermanos consanguíneos o uterinos y los colaterales consanguíneos hasta el segundo grado civil, así como los hijos extramatrimoniales respecto de la madre, en todo caso, y respecto del padre cuando los haya reconocido.

Es necesario que el Tribunal o Juez advierta al testigo que no tiene la obligación de declarar en contra del acusado. La ley también les permite contestar a algunas preguntas y negarse a responder a otras (artículo 418 LECR).

— El Abogado del acusado no tiene la obligación de declarar sobre los hechos que éste le hubiere confiado en calidad de defensor.

— Tampoco tienen obligación de declarar los eclesiásticos y los ministros de los cultos disidentes sobre aquellos hechos que les fueren revelados en el ejercicio de las funciones de su ministerio.

— Así como los funcionarios públicos, tanto civiles como militares, si con su declaración violasen el secreto que están obligados a guardar por razón de su cargo

— Los incapacitados física o moralmente.

En quinto lugar, los testigos tienen la *obligación de decir la verdad*. La ley prevé que el Tribunal, antes de declarar, recibirá juramento (o promesa) a los testigos mayores de edad penal, es decir, de dieciocho años, apercibiéndole de que, en caso de incumplir dicha obligación, pueden incurrir en un delito de falso testimonio (artículo 433 LECR).

El Código Penal castiga dos tipos de conductas:

— El testigo que falta a la verdad en su testimonio en causa judicial. Se agrava la pena cuando se miente en contra del acusado en causa criminal y más aún cuando, a consecuencia de ese testimonio, hubiere recaído sentencia condenatoria (artículos 458.1 y 2 CP).

— El testigo que, sin faltar sustancialmente a la verdad, la altera con reticencias, inexactitudes o silenciando hechos o datos relevantes que le sean conocidos (artículo 460 CP).

• **Forma de practicarse la declaración de los testigos.**

1º) El *testigo tiene que entregar la cédula de citación al Letrado de la Administración de Justicia* (artículo 433 LECR). Se trata de una formalidad que, en la práctica habitual, no se realiza por el Letrado de la Administración de Justicia, sino por algún funcionario del Juzgado. Su finalidad no es otra que comprobar la identidad del compareciente lo que se realiza a través de la exhibición del DNI o documento de identidad equivalente.

2º) El *testigo mayor de edad penal (es decir, dieciocho años) debe prestar juramento o promesa* de decir todo lo que supieren sobre lo que les fuera preguntado. A tal efecto, el Juez les recordará que tiene la obligación de decir la verdad, apercibiéndoles que, en caso de incumplimiento, pueden incurrir en un delito de falso testimonio en causa criminal (artículo 433 LECR).

3º) El Juez preguntará al testigo *acerca de las llamadas «preguntas generales de la ley»* que son las siguiente (artículo 436 LECR):

— Su nombre, apellidos, edad, estado y profesión.
— Si conoce o no al acusado y a las demás partes.
— Si tiene con ellos relación de parentesco, amistado o de cualquier otra clase.
— Si ha estado procesado y, en su caso, la pena que se le impuso.
— Si el testigo es miembro de las Fuerzas y Cuerpos de Seguridad del Estado en el ejercicio de sus funciones, será suficiente para su identificación el número de registro personal y la unidad administrativa a la que está adscrito.

4º) El *Juez da la palabra al testigo para que narre sin interrupción los hechos sobre los que declare.* Aunque la ley establece este modo de proceder, en la práctica forense, normalmente, el Juez dirige preguntas al testigo acerca de los puntos que interese aclarar en relación con los hechos investigados.

Además, deben tenerse en cuenta las siguientes reglas:

— Los testigos tienen que declarar de viva voz, es decir, que no se les permite leer declaración ni respuesta alguna que lleven escrita. Esta regla no impide que consulten algún apunte en papel cuando se trate de datos difíciles de recordar.
— No se pueden hacer preguntas sugestivas ni capciosas.
— No se puede emplear coacción, engaño, promesa ni artificio de ninguna clase para obligar o inducir al testigo a declarar en un sentido determinado.
— Si el testigo no entiende o no habla el idioma español, se le nombrará un intérprete que debe prestar juramento de

realizar una traducción fiel y exacta de las preguntas y de las contestaciones que ofrezca el testigo.

— Si el testigo es sordo, se le nombra un intérprete de lengua de signos adecuado que también deberá prestar juramento antes de desempeñar su cargo.

— El Juez puede acordar que se reciba declaración al testigo en el lugar en el que hubieren ocurrido los hechos, así como mostrarle documentos y piezas de convicción.

5º) Una vez que el Juez ha finalizado el interrogatorio, *da la palabra al Ministerio Fiscal y, posteriormente, a la acusación particular o popular, si las hubiere.*

6º) El *Juez da la palabra a la defensa del investigado* para que formule las preguntas que tenga por conveniente.

7º) El acta *debe firmarse por todos los que hubieren intervenido* en el acto y por el Letrado de la Administración de Justicia (artículo 444 LECR).

En la parte final de la declaración, el Letrado de la Administración de Justicia debe advertir por escrito al testigo que tiene la obligación de comparecer ante el Tribunal competente cuando se les cite para ello, así como deberá poner en conocimiento de la Oficina Judicial los cambios de domicilio que hiciere hasta ser citado para el juicio oral, bajo apercibimiento, si no cumple, de ser castigado con una multa de 200 a 1.000 euros, a no ser que incurriere en responsabilidad criminal por la falta (artículo 446 LECR).

5. EXPLORACIÓN DE MENORES

En los procesos penales relacionados con la violencia de género, en ocasiones, debe practicarse la exploración de menores de edad.

La necesidad de esta diligencia de investigación puede derivar de **dos situaciones**.

— Cuando el *menor de edad sea víctima de violencia de género* en cuyo caso debe recibírsele declaración como perjudicado e informarle, a través de su representante legal, de los derechos que le asisten. Para que el Juzgado de Violencia sobre la Mujer tenga competencia objetiva, el agresor debe ser mayor de edad penal, es decir, haber cumplido 18 años (artículo 19 CP). En caso contrario, la competencia para la instrucción del expediente de reforma corresponde al Ministerio Fiscal (artículo 16.1 LORPM) y el juicio oral se celebrará ante el Juzgado de Menores (artículo 2.1 LORPM).

— Cuando el *menor de edad haya sido testigo* de los hechos denunciados por la mujer. En este caso, resulta de especial trascendencia llevar a cabo la exploración del menor al tratarse, en muchas ocasiones, de un testigo presencial de los actos de violencia sobre la mujer. Sus manifestaciones pueden ser determinante de cara a probar los hechos denunciados.

La **regulación de la exploración de menores** se establece en el artículo 433 LECR según el cual:

> «En el caso de los testigos menores de edad o personas con la capacidad judicialmente modificada, el Juez de Instrucción podrá acordar, cuando a la vista de la falta de madurez de la víctima resulte necesario para evitar causarles graves perjuicios, que se les tome declaración mediante la intervención de expertos y con intervención del Ministerio Fiscal.
>
> Con esta finalidad, podrá acordarse también que las preguntas se trasladen a la víctima directamente por los expertos o, incluso, excluir o limitar la presencia de las partes en el lugar de la exploración de la víctima. En estos casos, el Juez dispondrá lo necesario para facilitar a las partes la posibilidad de trasladar preguntas o de pedir aclaraciones

a la víctima, siempre que ello resulte posible. El Juez ordenará la grabación de la declaración por medios audiovisuales».

Esta norma debe completarse con lo dispuesto en el artículo 26.1 del Estatuto de la Víctima. Este precepto dispone que:

«En el caso de las víctimas menores de edad y en el de víctimas con discapacidad necesitadas de especial protección, además de las medidas previstas en el artículo anterior se adoptarán, de acuerdo con lo dispuesto en la Ley de Enjuiciamiento Criminal, las medidas que resulten necesarias para evitar o limitar, en la medida de lo posible, que el desarrollo de la investigación o la celebración del juicio se conviertan en una nueva fuente de perjuicios para la víctima del delito. En particular, serán aplicables las siguientes:

a) Las declaraciones recibidas durante la fase de investigación serán grabadas por medios audiovisuales y podrán ser reproducidas en el juicio en los casos y condiciones determinadas por la Ley de Enjuiciamiento Criminal.

b) La declaración podrá recibirse por medio de expertos».

Como se puede advertir, la regulación de la exploración de los menores de edad, ya sean víctimas, ya testigos de los hechos, pretende evitar la victimización secundaria derivada de su contacto con la Administración de Justicia. Por tal motivo, la normativa prevé la posibilidad de que se practique esta exploración como prueba preconstituida que posteriormente se pueda incorporar válidamente al plenario y pueda ser utilizada por el Tribunal sentenciador, en su caso, como prueba de cargo.

En la **Guía de buenas prácticas elaborada por el Grupo de Expertos del Consejo General del Poder Judicial**, se recomienda la obligatoriedad de que la exploración se practique como prueba preconstituida cuando el menor tiene entre 4 y 10 años. En el caso de que el menor tenga entre 11 y 17 años, se considera conveniente, sin perjuicio de ser la opción más recomendable para preservar el testimonio del menor de la forma más fidedigna.

Con carácter previo a la exploración, la Guía citada recomienda recabar informe psicológico forense para evaluar el estado psicológico del menor de edad, el momento adecuado para realizar la prueba preconstituida, la valoración de posibles secuelas y, en su caso, la valoración de la credibilidad del testimonio de la menor.

La LECR no establece una regulación específica de esta figura, si bien existen algunos preceptos aislados que hacen referencia a la misma (artículos 433, 448, 449, 777.2 y 797.2 LECR).

Teniendo en cuenta la normativa citada y las recomendaciones de la Guía de buenas prácticas, pueden establecerse unas **orientaciones para la práctica como prueba preconstituida** de la exploración de menores de edad, serían los siguientes:

— El Juez debe dictar un Auto que acuerde la práctica de la prueba preconstituida en atención al grado de madurez del menor de edad y a la necesidad de evitar la victimización secundaria.

— La exploración de menores de edad —especialmente, cuando tiene entre 4 y 10 años— se realizará a través de expertos para lo cual el Juzgado se auxilia del Psicólogo Forense del Instituto de Medicina Legal. Gracias a sus conocimientos específicos, se garantiza que el experto extrae la información de interés evitando la contaminación del testimonio y preservando su estabilidad emocional.

En este sentido, los psicólogos forenses desarrollan una serie de técnicas para, poco a poco, ganarse la confianza del menor de edad a fin de que éste, a través de preguntas indirectas, pueda narrar o expresar de otra forma (dibujos, juegos, etc.) información de interés sobre los hechos denunciados.

— La validez de la prueba preconstituida exige la presencia no solo del Juez y del Letrado de la Administración de Justica, sino también del Ministerio Fiscal, de la acusación particular o popular (si las hubiera) y de la defensa del investigado.

De esta manera, se garantiza la contradicción pues —como se ha indicado anteriormente— la exploración del menor así obtenida se podrá incorporar válidamente al plenario a través de su reproducción.

— Cuando se dispongan de medios adecuados, estas pruebas se practican en la llamada «Cámara de Gesell». En una habitación se encontrará la psicóloga forense con el menor que debe ser explorado. En la habitación contigua, se encontrarán los operadores jurídicos que deben intervenir en la prueba, es decir, Juez, Letrado de la Administración de Justicia, Ministerio Fiscal, abogados de la acusación particular o popular (si las hubiera) y el letrado del investigado.

Desde la sala donde se encuentra el menor, no se puede ver a las personas que se encuentran en la habitación contigua. En cambio, los operadores jurídicos pueden observar directamente el desarrollo de la prueba.

— Cuando los intervinientes quieran formular alguna pregunta, se trasladará la misma, previa declaración de pertinencia del Juez, al experto que está con el menor de edad. A fin de evitar interrupciones, el psicólogo forense utiliza diversas técnicas como, por ejemplo, comentar al menor que debe ir al baño o a coger alguna cosa y, aprovechando esa excusa, acude a la sala contigua para comprobar si alguna de las partes quiere incidir en algún aspecto durante la exploración del menor.

— La exploración debe ser grabada por medio audiovisuales. Tras la práctica de la exploración, el Letrado de la Administración de Justicia extenderá un acta sucinta o, en su caso, una diligencia donde, bajo la fe pública judicial, se deje constancia del día de práctica de la prueba, partes intervinientes y posibles incidencias que hayan ocurrido durante la práctica de la misma.

— La parte deberá proponer en el juicio oral, al amparo del artículo 730 LECR, la reproducción del soporte audiovisual en el que consta la declaración del menor de edad para que se incorpore al plenario y pueda ser objeto de valoración por el Tribunal sentenciador.

6. LEGISLACIÓN

Artículos 17 y 24.2 de la Constitución Española:

Artículo 17. 1. Toda persona tiene derecho a la libertad y a la seguridad. Nadie puede ser privado de su libertad, sino con la observancia de lo establecido en este artículo y en los casos y en la forma previstos en la ley.

2. La detención preventiva no podrá durar más del tiempo estrictamente necesario para la realización de las averiguaciones tendentes al esclarecimiento de los hechos, y, en todo caso, en el plazo máximo de setenta y dos horas, el detenido deberá ser puesto en libertad o a disposición de la autoridad judicial.

3. Toda persona detenida debe ser informada de forma inmediata, y de modo que le sea comprensible, de sus derechos y de las razones de su detención, no pudiendo ser obligada a declarar. Se garantiza la asistencia de abogado al detenido en las diligencias policiales y judiciales, en los términos que la ley establezca.

4. La ley regulará un procedimiento de "habeas corpus" para producir la inmediata puesta a disposición judicial de toda persona detenida ilegalmente. Asimismo, por ley se determinará el plazo máximo de duración de la prisión provisional.

Artículo 24. 2. Asimismo, todos tienen derecho al Juez ordinario predeterminado por la ley, a la defensa y a la asistencia de letrado, a ser informados de la acusación formulada contra ellos, a un proceso público sin dilaciones indebidas y con todas las garantías, a utilizar los medios de prueba pertinentes para su defensa, a no declarar contra sí mismos, a no confesarse culpables y a la presunción de inocencia.

La ley regulará los casos en que, por razón de parentesco o de secreto profesional, no se estará obligado a declarar sobre hechos presuntamente delictivos.

Artículos 118 (derecho de defensa); 385 a 409 bis (declaraciones de los acusados); 410 a 450 (declaración de los testigos) y 520 (derechos del detenido) de la Ley de Enjuiciamiento Criminal:

Artículo 118. 1. Toda persona a quien se atribuya un hecho punible podrá ejercitar el derecho de defensa, interviniendo en las actuaciones, desde que se le comunique su existencia, haya sido objeto de detención o de cualquier otra medida cautelar o se haya acordado su procesamiento, a cuyo efecto se le instruirá, sin demora injustificada, de los siguientes derechos:

a) Derecho a ser informado de los hechos que se le atribuyan, así como de cualquier cambio relevante en el objeto de la investigación y de los hechos imputados. Esta información será facilitada con el grado de detalle suficiente para permitir el ejercicio efectivo del derecho de defensa.

b) Derecho a examinar las actuaciones con la debida antelación para salvaguardar el derecho de defensa y en todo caso, con anterioridad a que se le tome declaración.

c) Derecho a actuar en el proceso penal para ejercer su derecho de defensa de acuerdo con lo dispuesto en la ley.

d) Derecho a designar libremente abogado, sin perjuicio de lo dispuesto en el apartado 1 a) del artículo 527.

e) Derecho a solicitar asistencia jurídica gratuita, procedimiento para hacerlo y condiciones para obtenerla.

f) Derecho a la traducción e interpretación gratuitas de conformidad con lo dispuesto en los artículos 123 y 127.

g) Derecho a guardar silencio y a no prestar declaración si no desea hacerlo, y a no contestar a alguna o algunas de las preguntas que se le formulen.

h) Derecho a no declarar contra sí mismo y a no confesarse culpable.

La información a que se refiere este apartado se facilitará en un lenguaje comprensible y que resulte accesible. A estos efectos se adaptará la información a la edad del destinatario, su grado de madurez, discapacidad y cualquier otra circunstancia personal de la que pueda derivar una modificación de la capacidad para entender el alcance de la información que se le facilita.

2. El derecho de defensa se ejercerá sin más limitaciones que las expresamente previstas en la ley desde la atribución del hecho punible investigado hasta la extinción de la pena.

El derecho de defensa comprende la asistencia letrada de un abogado de libre designación o, en su defecto, de un abogado de oficio, con el que podrá comunicarse y entrevistarse reservadamente, incluso antes de que se le reciba declaración por la policía, el fiscal o la autoridad judicial, sin perjuicio de lo dispuesto en el artículo 527 y que estará presente en todas sus declaraciones así como en las diligencias de reconocimiento, careos y reconstrucción de hechos.

3. Para actuar en el proceso, las personas investigadas deberán ser representadas por procurador y defendidas por abogado, designándoseles de oficio cuando no los hubiesen nombrado por sí mismos y lo solicitaren, y en todo caso, cuando no tuvieran aptitud legal para hacerlo.

Si no hubiesen designado procurador o abogado, se les requerirá para que lo hagan o se les nombrará de oficio si, requeridos, no los nombrasen, cuando la causa llegue a estado en que se necesite el consejo de aquéllos o haya de intentar algún recurso que hiciese indispensable su actuación.

4. Todas las comunicaciones entre el investigado o encausado y su abogado tendrán carácter confidencial.

Si estas conversaciones o comunicaciones hubieran sido captadas o intervenidas durante la ejecución de alguna de las diligencias reguladas en esta ley, el juez ordenará la eliminación de la grabación o la entrega al destinatario de la correspondencia detenida, dejando constancia de estas circunstancias en las actuaciones.

Lo dispuesto en el párrafo primero no será de aplicación cuando se constate la existencia de indicios objetivos de la participación del abogado en el hecho delictivo investigado o de su implicación junto con el investigado o encausado en la comisión de otra infracción penal, sin perjuicio de lo dispuesto en la Ley General Penitenciaria.

5. La admisión de denuncia o querella, y cualquier actuación procesal de la que resulte la imputación de un delito contra persona o personas determinadas, serán puestas inmediatamente en conocimiento de los presuntamente responsables.

(...)

CAPÍTULO IV. DE LAS DECLARACIONES DE LOS PROCESADOS

Artículo 385. El Juez, de oficio o a instancia del Ministerio Fiscal o del querellante particular, hará que los procesados presten cuantas declaraciones considere convenientes para la averiguación de los hechos, sin que ni el acusador privado ni el actor civil puedan estar presentes al interrogatorio, cuando así lo disponga el Juez instructor.

Artículo 386. Si el procesado estuviere detenido, se le recibirá la primera declaración dentro del término de veinticuatro horas.

Este plazo podrá prorrogarse por otras cuarenta y ocho, si mediare causa grave, la cual se expresará en la providencia en que se acordase la prórroga.

Artículo 387. ...

Artículo 388. En la primera declaración será preguntado el procesado por su nombre, apellidos paterno y materno, apodo, si lo tuviere, edad, naturaleza, vecindad, estado, profesión, arte, oficio o modo de vivir, si tiene hijos, si fue procesado anteriormente, por qué delito, ante qué Juez o Tribunal, qué pena se le impuso, si la cumplió, si sabe leer y escribir y si conoce el motivo por que se le ha procesado.

Artículo 389. Las preguntas que se le hagan en todas las declaraciones que hubiera de prestar se dirigirán a la averiguación de los hechos y a la participación en ellos del procesado y de las demás personas que hubieren contribuido a ejecutarlos o encubrirlos.

Las preguntas serán directas, sin que por ningún concepto puedan hacérsele de modo capcioso o sugestivo.

Tampoco se podrá emplear con el procesado género alguno de coacción o amenaza.

Artículo 390. Las relaciones que hagan los procesados o respuestas que den serán orales. Sin embargo, el Juez de instrucción, teniendo siempre en cuenta las circunstancias de aquéllos y la naturaleza de la causa, podrá permitirles que redacten a su presencia una contestación escrita sobre puntos difíciles de explicar, o que también consulten a su presencia apuntes o notas.

Artículo 391. Se pondrán de manifiesto al procesado todos los objetos que constituyen el cuerpo del delito o los que el Juez considere conveniente, a fin de que los reconozca.

Se le interrogará sobre la procedencia de dichos objetos, su destino y la razón de haberlos encontrado en su poder, y, en general, será siempre interrogado sobre cualquiera otra circunstancia que conduzca al esclarecimiento de la verdad.

El Juez podrá ordenar al procesado, pero sin emplear ningún género de coacción, que escriba a su presencia algunas palabras o frases, cuando esta medida la considere útil para desvanecer las dudas que surjan sobre la legitimidad de un escrito que se le atribuya.

Artículo 392. Cuando el procesado rehúse contestar o se finja loco, sordo o mudo, el Juez instructor le advertirá que, no obstante su silencio y su simulada enfermedad, se continuará la instrucción del proceso.

De estas circunstancias se tomará razón por el Letrado, y el Juez instructor procederá a investigar la verdad de la enfermedad que aparente el procesado, observando a este efecto lo dispuesto en los respectivos artículos de los capítulos II y VII de este mismo título.

Artículo 393. Cuando el examen del procesado se prolongue mucho tiempo, o el número de preguntas que se le hayan hecho sea tan considerable que hubiese perdido la serenidad de juicio necesaria para contestar a lo demás que deba preguntársele, se suspenderá el examen, concediendo al procesado el tiempo necesario para descansar y recuperar la calma.

Siempre se hará constar en la declaración misma el tiempo que se haya invertido en el interrogatorio.

Artículo 394. ...

Artículo 395. ...

Artículo 396. Se permitirá al procesado manifestar cuanto tenga por conveniente para su exculpación o para la explicación de los hechos, evacuándose con urgencia las citas que hiciere y las demás diligencias que propusiere, si el Juez las estima conducentes para la comprobación de sus manifestaciones.

En ningún caso podrán hacerse al procesado cargos ni reconvenciones, ni se le leerá parte alguna del sumario más que sus declaraciones anteriores si lo pidiera, a no ser que el Juez hubiese autorizado la publicidad de aquél en todo o en parte.

Artículo 397. El procesado podrá dictar por sí mismo las declaraciones. Si no lo hiciere, lo hará el Letrado de la Administración de Justicia procurando, en cuanto fuere posible, consignar las mismas palabras de que aquél se hubiese valido.

Artículo 398. Si el procesado no supiere el idioma español o fuere sordomudo, se observará lo dispuesto en los artículos 440, 441 y 442.

Artículo 399. Cuando el Juez considere conveniente el examen del procesado en el lugar de los hechos acerca de los cuales deba ser examinado o ante las personas o cosas con ellos relacionadas, se observará lo dispuesto en el artículo 438.

Artículo 400. El procesado podrá declarar cuantas veces quisiere, y el Juez recibirá inmediatamente la declaración si tuviere relación con la causa.

Artículo 401. En la declaración se consignarán íntegramente las preguntas y las contestaciones.

Artículo 402. El procesado podrá leer la declaración, y el Juez le enterará de que le asiste este derecho.

Si no usare de él, la leerá el Letrado a su presencia.

Artículo 403. Se observará lo dispuesto en el artículo 450 respecto a tachaduras o enmiendas.

Artículo 404. La diligencia se firmará por todos los que hubiesen intervenido en el acto, y se autorizará por el Letrado.

Artículo 405. Si en las declaraciones posteriores se pusiere el procesado en contradicción con sus declaraciones primeras o retractare sus confesiones anteriores, deberá ser interrogado sobre el móvil de sus contradicciones y sobre las causas de su retractación.

Artículo 406. La confesión del procesado no dispensará al Juez de instrucción de practicar todas las diligencias necesarias a fin de adquirir el convencimiento de la verdad de la confesión y de la existencia del delito.

Con este objeto, el Juez instructor interrogará al procesado confeso para que explique todas las circunstancias del delito y cuanto pueda contribuir a comprobar su confesión, si fue autor o cómplice, y si conoce a algunas personas que fueren testigos o tuvieren conocimiento del hecho.

Artículo 407. Respecto a la incomunicación de los procesados, se observará lo dispuesto en los artículos 506 al 511.

Artículo 408. No se leerán al procesado los fundamentos del auto de incomunicación cuando le fuere notificado, ni se le dará copia de ellos.

Artículo 409. Para recibir declaración al procesado menor de edad no habrá necesidad de nombrarle curador.

Artículo 409 bis. Cuando se haya procedido a la imputación de una persona jurídica, se tomará declaración al representante especialmente designado por ella, asistido de su Abogado. La declaración irá dirigida a la averiguación de los hechos y a la participación en ellos de la entidad imputada y de las demás personas que hubieran también podido intervenir en su realización. A dicha declaración le será de aplicación lo dispuesto en los preceptos del presente capítulo en lo que no sea incompatible con su especial naturaleza, incluidos los derechos a guardar silencio, a no declarar contra sí misma y a no confesarse culpable.

No obstante, la incomparecencia de la persona especialmente designada por la persona jurídica para su representación determinará que se tenga por celebrado este acto, entendiéndose que se acoge a su derecho a no declarar.

CAPÍTULO V. DE LAS DECLARACIONES DE LOS TESTIGOS

Artículo 410. Todos los que residan en territorio español, nacionales o extranjeros, que no estén impedidos, tendrán obligación de concurrir al llamamiento judicial para declarar cuanto supieren sobre lo que les fuere preguntado si para ello se les cita con las formalidades prescritas en la Ley.

Artículo 411. Se exceptúan de lo dispuesto en el artículo anterior: El Rey, la Reina, sus respectivos consortes, el Príncipe Heredero y los Regentes del Reino.

También están exentos del deber de declarar los Agentes Diplomáticos acreditados en España, en todo caso, y el personal administrativo, técnico o de servicio de las misiones diplomáticas, así como sus familiares, si concurren en ellos los requisitos exigidos en los tratados.

Artículo 412. 1. Estarán exentas también de concurrir al llamamiento del Juez, pero no de declarar, pudiendo hacerlo por escrito, las demás personas de la Familia Real.

2. Están exentos de concurrir al llamamiento del Juez, pero no de declarar, pudiendo informar por escrito sobre los hechos de que tengan conocimiento por razón de su cargo:

1.º El Presidente y los demás miembros del Gobierno.

2.º Los Presidentes del Congreso de los Diputados y del Senado.

3.º El Presidente del Tribunal Constitucional.

4.º El Presidente del Consejo General del Poder Judicial.

5.º El Fiscal General del Estado.

6.º Los Presidentes de las Comunidades Autónomas.

3. Si fuera conveniente recibir declaración a alguna de las personas a las que se refiere el apartado 2 anterior sobre cuestiones de las que no haya tenido conocimiento por razón de su cargo, se tomará la misma en su domicilio o despacho oficial.

4. Quienes hubiesen desempeñado los cargos a que se refiere el apartado 2 del presente artículo estarán igualmente exentos de concurrir al llamamiento del Juez, pero no de declarar, pudiendo informar por escrito sobre los hechos de que hubieren tenido conocimiento por razón de su cargo.

5. Estarán exentos también de concurrir al llamamiento del Juez, pero no de declarar, pueden hacerlo en su despacho oficial o en la sede del órgano del que sean miembros:

1.º Los Diputados y Senadores.

2.º Los Magistrados del Tribunal Constitucional y los Vocales del Consejo General del Poder Judicial.

3.º Los Fiscales de Sala del Tribunal Supremo.

4.º El Defensor del Pueblo.

5.º Las Autoridades Judiciales de cualquier orden jurisdiccional de categoría superior a la del que recibiere la declaración.

6.º Los Presidentes de las Asambleas Legislativas de las Comunidades Autónomas.

7.º El Presidente y los Consejeros Permanentes del Consejo de Estado.

8.º El Presidente y los Consejeros del Tribunal de Cuentas.

9.º Los miembros de los Consejos de Gobierno de las Comunidades Autónomas.

10.º Los Secretarios de Estado, los Subsecretarios y asimilados, los Delegados del Gobierno en las Comunidades Autónomas y en Ceuta y Melilla, los Gobernadores civiles y los Delegados de Hacienda.

6. Si se trata de cargos cuya competencia esté limitada territorialmente, sólo será aplicable la exención correspondiente respecto de las declaraciones que hubieren de recibirse en su territorio, exepción hecha de los Presidentes de las Comunidades Autónomas y de sus Asambleas Legislativas.

7. En cuanto a los miembros de las Oficinas Consulares, se estará a lo dispuesto en los Convenios Internacionales en vigor.

Artículo 413. Para recibir la declaración a que se refiere el apartado 3 del artículo anterior, el Juez pasará al domicilio o despacho oficial de la persona concernida, previo aviso, señalándole día y hora.

El Juez procederá de igual modo para recibir la declaración de alguna de las personas a que se refiere el apartado 5 del artículo anterior, cuando la misma fuere a tener lugar en su despacho oficial o en la sede del órgano del que sean miembros.

Artículo 414. La resistencia de cualquiera de las personas a que se refieren los apartados 3 y 5 del artículo 412 a recibir en su domicilio o residencia oficial al Juez, o a declarar cuanto supieren sobre lo que les fuere preguntado respecto a los hechos del sumario, se pondrá en conocimiento del Ministerio Fiscal para los efectos que procedan.

Si las personas mencionadas en el apartado 7 de dicho artículo incurrieren en la resistencia expresada, el Juez lo comunicará inmediatamente al Ministerio de Justicia, remitiendo testimonio instructivo y se abstendrá de todo procedimiento respecto a ellas, hasta que el Ministro le comunique la resolución que sobre el caso se dictare.

Artículo 415. Serán invitadas a prestar su declaración por escrito las personas mencionadas en el párrafo segundo del artículo 411 y en el apartado 7 del artículo 412, remitiéndose al efecto al Ministerio de Justicia, con atenta comunicación para el de Asuntos Exteriores, un interrogatorio que comprenda todos los extremos a que deban contestar, a fin de que puedan hacerlo por vía diplomática.

Artículo 416. Están dispensados de la obligación de declarar:

1. Los parientes del procesado en líneas directa ascendente y descendente, su cónyuge o persona unida por relación de hecho análoga a la matrimonial, sus hermanos consanguíneos o uterinos y los colaterales consanguíneos hasta el segundo grado civil, así como los parientes a que se refiere el número 3 del artículo 261.

El Juez instructor advertirá al testigo que se halle comprendido en el párrafo anterior que no tiene obligación de declarar en contra del procesado; pero que puede hacer las manifestaciones que considere oportunas, y el Letrado de la Administración de Justicia consignará la contestación que diere a esta advertencia.

2. El Abogado del procesado respecto a los hechos que éste le hubiese confiado en su calidad de defensor.

Si alguno de los testigos se encontrase en las relaciones indicadas en los párrafos precedentes con uno o varios de los procesados, estará obligado a declarar respecto a los demás, a no ser que su declaración pudiera comprometer a su pariente o defendido.

3. Los traductores e intérpretes de las conversaciones y comunicaciones entre el imputado, procesado o acusado y las personas a que se refiere el apartado anterior, con relación a los hechos a que estuviera referida su traducción o interpretación.

Artículo 417. No podrán ser obligados a declarar como testigos:

1.º Los eclesiásticos y ministros de los cultos disidentes sobre los hechos que les fueren revelados en el ejercicio de las funciones de su ministerio.

2.º Los funcionarios públicos, tanto civiles como militares, de cualquier clase que sean, cuando no pudieren declarar sin violar el secreto que por razón de sus cargos estuviesen obligados a guardar, o cuando, procediendo en virtud de obediencia debida, no fueren autorizados por su superior jerárquico para prestar la declaración que se les pida.

3.º Los incapacitados física o moralmente.

Artículo 418. Ningún testigo podrá ser obligado a declarar acerca de una pregunta cuya contestación pueda perjudicar material o moralmente y de una manera directa e importante, ya a la persona, ya a la fortuna de alguno de los parientes a que se refiere el artículo 416.

Se exceptúa el caso en que el delito revista suma gravedad por atentar a la seguridad del Estado, a la tranquilidad pública o a la sagrada persona del Rey o de su sucesor.

Artículo 419. Si el testigo estuviere físicamente impedido de acudir al llamamiento judicial, el Juez instructor que hubiere de recibirle la declaración se constituirá en su domicilio, siempre que el interrogatorio no haya de poner en peligro la vida del enfermo.

Artículo 420. El que sin estar impedido no concurriere al primer llamamiento judicial, excepto las personas mencionadas en el artículo 412, o se resistiere a declarar lo que supiese acerca de los hechos sobre que fuere preguntado, a no estar comprendido en las exenciones de los artículos anteriores, incurrirá en la multa de 200 a 5.000 euros, y si persistiere en su resistencia será conducido en el primer caso a la presencia del Juez instructor por los agentes de la autoridad, y perseguido por el delito de obstrucción a la justicia tipificado en el artículo 463.1 del Código Penal, y en el segundo caso será también perseguido por el de desobediencia grave a la autoridad.

La multa será impuesta en el acto de notarse o cometerse la falta.

Artículo 421. El Juez de instrucción o municipal en su caso hará concurrir a su presencia y examinará a los testigos citados en la denuncia o en la querella, o en cualesquiera otras declaraciones o diligencias, y a todos los demás que supieren hechos o circunstancias, o poseyeren datos convenientes para la comprobación o averiguación del delito y del delincuente.

Se procurará, no obstante, omitir la evacuación de citas impertinentes o inútiles.

Artículo 422. Si el testigo residiere fuera del partido o término municipal del Juez que instruyese el sumario, éste se abstendrá de mandarle comparecer a su presencia, a no ser que lo considere absolutamente necesario para la comprobación del delito o para el reconocimiento de la persona del delincuente, ordenándolo en este caso por auto motivado.

También deberá evitar la comparecencia de los empleados de vigilancia pública que tengan su residencia en punto distinto de la capital del Juzgado, de los jefes de estación, maquinistas, fogoneros, conductores, telegrafistas, factores, recaudadores, guarda-agujas u otros agentes que desempeñen funciones análogas, a los cuales citará por conducto de sus jefes inmediatos cuando sea absolutamente indispensable su comparecencia.

Artículo 423. En el caso de la regla general comprendida en el párrafo primero del artículo anterior, así como en el del segundo, cuando la urgencia de la declaración fuese tal que no permitiera la dilación consiguiente a la citación del testigo por conducto de sus jefes inmediatos, y el empleado de que se trate no pudiera abandonar el servicio que presta sin grave peligro o extorsión para el público, el Juez instructor de la causa comisionará para recibir la declaración al que lo fuera del término municipal o de partido en que se hallare el testigo.

Artículo 424. Si el testigo residiere en el extranjero, se dirigirá suplicatorio por la vía diplomática y por conducto del Ministerio de Gracia y Justicia al Juez extranjero competente para recibir la declaración. El suplicatorio debe contener los antecedentes necesarios e indicar las preguntas que se han de hacer al testigo, sin perjuicio de que dicho Juez las amplíe según le sugieran su discreción y prudencia.

Si la comparecencia del testigo ante el Juez instructor o Tribunal fuere indispensable y no se presentase voluntariamente, se pondrá en conocimiento del Ministerio de Gracia y Justicia para que adopte la resolución que estime oportuna.

Artículo 425. Si la persona llamada a declarar ejerce funciones o cargos públicos, se dará aviso, al mismo tiempo que se practique la citación, a su superior inmediato para que le nombre sustituto durante su ausencia, si lo exigiere así el interés o la seguridad pública.

Artículo 426. Los testigos serán citados en la forma establecida en el título VII del libro primero de este Código.

Artículo 427. Cuando el testigo no hubiere de comparecer ante el Juez instructor para prestar la declaración, se harán constar en el suplicatorio, exhorto o mandamiento que se expida, las circunstancias precisas para la designación del testigo y las preguntas a que deba contestar, sin perjuicio de las que el Juez o Tribunal que le recibiere la declaración considere conveniente hacerle para el mayor esclarecimiento de los hechos.

Artículo 428. El Letrado del Juez comisionado que haya de autorizar la declaración expedirá la cédula prevenida en el artículo 175, con todas las circunstancias expresadas en el mismo, y la de haberse de recibir la declaración en virtud de suplicatorio, exhorto o mandamiento.

Artículo 429. Los testigos que dependan de la jurisdicción militar podrán, según el Juez de instrucción lo estime oportuno, ser examinados por él mismo, como los demás testigos, o por el Juez militar competente. En el primer caso el Juez de instrucción deberá mandar que la citación hecha al testigo se ponga en conocimiento del Jefe del Cuerpo a que perteneciere. En el segundo caso se observará lo dispuesto en los dos artículos anteriores.

Si algún testigo dependiente de la jurisdicción militar rehusare comparecer ante el Juez de instrucción, o se negare a prestar juramento o a contestar el interrogatorio que se le hiciere, el Juez de instrucción se dirigirá al superior del testigo desobediente, cuyo superior, además de corregir al testigo, de lo cual dará inmediato conocimiento al Juez instructor, le hará comparecer ante éste para declarar.

Artículo 430. Los testigos podrán ser citados personalmente donde fueren habidos.

Cuando sea urgente el examen de un testigo, podrá citársele verbalmente para que comparezca en el acto, sin esperar a la expedición de la cédula prescrita en el artículo 175, haciendo constar, sin embargo, en los autos el motivo de la urgencia.

También podrá en igual caso constituirse el Juez instructor en el domicilio de un testigo o en el lugar en que se encuentre para recibirle declaración.

Artículo 431. El Juez instructor podrá habilitar a los agentes de policía para practicar las diligencias de citación verbal o escrita si lo considera conveniente.

Artículo 432. Si el testigo no tuviere domicilio conocido o se ignorare su paradero, el Juez instructor ordenará lo conveniente para la averiguación del mismo. En este caso el Letrado de la Administración de Justicia se dirigirá a la Policía Judicial, Registros oficiales, colegios profesionales, entidad o empresas en el que el interesado ejerza su actividad interesando dicha averiguación.

Artículo 433. Al presentarse a declarar, los testigos entregarán al Letrado de la Administración de Justicia la copia de la cédula de citación.

Los testigos mayores de edad penal prestarán juramento o promesa de decir todo lo que supieren respecto a lo que les fuere preguntado, estando el Juez obligado a informarles, en un lenguaje claro y comprensible, de la obligación que tienen de ser veraces y de la posibilidad de incurrir en un delito de falso testimonio en causa criminal.

Los testigos que, de acuerdo con lo dispuesto en el Estatuto de la Víctima del Delito, tengan la condición de víctimas del delito, podrán hacerse acompañar por su representante legal y por una persona de su elección durante la práctica de estas diligencias, salvo que en este último caso, motivadamente, se resuelva lo contrario por el Juez de Instrucción para garantizar el correcto desarrollo de la misma.

En el caso de los testigos menores de edad o personas con la capacidad judicialmente modificada, el Juez de Instrucción podrá acordar, cuando a la vista de la falta de madurez de la víctima resulte necesario para evitar causarles graves perjuicios, que se les tome declaración mediante la intervención de expertos y con intervención del Ministerio Fiscal. Con esta finalidad, podrá acordarse también que las preguntas se trasladen a la víctima directamente por los expertos o, incluso, excluir o limitar la presencia de las partes en el lugar de la exploración de la víctima. En estos casos, el Juez dispondrá lo necesario para facilitar a las partes la posibilidad de trasladar preguntas o de pedir aclaraciones a la víctima, siempre que ello resulte posible.

El Juez ordenará la grabación de la declaración por medios audiovisuales.

Artículo 434. El juramento se prestará en nombre de Dios.

Los testigos prestarán el juramento con arreglo a su religión.

Artículo 435. Los testigos declararán separada y secretamente a presencia del Juez instructor y del Letrado.

Artículo 436. El testigo manifestará primeramente su nombre, apellidos paterno y materno, edad, estado y profesión, si conoce o no al procesado y a las demás partes, y si tiene con ellos parentesco, amistad o relaciones de cualquier otra clase, si ha estado procesado y la pena que se le impuso. Si el testigo fuera miembro de las Fuerzas y Cuerpos de Seguridad en el ejercicio de sus funciones, será suficiente para su identificación el número de su registro personal y la unidad administrativa a la que está adscrito.

El Juez dejará al testigo narrar sin interrupción los hechos sobre los cuales declare, y solamente le exigirá las explicaciones complementarias que sean conducentes a desvanecer los conceptos oscuros o contradictorios. Después le dirigirá las preguntas que estime oportunas para el esclarecimiento de los hechos.

Artículo 437. Los testigos declararán de viva voz, sin que les sea permitido leer declaración ni respuesta alguna que lleven escrita.

Podrán, sin embargo, consultar algún apunte o memoria que contenga datos difíciles de recordar.

El testigo podrá citar las contestaciones por sí mismo.

Artículo 438. El Juez instructor podrá mandar que se conduzca al testigo al lugar en que hubieren ocurrido los hechos, y examinarle allí o poner a su presencia los objetos sobre que hubiere de versar la declaración.

En este último caso podrá el Juez instructor poner a presencia del testigo dichos objetos, solos o mezclados con otros semejantes, adoptando además todas las medidas que su prudencia le sugiera para la mayor exactitud de la declaración.

Artículo 439. No se harán al testigo preguntas capciosas ni sugestivas, ni se empleará coacción, engaño, promesa ni artificio alguno para obligarle o inducirle a declarar en determinado sentido.

Artículo 440. Si el testigo no entendiere o no hablare el idioma español, se nombrará un intérprete, que prestará a su presencia juramento de conducirse bien y fielmente en el desempeño de su cargo.

Por este medio se harán al testigo las preguntas y se recibirán sus contestaciones, que éste podrá dictar por su conducto.

En este caso, la declaración deberá consignarse en el proceso en el idioma empleado por el testigo y traducido a continuación al español.

Artículo 441. El intérprete será elegido entre los que tengan títulos de tales, si los hubiere en el pueblo. En su defecto será nombrado un maestro del correspondiente idioma, y si tampoco lo hubiere, cualquier persona que lo sepa.

Si ni aun de esta manera pudiera obtenerse la traducción, y las revelaciones que se esperasen del testigo fueren importantes, se redactará el pliego de preguntas que habrán de dirigírsele y se remitirá a la Oficina de Interpretación de Lenguas del Ministerio de Estado, para que, con preferencia a todo otro trabajo, sean traducidas al idioma que hable el testigo.

El interrogatorio ya traducido se entregará al testigo para que, a presencia del Juez, se entere de su contenido y redacte por escrito en su idioma las oportunas contestaciones, las cuales se remitirán del mismo modo que las preguntas a la Interpretación de Lenguas.

Estas diligencias las practicarán los Jueces con la mayor actividad.

Artículo 442. Si el testigo fuere sordo, se nombrará un intérprete de lengua de signos adecuado, por cuyo conducto se le harán las preguntas y se recibirán sus contestaciones.

El nombrado prestará juramento a presencia del sordo antes de comenzar a desempeñar el cargo.

Artículo 443. El testigo podrá leer por sí mismo la diligencia de su declaración; si no pudiere, por hallarse en alguno de los casos comprendidos en los artículos 440 y 442, se la leerá el intérprete, y en los demás casos el Letrado.

El Juez advertirá siempre a los interesados el derecho que tienen de leer por sí mismos sus declaraciones.

Artículo 444. Estas serán firmadas por el Juez y por todos los que en ellas hubiesen intervenido, si supieren y pudieren hacerlo, autorizándolas el Letrado.

Artículo 445. No se consignarán en los autos las declaraciones de los testigos que, según el Juez, fuesen manifiestamente inconducentes para la comprobación de los hechos objeto del sumario. Tampoco se consignarán en cada declaración las manifestaciones del testigo que se hallen en el mismo caso, pero se consignará siempre todo lo que pueda servir así de cargo como de descargo.

En el primer caso se hará expresión por medio de diligencia de la comparecencia del testigo y del motivo de no escribirse su declaración.

Artículo 446. Terminada la declaración, el Letrado de la Administración de Justicia hará saber al testigo la obligación de comparecer para declarar de nuevo ante el Tribunal competente cuando se le cite para ello, así como la de poner en conocimiento de la Oficina judicial los cambios de domicilio que hiciere hasta ser citado para el juicio oral, bajo apercibimiento si no lo cumple de ser castigado con una multa de 200 a 1.000 euros, a no ser que incurriere en responsabilidad criminal por la falta.

Estas prevenciones se harán constar al final de la misma diligencia de la declaración.

Artículo 447. El Letrado de la Administración de Justicia, al remitir el sumario al Tribunal competente, pondrá en su conocimiento los cambios de domicilio que los testigos hubiesen comunicado.

Lo mismo hará respecto de los cambios comunicados después que hubiese remitido el sumario, hasta la terminación de la causa.

Artículo 448. Si el testigo manifestare, al hacerle la prevención referida en el artículo 446, la imposibilidad de concurrir por haber de ausentarse del territorio nacional, y también en el caso en que hubiere motivo racionalmente bastante para temer su muerte o incapacidad física o intelectual antes de la apertura del juicio oral, el Juez instructor mandará practicar inmediatamente la declaración, asegurando en todo caso la posibilidad de contradicción de las partes. Para ello, el Letrado de la Administración de Justicia hará saber al reo que nombre abogado en el término de veinticuatro horas, si aún no lo tuviere, o de lo contrario, que se le nombrará de oficio, para que le aconseje en el acto de recibir la declaración del testigo. Transcurrido dicho término, el Juez recibirá juramento y volverá a examinar a éste, a presencia del procesado y de su abogado defensor y a presencia, asimismo, del Fiscal y del querellante, si quisieren asistir al acto, permitiendo a éstos hacerle cuantas repreguntas tengan por conveniente, excepto las que el Juez desestime como manifiestamente impertinentes.

Por el Letrado de la Administración de Justicia se consignarán las contestaciones a estas preguntas, y esta diligencia será firmada por todos los asistentes.

La declaración de los testigos menores de edad y de las personas con capacidad judicialmente modificada podrá llevarse a cabo evitando la confrontación visual de los mismos con el inculpado, utilizando para ello cualquier medio técnico que haga posible la práctica de esta prueba.

Artículo 449. En caso de inminente peligro de muerte del testigo, se procederá con toda urgencia a recibirle declaración en la forma expresada en el artículo anterior, aunque el procesado no pudiese ser asistido de Letrado.

Artículo 450. No se harán tachaduras, enmiendas ni entrerrenglonaduras en las diligencias del sumario. A su final se consignarán las equivocaciones que se hubieren cometido.

(...)

CAPÍTULO IV. DEL EJERCICIO DEL DERECHO DE DEFENSA, DE LA ASISTENCIA DE ABOGADO Y DEL TRATAMIENTO DE LOS DETENIDOS Y PRESOS

Artículo 520. 1. La detención y la prisión provisional deberán practicarse en la forma que menos perjudique al detenido o preso en su persona, reputación y patrimonio. Quienes acuerden la medida y los encargados de practicarla así como de los traslados ulteriores, velarán por los derechos constitucionales al honor, intimidad e imagen de aquéllos, con respeto al derecho fundamental a la libertad de información.

La detención preventiva no podrá durar más del tiempo estrictamente necesario para la realización de las averiguaciones tendentes al esclarecimiento de los hechos. Dentro de los plazos establecidos en la presente Ley, y, en todo caso, en el plazo máximo de setenta y dos horas, el detenido deberá ser puesto en libertad o a disposición de la autoridad judicial.

En el atestado deberá reflejarse el lugar y la hora de la detención y de la puesta a disposición de la autoridad judicial o en su caso, de la puesta en libertad.

2. Toda persona detenida o presa será informada por escrito, en un lenguaje sencillo y accesible, en una lengua que comprenda y de forma inmediata, de los hechos que se le atribuyan y las razones

motivadoras de su privación de libertad, así como de los derechos que le asisten y especialmente de los siguientes:

a) Derecho a guardar silencio no declarando si no quiere, a no contestar alguna o algunas de las preguntas que le formulen, o a manifestar que sólo declarará ante el juez.

b) Derecho a no declarar contra sí mismo y a no confesarse culpable.

c) Derecho a designar abogado, sin perjuicio de lo dispuesto en el apartado 1.a) del artículo 527 y a ser asistido por él sin demora injustificada. En caso de que, debido a la lejanía geográfica no sea posible de inmediato la asistencia de letrado, se facilitará al detenido comunicación telefónica o por videoconferencia con aquél, salvo que dicha comunicación sea imposible.

d) Derecho a acceder a los elementos de las actuaciones que sean esenciales para impugnar la legalidad de la detención o privación de libertad.

e) Derecho a que se ponga en conocimiento del familiar o persona que desee, sin demora injustificada, su privación de libertad y el lugar de custodia en que se halle en cada momento. Los extranjeros tendrán derecho a que las circunstancias anteriores se comuniquen a la oficina consular de su país.

f) Derecho a comunicarse telefónicamente, sin demora injustificada, con un tercero de su elección. Esta comunicación se celebrará en presencia de un funcionario de policía o, en su caso, del funcionario que designen el juez o el fiscal, sin perjuicio de lo dispuesto en el artículo 527.

g) Derecho a ser visitado por las autoridades consulares de su país, a comunicarse y a mantener correspondencia con ellas.

h) Derecho a ser asistido gratuitamente por un intérprete, cuando se trate de extranjero que no comprenda o no hable el castellano o la lengua oficial de la actuación de que se trate, o de personas sordas o con discapacidad auditiva, así como de otras personas con dificultades del lenguaje.

i) Derecho a ser reconocido por el médico forense o su sustituto legal y, en su defecto, por el de la institución en que se encuentre, o por cualquier otro dependiente del Estado o de otras Administraciones Públicas.

j) Derecho a solicitar asistencia jurídica gratuita, procedimiento para hacerlo y condiciones para obtenerla.

Asimismo, se le informará del plazo máximo legal de duración de la detención hasta la puesta a disposición de la autoridad judicial y del procedimiento por medio del cual puede impugnar la legalidad de su detención.

Cuando no se disponga de una declaración de derechos en una lengua que comprenda el detenido, se le informará de sus derechos por medio de un intérprete tan pronto resulte posible. En este caso, deberá entregársele, posteriormente y sin demora indebida, la declaración escrita de derechos en una lengua que comprenda.

En todos los casos se permitirá al detenido conservar en su poder la declaración escrita de derechos durante todo el tiempo de la detención.

2 bis. La información a que se refiere el apartado anterior se facilitará en un lenguaje comprensible y que resulte accesible al destinatario. A estos efectos se adaptará la información a su edad, grado de madurez, discapacidad y cualquier otra circunstancia personal de la que pueda derivar una limitación de la capacidad para entender el alcance de la información que se le facilita.

3. Si el detenido fuere extranjero, se comunicará al cónsul de su país el hecho de su detención y el lugar de custodia y se le permitirá la comunicación con la autoridad consular. En caso de que el detenido tenga dos o más nacionalidades, podrá elegir a qué autoridades consulares debe informarse de que se encuentra privado de libertad y con quién desea comunicarse.

4. Si se tratare de un menor, será puesto a disposición de las Secciones de Menores de la Fiscalía y se comunicará el hecho y el lugar de custodia a quienes ejerzan la patria potestad, la tutela o la guarda

de hecho del mismo, tan pronto se tenga constancia de la minoría de edad.

En caso de conflicto de intereses con quienes ejerzan la patria potestad, la tutela o la guarda de hecho del menor, se le nombrará un defensor judicial a quien se pondrá en conocimiento del hecho y del lugar de detención.

Si el detenido tuviere su capacidad modificada judicialmente, la información prevista en el apartado 2 de este artículo se comunicará a quienes ejerzan la tutela o guarda de hecho del mismo, dando cuenta al Ministerio Fiscal.

Si el detenido menor o con capacidad modificada judicialmente fuera extranjero, el hecho de la detención se notificará de oficio al Cónsul de su país.

5. El detenido designará libremente abogado y si no lo hace será asistido por un abogado de oficio. Ninguna autoridad o agente le efectuará recomendación alguna sobre el abogado a designar más allá de informarle de su derecho.

La autoridad que tenga bajo su custodia al detenido comunicará inmediatamente al Colegio de Abogados el nombre del designado por el detenido para asistirle a los efectos de su localización y transmisión del encargo profesional o, en su caso, le comunicará la petición de nombramiento de abogado de oficio.

Si el detenido no hubiere designado abogado, o el elegido rehusare el encargo o no fuere hallado, el Colegio de Abogados procederá de inmediato al nombramiento de un abogado del turno de oficio.

El abogado designado acudirá al centro de detención con la máxima premura, siempre dentro del plazo máximo de tres horas desde la recepción del encargo. Si en dicho plazo no compareciera, el Colegio de Abogados designará un nuevo abogado del turno de oficio que deberá comparecer a la mayor brevedad y siempre dentro del plazo indicado, sin perjuicio de la exigencia de la responsabilidad disciplinaria en que haya podido incurrir el incompareciente.

6. La asistencia del abogado consistirá en:

a) Solicitar, en su caso, que se informe al detenido o preso de los derechos establecidos en el apartado 2 y que se proceda, si fuera necesario, al reconocimiento médico señalado en su letra i).

b) Intervenir en las diligencias de declaración del detenido, en las diligencias de reconocimiento de que sea objeto y en las de reconstrucción de los hechos en que participe el detenido. El abogado podrá solicitar al juez o funcionario que hubiesen practicado la diligencia en la que haya intervenido, una vez terminada ésta, la declaración o ampliación de los extremos que considere convenientes, así como la consignación en el acta de cualquier incidencia que haya tenido lugar durante su práctica.

c) Informar al detenido de las consecuencias de la prestación o denegación de consentimiento a la práctica de diligencias que se le soliciten.

Si el detenido se opusiera a la recogida de las muestras mediante frotis bucal, conforme a las previsiones de la Ley Orgánica 10/2007, de 8 de octubre, reguladora de la base de datos policial sobre identificadores obtenidos a partir del ADN, el juez de instrucción, a instancia de la Policía Judicial o del Ministerio Fiscal, podrá imponer la ejecución forzosa de tal diligencia mediante el recurso a las medidas coactivas mínimas indispensables, que deberán ser proporcionadas a las circunstancias del caso y respetuosas con su dignidad.

d) Entrevistarse reservadamente con el detenido, incluso antes de que se le reciba declaración por la policía, el fiscal o la autoridad judicial, sin perjuicio de lo dispuesto en el artículo 527.

7. Las comunicaciones entre el investigado o encausado y su abogado tendrán carácter confidencial en los mismos términos y con las mismas excepciones previstas en el apartado 4 del artículo 118.

8. No obstante, el detenido o preso podrá renunciar a la preceptiva asistencia de abogado si su detención lo fuere por hechos susceptibles de ser tipificados exclusivamente como delitos contra la seguridad del tráfico, siempre que se le haya facilitado información clara y suficiente en un lenguaje sencillo y comprensible sobre el contenido de dicho derecho y las consecuencias de la renuncia. El detenido podrá revocar su renuncia en cualquier momento.

7. JURISPRUDENCIA

1) STC 339/2005, Sala Primera, 20 de diciembre. Ponente: Excma. Sra. D.ª María Emilia Casas Baamonde (LA LEY 2060/2005).

El derecho a la asistencia letrada se vulnera cuando se asigna al detenido un abogado de oficio cuando éste ya ha designado uno de su confianza, salvo que el detenido o preso se halle incomunicado.

«No basta con la designación de Abogado de oficio para considerar salvaguardado el derecho, sino que es preciso que el Abogado de oficio asista efectivamente al procesado y que ejerza de modo efectivo la defensa. En este sentido, la efectividad de la defensa y de la asistencia ejercida, en el marco del derecho a un proceso con todas las garantías que consagra el art. 6 CEDH y el art. 24.2 CE, constituye una garantía complementaria a la obligación de nombramiento del Abogado de oficio, pero no puede ser utilizada para prescindir de la voluntad manifestada por el demandante de amparo de designar un Letrado de su elección y justificar la asignación de un Letrado de oficio, produciendo una restricción injustificada, sin apoyo legal para ello, del derecho a la libre designación de Abogado [...]

La libre designación de abogado, salvo muy excepcionales circunstancias que permitan su restricción, previstas por la ley y proporcionales al fin, constitucionalmente lícito, perseguido, debe siempre primar sobre la asignación de oficio [...]

La única situación en la que Ley permite la imposición de un Letrado de oficio contra la voluntad del sujeto es la de incomunicación del detenido o preso contemplada en el art. 527 a) LECrim [...]

Pues bien, no concurriendo las circunstancias excepcionales previstas en el art. 527 a) LECrim. y no estando previsto en la Ley 3/2003, de 14 de marzo, sobre la Orden Europea de Detención y Entrega, debemos concluir que los Autos impugnados han vulnerado el derecho invocado, al haberse designado un Abogado de oficio al recurrente para la audiencia del procedimiento de Euroorden pese a su expresa designación de Letrado».

2) SAP Madrid 100/2010, Sección 7ª, 13 de octubre. Ponente: Ilma. Sra. D.ª Ángela Ascensión Acevedo Frías (LA LEY 303454/2010).

No se debe someter al investigado al régimen de las declaraciones testificales.

«No se debe someter al investigado al régimen de las declaraciones testificales cuando, de las diligencias practicadas, pueda fácilmente inferirse que contra él existe la sospecha de haber participado en la comisión de un hecho punible, bien por figurar así en cualquier medio de iniciación del proceso penal, por deducirse del estado de las actuaciones o por haber sido sometido a cualquier tipo de medida cautelar o acto de imputación formal (art. 118.1 y 2 LECr.), ya que la imputación no ha de retrasarse más allá de lo estrictamente necesario, pues, estando ligado el nacimiento del derecho de defensa a la existencia de la imputación (art. 118 LECr.), se ha de ocasionar la frustración de aquel derecho fundamental si el Juez de Instrucción retrasa arbitrariamente su puesta en conocimiento, razón por la cual dicha actuación procesal habrá de estimarse contraria al art. 24 CE, y, por ende, acreedora de la sanción procesal de la "prueba prohibida" (art. 11.1 LOPJ) [...]

En el presente supuesto, aunque como se ha dicho no fuera preceptiva la asistencia de Letrado en los supuestos en que la persona imputada no estaba detenida, siendo renunciable el derecho a tal asistencia, lo que es evidente es que si del interrogatorio a una persona implicada en los hechos se desprendía una posible responsabilidad penal de la misma, no resultaba procedente que la declaración se le recibiera en calidad de testigo, sino de investigado con información de los derechos que en tal concepto le asisten, entre ellos el de asistencia Letrada y el de guardar silencio y no confesarse culpable reconocidos en el art. 24 de la CE, y en el supuesto de que iniciada la declaración como testigo las respuestas del interrogado tengan un carácter autoinculpatorio, lo procedente es, ahora, y lo era también en ese momento, suspender dicha declaración prestada en calidad de testigo y comenzar a realizarla con la condición de investigado y con los derechos que en tal concepto le asisten. Lo contrario supone, como se ha dicho, una vulneración de un derecho fundamental que hace que dicho medio de investigación sea nulo y como consecuencia de ello también lo sean todas las actuaciones que del mismo se deriven, de acuerdo con lo dispuesto en el art. 11 de la LOPJ conforme al cual "No surtirán efecto las pruebas obtenidas, directa o indirectamente, violentando los derechos o libertades fundamentales"».

3) STS 877/2014, Sala de lo Penal, 22 de diciembre. Ponente: Excmo. Sr. D. Juan Ramón Berdugo Gómez de la Torre.

No se pueden efectuar al testigo preguntas sugestivas.

«Y la pregunta es sugestiva porque indica o provoca una respuesta afirmativa como única conclusión racional de las afirmaciones previas que le sirven de sustento. No se pregunta sobre determinados hechos, que se presentan como incontestables, sino que el interrogador plantea la pregunta como una consecuencia necesaria de los hechos previamente afirmados sugiriendo el asentimiento como única respuesta racional, de modo que prácticamente elimina la opción de una contestación diferente a la que se desea obtener».

4) STS 160/2010, Sala de lo Penal, 5 de marzo. Ponente: Excmo. Sr. D. Juan Ramón Berdugo Gómez de la Torre.

La advertencia del artículo 416 LECR debe efectuarse en todas las fases del procedimiento.

«En resumen, la participación del testigo víctima se produce en tres momentos: uno primero, en la fase perjudicial, donde es necesario que se le informe de su derecho a no denunciar en virtud de lo dispuesto en el art. 261 LECrim, salvo en algunos casos de "denuncia espontánea". Una segunda en el Juzgado instructor, donde se le debe informar del art. 416 LECrim. y una tercera en el Plenario, el que a tenor de lo dispuesto en el art. 707, deberá también hacérsele la información del derecho que recoge el articulo citado, bien entendido que el hecho que en alguna de estas declaraciones no utilice el derecho a no denunciar o no declarar, no supone ya una renuncia tácita y definitiva a su utilización en una ulterior fase.

En definitiva y atendiendo a la doctrina jurisprudencial expuesta se puede concluir: 1) Las citadas advertencias deben hacerse tanto en sede policial como judicial (instrucción y plenario). El pariente del acusado que esté incluido en el art. 261 o 416 LECrim. no tiene obligación de conocer que está eximido de denunciar o declarar. Para renunciar a un derecho debe informarse que se dispone del mismo, nadie puede renunciar a algo que desconozca. En todo caso, el hecho de hacerlo no supone una renuncia tácita a este derecho para declaraciones posteriores; 2) La ausencia de advertencia a la víctima de su derecho a no declarar conlleva la nulidad de la declaración que haya realizado, no del juicio en sí. Así en tales casos el Tribunal debe verificarse con la prueba subsistente existe prueba de cargo suficiente para enervar la presunción de inocencia».

5) STS 294/2009, Sala de lo Penal, de 28 de enero. Ponente: Excmo. Sr. D. Adolfo Prego de Oliver Tolivar.

No es necesario advertir de la dispensa del artículo 416 LECR a quien denuncia voluntariamente el hecho delictivo.

«Por lo mismo la innecesariedad de la información sólo se puede referir a los hechos que se quieren denunciar voluntariamente. Pero no puede utilizarse la declaración policial sobre esos concretos hechos, para, a través del interrogatorio sobre ellos, hacer pesquisas sobre otros diferentes y provocar del denunciante de los primeros una segunda denuncia sobre los segundos. No es que no se pueda interrogar sobre ellos. Es que para interrogar es inexcusable advertir a la compareciente que sobre esos otros, distintos de los que por iniciativa propia quería denunciar, no tiene obligación de hacerlo. La comunicación de esos diferentes hechos, pertenece a la iniciativa del agente interrogante que pregunta sobre ellos y su comunicación por el declarante no es ya iniciativa suya previamente decidida libremente, sino respuesta a la averiguación iniciada por la Policía; que necesita hacer la previa advertencia de la dispensa legal».

6) STS 129/2009, Sala de lo Penal, 10 de febrero. Ponente: Excmo. Sr. D. Adolfo Prego de Oliver Tolivar.

No haber hecho uso de la dispensa en la declaración sumarial no impide su ejercicio posterior en el juicio oral.

«La libre decisión de la testigo en el acto del Juicio Oral que optó por abstenerse de declarar contra el acusado, de acuerdo con el art. 707 de la LECr, en relación con el art. 416 de la LECr, es el ejercicio de una dispensa legalmente atribuida, incompatible con la neutralización de su efecto mediante la valoración de la declaración sumarial. No haber hecho uso de esa dispensa en la declaración sumarial no impide su ejercicio posterior en cuanto mecanismo de solución de un conflicto entre deberes que bien puede subsistir y plantearse de nuevo en otra declaración, ni entraña renuncia a optar por la abstención de declarar como testigo en el juicio Oral, entre otras razones porque la distinta naturaleza que corresponde a la declaración sumarial, que no tiene carácter de actividad probatoria, y la que es propia de la testifical en Juicio Oral, que es verdadera prueba idónea para desvirtuar la presunción de inocencia, pone de relieve la posibilidad de usar de diferente manera la dispensa de declarar en testimonios de tan distintas consecuencias, que es lo que está presente en el fundamento de esa dispensa, concedida en función de las posibilidades de perjudicar con la declaración los intereses del pariente procesado o acusado».

7) STS 39/2009, Sala de lo Penal, 29 de enero. Ponente: Excmo. Sr. D. Joaquín Delgado García.

No se aplica la dispensa del artículo 416 LECR cuando se disuelve el matrimonio por sentencia firme de divorcio.

«En el referido fundamento de derecho 2º, el tribunal de instancia nos dice que María, al declarar en el juicio oral, cuando fue instruida del contenido del art. 416 LECr que la dispensaba de su deber de testificar por su condición de cónyuge del procesado, manifestó su deseo de no hacerlo, pero cuando después dijo que ya estaba divorciada con fecha reciente, dicho tribunal se vio obligado a comprobar si tal divorcio era o no firme, para lo cual tuvo que hacer las correspondientes gestiones ante el Juzgado de Familia que en Sevilla había conocido del correspondiente procedimiento. Se interrumpió la declaración de la testigo continuando el juicio oral con la práctica de varias pruebas periciales. Solo cuando, tras esas gestiones, se pudo conocer la mencionada firmeza de la sentencia de divorcio, la Audiencia Provincial comunicó a la testigo que, como ya no existía el matrimonio, tenía obligación de declarar como tal testigo».

8) STS 1061/2009, Sala de lo Penal, 26 de octubre. Ponente: Excmo. Sr. D. Francisco Monterde Ferrer.

La dispensa del artículo 416 LECR no se aplica a una niña de 6 años de edad.

«De este modo el Tribunal a quo, tras advertir el contenido del art. 416 LECr., y precisando que la niña era un testigo no víctima de un delito de violencia de género, y que concurría una circunstancia que no podía ser obviada, como era el hecho de su minoría de edad, y no una minoría de edad cercana a la mayoría, sino que, nacida el 15-1-2000, contaba en la fecha de la exploración con la edad de tan sólo seis años, observó que el fundamento del art. 416 LECr. quedaba desvirtuado y no resultaba de aplicación. Y razonaba el Tribunal diciendo que el legislador distingue según se trate de un testigo mayor o menor de edad, en cuanto a la necesidad de tomarles juramento o promesa de decir verdad. Y que así, el art. 433 dispone que "los testigos mayores de edad prestarán juramento o promesa de decir todo lo que supieren respecto a lo que les fuere preguntado, estando el Juez obligado a informarles en lenguaje claro y comprensible de la obligación de ser veraces y de la posibilidad de incurrir en un delito de falso testimonio en causa criminal".

Y que, frente a ello, el mismo artículo en su párrafo segundo (redactado según LO 8/2006, de 4 de diciembre) dice, en cambio, que "toda declaración de un menor podrá realizarse ante expertos y siempre en presencia del Ministerio Fiscal. Quienes ejerzan la patria potestad, tutela o guarda del menor podrán estar presentes, salvo que sean imputados o el Juez excepcionalmente y de forma motivada acuerde lo contrario. El Juez podrá acordar la grabación de la declaración". Resultando así que al testigo menor de edad —y sin duda por dicha minoría de edad y por la imposibilidad de entender el alcance y trascendencia del acto—, no se le toma juramento o promesa de decir verdad, ni se le advierte de la obligación de ser veraces ni de la posibilidad de incurrir en un delito de falso testimonio.

Y concluía que, por lo expuesto y teniendo en cuenta que Maite, de seis años de edad en el momento de practicar la exploración, carecía de capacidad suficiente para discernir entre decir o no la verdad, es evidente que carecía igualmente de capacidad para determinar y distinguir aquello que en su relato pudiera beneficiar o perjudicar a su padre como imputado, con lo que hay que descartar que se hubiere vulnerado el derecho de defensa del procesado Jesús, y que carezca de validez tal prueba, que, consecuentemente, podrá ser valorada como prueba de cargo».

9) STS 13/2009, Sala de lo Penal, 20 de enero. Ponente: Excmo. Sr. D. Miguel Colmenero Menéndez de Luarca.

Las declaraciones de testigos prestadas sin la previa advertencia del artículo 416 LECR deben reputarse nulas.

«Es claro, de otro lado, que la situación de quien declara ante el Juez no es la misma si lo hace bajo el juramento o promesa de decir verdad con la conminación de las posibles consecuencias derivadas en caso de incurrir en falso testimonio, que si se le advierte de sus derechos legales a no contestar. Consecuentemente, las declaraciones prestadas contra el procesado por los parientes que señala la ley, sin la previa advertencia prevista en el artículo 416 de la LECrim, en cuanto que no han sido prestadas con todas las garantías, deben reputarse nulas y no pueden utilizarse válidamente como prueba de cargo por la vía del artículo 714 de la misma Ley. En estos casos, las únicas declaraciones válidas son las prestadas una vez que ha sido informado de su derecho a no declarar contra el procesado».

10) Acuerdo del Pleno No Jurisdiccional de la Sala de lo Penal del Tribunal Supremo de 3 de junio de 2015.

Valor probatorio de las declaraciones prestadas ante la Policía.

«Las declaraciones ante los funcionarios policiales no tienen valor probatorio.

No pueden operar como corroboración de los medios de prueba. Ni ser contrastadas por la vía del art. 714 de la LECR. Ni cabe su utilización como prueba preconstituida en los términos del art. 730 de la LECR.

Tampoco pueden ser incorporadas al acervo probatorio mediante la llamada como testigos de los agentes policiales que las recogieron.

Sin embargo, cuando los datos objetivos contenidos en la autoinculpación son acreditados como veraces por verdaderos medios de prueba, el conocimiento de aquellos datos por el declarante evidenciado en la autoinculpación puede constituir un hecho base para legítimas y lógicas inferencias. Para constatar, a estos exclusivos efectos, la validez y el contenido de la declaración policial deberán prestar testimonio en el juicio los agentes policiales que la presenciaron.

Este acuerdo sustituye el que sobre la materia se había adoptado en el mes de noviembre de 2006».

CAPÍTULO IX

ORDEN DE PROTECCIÓN

1. INTRODUCCIÓN

La orden de protección se puede definir como una medida cautelar que se adopta en el proceso penal para la protección de las víctimas de violencia de género o sus hijos.

Esta medida cautelar se introdujo a través de la LO 27/2003, de 31 de julio, con la finalidad de unificar los distintos instrumentos de amparo y tutela a las víctimas de estos delitos. A través de un sencillo procedimiento, la víctima puede obtener un estatuto integral de protección que comprende, no solo las medidas restrictivas de la libertad de movimientos del agresor para impedir su aproximación a la víctima, sino también medidas encaminadas a proporcionar seguridad, protección y estabilidad a la persona agredida y a su familia.

La orden de protección se regula en el artículo 544 ter LECR. Dicho precepto ha sido reformado en múltiples ocasiones. Su redacción actual incorpora las modificaciones introducidas por la Ley 4/2015, de 27 de abril, de Estatuto de la Víctima del Delito.

El objetivo de este Capítulo consiste en examinar la orden de protección mediante un estudio sistemático de los siguientes aspectos:

— Requisitos para su adopción.
— Órganos donde se puede formular la solicitud.
— Órgano competente para resolver la orden.
— Procedimiento.
— Contenido de la resolución que puede comprender medidas penales y civiles.
— Régimen de recursos.

2. REQUISITOS

La orden de protección constituye una medida cautelar personal que se adopta en el marco de un determinado proceso penal (Procedimiento Abreviado, Juicio Rápido, etc.) y respecto de una víctima en concreto.

• **Características.**

Al igual que otras medidas cautelares, sus características serían las siguientes:

— *Reserva jurisdiccional.* Supone que solo pueden adoptarse por la Autoridad Judicial cuando existe una ley previa que autorice expresamente dicha modalidad de tutela cautelar.

— *Instrumentalidad.* Implica que la medida cautelar sirve a un determinado proceso y, por tanto, está supeditada al desarrollo del mismo.

— *Provisionalidad.* Supone que pueden modificarse en el curso del proceso cuando se produzca una variación de las circunstancias que se tuvieron en cuenta en el momento de su adopción.

— *Exigencia de motivación.* El órgano judicial debe expresar en la resolución que adopte una medida cautelar los elementos que ha tenido en cuenta para efectuar la ponderación exigida en el juicio de proporcionalidad. Por tal motivo, la resolución deberá expresar los indicios de la presunta comisión de un delito, el peligro para la víctima, la afectación de los derechos fundamentales del investigado y las razones que avalan la adopción de la tutela cautelar.

— *Proporcionalidad.* Toda medida cautelar debe ser idónea, necesaria y proporcionada en sentido estricto.

- La *idoneidad* implica que la medida cautelar sea apta para conseguir el fin pretendido que, en el caso analizado, estaría relacionada con la protección de la vida, integridad física y/o moral de la víctima y/o de los hijos.

- La *necesidad* de la medida supone que no existan otros medios de menos gravosos para los derechos fundamentales del investigado que permitan lograr los fines perseguidos con la tutela cautelar.

- La *proporcionalidad en sentido estricto* exige efectuar una ponderación entre el sacrificio exigido al derecho fundamental limitado por esa medida y el concreto derecho, bien o interés jurídico que pretende garantizarse con aquella medida. Para valorar este aspecto, debe tenerse en cuenta, no solo la gravedad del delito cometido, sino también la importancia del bien jurídico protegido y la relevancia social de la conducta.

- **Requisitos.**

Los requisitos para la adopción de una orden de protección se establecen en el artículo 544 ter LECR y serían los siguientes:

En primer lugar, debe constatarse la *existencia de indicios racionales de haberse cometido un delito contra la vida, integridad física o moral, libertad sexual, libertad o seguridad* por parte de un hombre que sea o haya sido su cónyuge o esté o haya estado ligado a ella por relación análoga de afectividad, aún sin convivencia.

Este requisito, por tanto, haría referencia al llamado *fumus boni iuris* (apariencia de buen derecho) característica de cualquier medida cautelar. El órgano judicial, por tanto, deberá valorar las diligencias de investigación practicadas hasta la fecha para poder atribuir razonadamente al investigado la comisión de uno de los delitos mencionados en el precepto.

En segundo lugar, el órgano judicial debe analizar si concurre una *situación objetiva de riesgo para la víctima* que avale la adopción de medidas restrictivas de los derechos fundamentales del investigado.

Este requisito supondría el llamado *periculum in mora* (peligro de mora procesal) que constituye un presupuesto necesario de cualquier medida cautelar. Supone que, en caso de no adoptarse la medida, podría frustrarse la protección de bienes jurídicos de la víctima cuya tutela se encomienda al proceso penal.

La LECR no establece ningún criterio para valorar este requisito. En la práctica forense, se tiene en cuenta los antecedentes penales del investigado, la intensidad y reiteración de la violencia ejercida, el consumo de tóxicos, presencia de enfermedades mentales o trastornos de la personalidad, etc. Debe valorarse, por tanto, la probabilidad de que, en atención a los antecedentes del investigado y las circunstancias del hecho, el agresor podría seguir cometiendo actos atentatorios contra la integridad física o moral de la víctima.

Para facilitar la ponderación de este requisito, el órgano judicial puede servirse de la valoración policial efectuada por las Fuerzas y Cuerpos de Seguridad del Estado. Actualmente, la valoración policial se regula en la Instrucción 4/2019, de 6 de marzo, de la Secretaría de Estado de Seguridad.

A través de un cuestionario que se realiza a la víctima, la actividad policial pretende indagar en varios aspectos:

a) Los factores referidos a la violencia, actual y pasada, del tipo que sea, sufrida por la víctima.
b) La relación víctima-agresor, actual o pasada.
c) Los antecedentes y circunstancias de todo tipo referidas al agresor y su entorno.
d) Las circunstancias personales, familiares, sociales, económicas y laborales de la víctima.
e) La retirada de denuncias, reanudación de la convivencia y/o, desistimiento o renuncia de la víctima a su protección, así como cualquier otra circunstancia que afecte sustancialmente al Caso.

Después de recopilar la información de la víctima e introducirla en el sistema VioGen, se determinará el nivel de riesgo apreciado en la víctima. La Instrucción 4/2019 establece cuatro categorías: «no apreciado», «bajo», «medio», «alto» y «extremo». En atención a dicho nivel de riesgo, las fuerzas policiales deben adoptar una serie de medidas para la protección de la víctima que van desde contactos esporádicos con aquélla hasta una vigilancia permanente de la víctima y un control intensivo de los movimientos del agresor.

3. SOLICITUD

La solicitud de la orden de protección puede formularse ante los siguientes órganos (artículo 544 ter, apartado 3, LECR):

— Juzgado.
— Fiscalía.
— Fuerzas y Cuerpos de Seguridad del Estado.
— Oficinas de Atención a la Víctima.
— Servicios sociales o instituciones asistenciales dependientes de las Administraciones Públicas.
— Servicios de Orientación Jurídica de los Colegios de Abogados.

En cuanto a las **personas o entidades que pueden solicitar la orden de protección**, serían las siguientes:

— Víctima o su representante legal.
— Cualquier persona que tenga con la víctima alguna de las relaciones establecidas en el artículo 173.2 CP. Este precepto hace referencia a determinadas personas integradas en el núcleo familiar y, por tanto, permite que los ascendientes, descendientes o hermanos de la víctima soliciten la orden de protección.
— Ministerio Fiscal.
— De oficio por la Autoridad Judicial. Se trata de la única medida cautelar privativa de libertad que puede ser adoptada de oficio por el órgano judicial sin necesidad de previa petición de una parte acusadora como ocurre, por ejemplo, con la prisión provisional.
— Entidades y organismos asistenciales, públicos o privados deben poner en conocimiento inmediatamente del Juzgado de Violencia sobre la Mujer o, en si caso, del Juzgado de Guardia o del Ministerio Fiscal cualquier hecho

constitutivo de violencia de género a fin de que el Juez pueda incoar o el Fiscal pueda instar el procedimiento para la adopción de la orden de protección.

La solicitud se debe cumplimentar en el **modelo elaborado por la Comisión de Seguimiento de la Implantación de la Orden de Protección**, constituida el día 22 de julio de 2003, e integrada por representantes del Consejo General del Poder Judicial, la Fiscalía General del Estado, el Ministerio de Justicia, el Ministerio del Interior, el Ministerio de Trabajo y Asuntos Sociales, las Comunidades Autónomas con competencia en materia de Justicia, la Federación Española de Municipios y Provincias, el Consejo General de la Abogacía y el Consejo General de Procuradores de los Tribunales de España.

El formulario comprende varios apartados destinados a tener un conocimiento lo más completo posible de las circunstancias de las partes implicadas, del hecho cometido y de las medidas que se solicitan.

A tal efecto, en el formulario de solicitud se deben hacer constar datos de la víctima, de la persona denunciada, la relación entre ambas y la situación familiar (personas que conviven en el domicilio y relación de parentesco). En el apartado de los hechos denunciados que fundamentan la solicitud de la orden, deben hacerse constar, no solo el concreto hecho que motiva la solicitud (por ejemplo, un acto puntual de maltrato), sino también otros hechos ocurridos con anterioridad, si han sido presenciados por menores y, en su caso, si existe una situación de riesgo para ellos. También se deberán hacer constar la identificación de posibles testigos de los hechos y otras pruebas que puedan corroborar las manifestaciones de la víctima.

La solicitud finaliza con las medidas penales, civiles y asistenciales que se interesan por la víctima.

Una vez recibida la solicitud, debe ser remitida de forma inmediata al Juzgado de Violencia sobre la Mujer o, en su caso, al Juzgado de Instrucción en funciones de guardia.

4. COMPETENCIA

La competencia para resolver la orden de protección varía en función de si la solicitud se presenta dentro o fuera de las horas de audiencia.

En caso de que la solicitud se presente **dentro de las horas de audiencia** (normalmente, hasta las catorce horas, aunque varía según los partidos judiciales), la competencia para resolver la orden de protección corresponde al Juzgado de Violencia sobre la Mujer (artículo 87 ter, apartado 1, letra c, LOPJ).

En aquellos partidos judiciales en los que no exista Juzgado de Violencia sobre la Mujer, la competencia para resolver la orden recaerá en el Juzgado de Primera Instancia e Instrucción o, en su caso, Juzgado de Instrucción que tenga asumido, en virtud de las normas de reparto del partido judicial, el conocimiento de los procesos penales en materia de violencia de género.

En cambio, si la solicitud se ha presentado **fuera de las horas de audiencia** deberá resolverse por el Juzgado de Instrucción en funciones de guardia.

En este supuesto, una vez resuelta la orden de protección, el Juzgado de Guardia debe remitir lo actuado al Juzgado de Violencia sobre la Mujer competente (o, en su caso, Juzgado mixto o Juzgado de Instrucción que asuma competencias en materia de violencia sobre la mujer) y poner a su disposición el investigado y demás efectos (artículo 42.4 del Reglamento 1/2005 sobre aspectos accesorios de las actuaciones judiciales aprobados por Acuerdo del CGPJ de 25 de septiembre de 2005).

5. PROCEDIMIENTO

Una vez recibida la solicitud de orden de protección, el Juzgado competente debe convocar a una audiencia urgente cuya finalidad es determinar la concurrencia de los requisitos necesarios para la adopción de las medidas cautelares penales y/o civiles.

La **comparecencia** debe celebrarse en el plazo máximo de 72 horas desde que se recibe la solicitud. A tal efecto, el Juzgado deberá citar a las siguientes personas:

— Víctima o su representante legal.
— Solicitante de la orden, en caso de que no sea la misma víctima.
— Investigado.
— Abogado del investigado.
— Ministerio Fiscal.

El Juzgado debe adoptar las medidas oportunas para evitar la confrontación entre el presunto agresor y la víctima, sus hijos y los restantes miembros de la familia. Por tal motivo, la declaración de ambas partes se hará por separado.

Durante la celebración de la comparecencia, el Ministerio Fiscal y demás partes personadas podrán interesar la **práctica de diligencias de investigación que guarden relación con los presupuestos para la adopción de la medida cautelar** (indicios de la comisión de un delito y situación objetiva de riesgo para la víctima). Esta comparecencia se celebra tras haber tomado declaración a la víctima y al investigado. También es posible que, al tiempo de celebrarse la comparecencia, el Juzgado ya disponga de otras pruebas adicionales de interés como, por ejemplo, la declaración de testigos o el informe del Médico Forense sobre las lesiones. Todos estos extremos se explican de forma pormenorizada en el Capítulo VIII de esta obra.

En cuanto a la **forma de celebración de la comparecencia**, se ajusta a las siguientes reglas:

1º) El Juez concederá la palabra al Ministerio Fiscal quien informa oralmente sobre la necesidad o no de adoptar la orden de protección.

En caso de interesar la adopción de la orden, el Fiscal debe especificar los motivos y pruebas que sustentan la petición, así como detallar las concretas medidas penales y/o civiles que interesa adoptar.

2º) Se concede la palabra al abogado de la víctima para que informe oralmente sobre la misma cuestión.

No puede olvidarse que se trata de un trámite oral y, por tanto, el abogado deberá exponer de forma breve y concisa los argumentos que avalan su planteamiento para lo cual podría auxiliarse de un breve esquema.

3º) El Juez concederá la palabra al abogado de la defensa quien deberá rebatir los argumentos expuestos por las partes acusadoras.

En su exposición oral deberá incidir, bien en la falta de concurrencia de los presupuestos de la orden (ausencia de prueba de los hechos, relato incoherente de la víctima etc.), bien en la falta de idoneidad de las medidas solicitadas. También es posible que, previa consulta con su defendido, se muestre conforme con la solicitud formulada si lo considera adecuado para la defensa de sus intereses.

En caso de que **no pueda celebrarse la comparecencia** (por ejemplo, porque el investigado se encuentra en paradero desconocido), el Juzgado no podrá adoptar una orden de protección. En estos supuestos, se puede garantizar la protección de la víctima mediante una orden de alejamiento del artículo 544 bis LECR que puede adoptarse por el Juzgado incluso de oficio y sin necesidad de audiencia al investigado. Las medidas podrán consistir en una prohibición de aproximación, residencia y/o comunicación. En cualquier caso, esta orden de alejamiento no atribuye a la víctima el estatuto integral de protección de víctimas de violencia de género y no se puede pronunciar sobre medidas civiles, sin perjuicio de que, en su caso, puedan adoptarse aquéllas por razones de urgencia al amparo del artículo 158 del Código Civil.

6. RESOLUCIÓN

Una vez celebrada la comparecencia, el Juzgado competente deberá dictar Auto en el que conceda o deniega la orden de protección solicitada. Se trata de una resolución judicial motivada en la que se deberán analizar los presupuestos de su adopción (indicios de delito y situación objetiva de riesgo) y expresar el juicio de ponderación efectuado por el órgano judicial respecto de los bienes, derechos e intereses en conflicto.

El Auto que concede la orden de protección otorga a la víctima un **estatuto integral de protección** que puede hacerse valer ante cualquier Autoridad y Administración Pública. Constituye una de las formas de acreditación de la condición de víctima de violencia de género (artículo 23 de la LO 1/2004).

El Auto deberá pronunciarse sobre las medidas penales y civiles que, en su caso, se adopten y cuyo contenido analizaremos en el siguiente apartado.

La orden de protección debe ser notificada a las siguientes personas o entidades:

— Víctima.
— Investigado.
— Ministerio Fiscal.
— Administraciones Públicas competentes para la adopción de medidas de protección en materia de seguridad, asistencia social, jurídica, sanitaria, psicológica o de cualquier otra índole.
— Fuerzas y Cuerpos de Seguridad del Estado para que velen por el cumplimiento de la orden.

En el caso del investigado, la **notificación de la orden de protección deberá ser personal y efectuarse con los apercibimientos que, en su caso correspondan**. Así, por ejemplo, si se ha adoptado una prohibición de comunicación y/o de acercamiento, el Letrado de la Administración de Justicia deberá advertir al investigado que, en caso de vulnerar el contenido de la orden, podría estar cometiendo un delito de quebrantamiento (artículo 468 CP). Asimismo, deberá apercibírsele de que, en su caso, podría reformarse su situación personal y adoptarse medidas más restrictivas de la libertad como, por ejemplo, la prisión provisional.

El Letrado de la Administración de Justicia deberá inscribir la orden en el **Registro Central para la Protección de las Víctimas de Violencia Doméstica y de Género** en el plazo de 24 horas siguientes a su adopción. La inscripción se practica de forma telemática y, en todo caso, el Letrado de la Administración de Justicia deberá verificar la exactitud del contenido de la información transmitida al Registro (artículo 13.1, letra b, del Real Decreto 95/2009, de 6 de febrero, por el que se regula el

Sistema de registros administrativos de apoyo a la Administración de Justicia).

Una vez que la orden de protección se encuentra inscrita, podrán acceder al Registro y consultar la vigencia de las medidas, entre otros, los órganos judiciales, el Ministerio Fiscal, Policía Judicial, unidades de policía especialmente encargadas del control y seguimiento de la violencia doméstica o las Delegaciones y Subdelegaciones del Gobierno exclusivamente en el ámbito de sus competencia de protección de las víctimas de violencia doméstica o de género (artículos 5 y 7 del Real Decreto 95/2009, de 6 de febrero).

7. MEDIDAS PENALES

La orden de protección puede contener cualquiera de las medidas cautelares previstas en la legislación procesal penal dependiendo de la necesidad de protección de la víctima.

Dentro de las medidas penales, por tanto, podríamos distinguir las siguientes:

- **Prisión provisional.**

Se trata de una medida cautelar excepcional que se adoptaría en los casos más graves de violencia de género y cuando no se puede garantizar la protección de la víctima a través de otras medidas menos gravosas. En la práctica forense, también se adopta esta medida cuando el investigado ha quebrantado una o varias veces una previa orden de alejamiento.

La prisión provisional solo puede adoptarse si lo solicita alguna parte acusadora (Ministerio Fiscal, acusación particular o popular).

Su regulación se contiene en los artículos 502 a 519 LECR.

Los requisitos para adoptar esta medida son los siguientes:

— Existencia de uno o varios hechos que presenten caracteres de un delito castigado con pena cuyo máximo sea igual o superior a 2 años de prisión. Puede ser inferior en dos supuestos:

- Si el investigado tiene antecedentes penales por delito doloso.
- Si se trata de un delito de violencia familiar o doméstica (artículo 173.2 CP).

— Existencia de motivos bastantes para creer responsable del delito a la persona contra la que se debe dictar Auto de prisión.

— Se persiga alguno de estos fines:

- Asegurar la presencia del investigado cuando pueda deducirse la existencia de riesgo de fuga.
- Evitar la ocultación, alteración o destrucción de fuentes de prueba relevantes para enjuiciar el hecho delictivo.
- Evitar que el investigado atente contra bienes jurídicos de la víctima, especialmente cuando se trate de personas del ámbito familiar o doméstico (artículo 173.2 CP).
- Evitar el riesgo de que el investigado cometa otros hechos delictivos.

La duración de la prisión provisional no puede exceder de 1 año (si el delito tiene señalada pena privativa de libertad igual o inferior a 3 años) o de 2 años (si el delito tiene señalada pena privativa de libertad superior a 3 años). En el primer caso, se puede prorrogar por 6 meses. En el segundo caso, puede prorrogarse por 2 años más.

Si la prisión provisional se acordó para evitar el riesgo de destrucción de pruebas, su duración máxima será de 6 meses.

- **Prohibición de aproximación.**

Una de las medidas penales que puede adoptarse es la prohibición de aproximación al domicilio de la víctima, lugar de trabajo y otros lugares que habitualmente frecuente (artículo 64.3 LO 1/2004 y artículo 544 bis LECR). Esta medida pretende evitar el contacto físico entre el agresor y la víctima para garantizar su protección.

La LECR no establece una distancia mínima de alejamiento. En la práctica forense, se suele fijar 500 metros. Sin embargo, habrá que atender a las circunstancias del caso concreto que puede aconsejar reducir dicha distancia (por ejemplo, en poblaciones pequeñas) o, en su caso, ampliarla para ofrecer un mayor nivel de protección a la víctima.

Para controlar esta medida de alejamiento, en el Auto que adopta la orden de protección se puede disponer la utilización de instrumentos técnicos para verificar su cumplimiento. En este caso, la resolución judicial deberá comunicarse al Centro de Control de Medidas Telemáticas de Alejamiento (COMETA). En el plazo máximo de 24 horas, se procederá a la instalación de los dispositivos de control remoto. En el caso del investigado, dicha instalación se efectuará en sede judicial.

El sistema permite configurar los dispositivos con zonas de exclusión (ejemplo, domicilio, lugar de trabajo, centro escolar, termino municipal íntegro) para realizar un seguimiento adecuado de la prohibición de aproximación. Una vez instalados los dispositivos, emiten dos tipos de señales (alarma y alerta) graduados de mayor a menor riesgo lo que propicia la activación de los protocolos oportunos para garantizar la protección de la víctima.

Finalmente, debe tenerse en cuenta que, si el investigado inutiliza o perturba el funcionamiento normal de los dispositivos técnicos, no los lleva consigo u omite las medidas exigibles para mantener su correcto estado de funcionamiento, cometerá un delito de quebrantamiento de medida cautelar (artículo 468.3 CP).

- **Prohibición de comunicación.**

Si de adopta esta medida, el investigado no podrá comunicarse con la víctima por cualquier medio de comunicación o medio informático o telemático, contacto escrito, verbal o visual (artículo 64.5 LO 1/2004).

Esta medida pretende garantizar la tranquilidad de la víctima. En ocasiones, el agresor, después de haber sido denunciado, quiere comunicarse con la víctima para reanudar la convivencia o, en su caso, para que retire la denuncia. En otras ocasiones, el investigado utiliza tales medios de comunicación para amenazar o injuriar a la víctima. A fin de prevenir este tipo de situaciones que, en cierta medida, podrían provocar un cambio de la actitud procesal de la víctima, se puede acordar una prohibición de comunicación.

- **Salida obligatoria del domicilio familiar y la prohibición de volver al mismo.**

Esta medida penal se contempla en el artículo 64.1 LO 1/2004. Cuando se adopta esta medida, se libra oficio a las Fuerzas y Cuerpos de Seguridad del Estado para que acompañen al investigado a recoger sus enseres personales.

Esta prohibición puede adoptarse con independencia del régimen de propiedad y/o tenencia de la vivienda familiar. Es decir, podría adoptarse, aunque la vivienda fuese propiedad exclusiva del investigado. También en el caso de que el titular del contrato de alquiler sea el investigado. Esta medida cautelar penal no afecta, por tanto, a la propiedad de la vivienda, sino exclusivamente al uso y disfrute de la misma.

El Juez, con carácter excepcional, podrá autorizar que la persona protegida concierte, con una agencia o sociedad pública allí donde la hubiere y que incluya entre sus actividades la del arrendamiento de viviendas, la permuta del uso atribuido de la vivienda familiar de la que sean copropietarios, por el uso de otra vivienda, durante el tiempo y en las condiciones que se determinen (artículo 64.2 LO 1/2004).

- **Suspensión del derecho a la tenencia y porte de armas.**

Esta medida se regula en el artículo 67 LO 1/2004. En este caso, el investigado deberá proceder, si las tuviere, a depositar las armas en el depósito de Intervención de Armas de la Guardia Civil.

8. MEDIDAS CIVILES

La orden de protección también puede comprender medidas civiles con la finalidad de brindar un estatuto integral de protección a la víctima.

- **Legitimación activa.**

Las medidas civiles pueden solicitarse en el contexto de una orden de protección por las siguientes personas:

— A la víctima o su representante legal.

— Ministerio Fiscal, cuando existan hijos menores o personas con la capacidad judicialmente modificada.

El investigado carece de legitimación para interesar medidas civiles, sin perjuicio de que en la comparecencia de la orden de protección el Abogado del investigado se oponga a las mismas.

Como se puede advertir, la adopción de estas medidas no puede realizarse de oficio por el órgano judicial al requerir una previa petición de parte. Sin embargo, este criterio se ha visto modificado a raíz de la reforma del artículo 544 ter LECR por la Ley 4/2015, de 27 de abril, del Estatuto de la Víctima. Concretamente, la nueva redacción del apartado 7 del citado precepto establece que «cuando existan menores o personas con capacidad judicialmente modificada que convivan con la víctima y dependan de ella, el Juez deberá pronunciarse en todo caso, incluso de oficio, sobre la pertinencia de la adopción de las referidas medidas».

En cualquier caso, debe tenerse en cuenta que el Juzgado no puede adoptar medidas civiles en la orden de protección en caso de que se hubieran acordado previamente por un órgano del orden jurisdiccional civil. No obstante, esta limitación no impide que, en determinados supuestos, la orden de protección modifique estas medidas civiles en atención a las circunstancias concurrentes tras haberse producido un acto de violencia de género. Sería, por ejemplo, el caso de un matrimonio que acaba de divorciarse de mutuo acuerdo y, tras ello, se produce un acto de violencia de género. La mujer víctima solicita una orden de protección en la que interesa, además de una prohibición de aproximación y de alejamiento, que las visitas de los menores se cumplan en un Punto de Encuentro Familiar. En este caso, el Juzgado, al resolver la orden de protección, podrá modificar las medidas civiles establecidas en la sentencia firme de divorcio para adecuarlas a la nueva situación a fin de garantizar la adecuada protección de la víctima y preservar el interés superior de los menores de edad.

- **Contenido de las medidas civiles.**

Las medidas civiles que pueden adoptarse en la orden de protección son las siguientes:

— *Uso y disfrute del domicilio familiar.*

Como hemos expuesto anteriormente, el Juzgado puede acordar la salida obligatoria del investigado del domicilio familiar, así como la prohibición de volver al mismo. Esta medida se limita exclusivamente a la vivienda familiar y su ajuar.

— *Régimen de guarda y custodia, visitas, comunicación y estancia con menores o personas con capacidad judicialmente modificada.*

En este sentido, la víctima podrá solicitar que se le atribuya la guarda y custodia de los hijos menores de edad dado que, en estos casos, está prohibida la custodia compartida (artículo 92.7 CP).

Si se ha impuesto una prohibición de aproximación, la entrega y recogida de los menores de edad debe realizarse a través de terceras personas para respetar el contenido de la orden de protección.

En casos excepcionales y de forma temporal, se puede acordar que el régimen de visitas se realice en un Punto de Encuentro Familiar que permite compaginar el derecho de los hijos a relacionarse con su padre y la adecuada protección de la víctima.

Estos centros pueden servir, bien como punto de entrega y recogida de los menores, bien como lugar donde se desarrollan las visitas. En este caso, los técnicos de los Puntos de Encuentro

Familiar pueden aportar al Juzgado informes periódicos del seguimiento y evolución de tales visitas.

En aquellos supuestos en los que existe riesgo para los menores de edad, la orden de protección podrá acordar la suspensión de la patria potestad o custodia de los menores (artículo 65 LO 1/2004) o la suspensión del régimen de visitas, estancia, relación o comunicaciones (artículo 66 LO 1/2004).

— *Pensión de alimentos.*

La atribución de la guarda y custodia del menor de edad a la mujer víctima conlleva, a su vez, el establecimiento de una pensión de alimentos que deberá satisfacer el investigado.

La cuantía de esta pensión dependerá de los medios económicos del investigado y de las necesidades de los menores de edad (artículo 93 y 146 CC). A tal efecto, el Juzgado podrá realizar una averiguación patrimonial integral del investigado a través del Punto Neutro Judicial para conocer sus ingresos, saldo de cuentas bancarias, depósitos, titularidad de inmuebles o vehículos, etc.

— *Cualquier otra medida para apartarles de un peligro o evitar perjuicios.*

Se trata de una cláusula abierta que habilita al Juzgado a adoptar las medidas que considere necesarias para garantizar la protección y bienestar de los menores de edad.

A título de ejemplo, podría citarse la prohibición de salida de territorio nacional salvo autorización judicial previa; prohibición de expedición del pasaporte del menor o retirada del mismo si ya se hubiese expedido; o el sometimiento a autorización judicial previa a cualquier cambio de domicilio del menor (artículo 158.3 CP).

- **Plazo de vigencia.**

Las medidas civiles tienen un plazo de duración de 30 días. Se trata de un plazo procesal en el que deben descontarse los días inhábiles (artículo 133.2 LEC y 185 LOPJ).

Tras la adopción de medidas civiles en la orden de protección, deben distinguirse dos supuestos:

— *Que la víctima o su representante legal no presenten demanda de divorcio (si están casados) o de adopción de medida paterno-filiales (si son pareja de hecho) o, en su caso, lo realicen fuera de plazo indicado.*

En tal caso, las medidas civiles adoptadas en la orden de protección quedarán automáticamente sin eficacia.

— *Que la víctima o su representante legal presenten demanda de divorcio o de adopción de medidas paterno-filiales dentro del plazo de 30 días.*

En este caso, se prorroga automáticamente el plazo de vigencia de 30 días a contar desde la fecha de presentación de la demanda.

Durante este plazo, las medidas deberán ser ratificadas, modificadas o dejadas sin efecto por el Juzgado de Primera Instancia que resulte competente. Aunque el artículo 544 ter, apartado 7, LECR se refiere al Juzgado de Primera Instancia, la competencia para tramitar este proceso de familia recaerá en el Juzgado de Violencia sobre la Mujer al cumplirse los requisitos para asumir la competencia del proceso civil de familia (artículo 87 ter, apartados 2 y 3 LOPJ).

Por tal motivo, el Abogado debería solicitar por otrosí en la demanda que el Juzgado se pronuncie sobre dichas medidas.

Acto seguido, el Letrado de la Administración de Justicia deberá citar a las partes a la comparecencia prevista en el artículo 773 LECR en el plazo de los 10 días siguientes.

En caso de que las partes alcancen un acuerdo, el Tribunal, previo informe del Ministerio Fiscal, lo homologará por medio de Auto.

Si no existe acuerdo, se celebra una comparecencia en la que las partes podrán efectuar las alegaciones que tengan por conveniente y solicitar la práctica de pruebas. Una vez finalizada la comparecencia, el Juzgado resolverá por medio de Auto contra el que no cabe recurso alguno (artículo 773.3 LECR).

9. RECURSOS

El Auto que resuelve la orden de protección, ya la conceda o la deniegue, puede ser recurrido por cualquiera de las partes personadas.

No obstante, conviene distinguir según el tipo de medidas que se adoptan en la orden de protección.

En cuanto a las **medidas penales**, puede formularse recurso de reforma en el plazo de 3 días que será resuelto por el mismo Juzgado que dictó el Auto (artículo 211, 220 y 766.1 LECR). También puede formularse recurso de apelación directo en el plazo de 5 días que se resolverá por la Audiencia Provincial correspondiente (artículo 766.3 LECR). Se permite igualmente interponer recurso de reforma y, para el caso de resultar desestimado, subsidiario de apelación.

Respecto de las **medidas civiles**, no pueden ser objeto de recurso por cuanto, en este caso, se aplican las normas procesales civiles (concretamente, el artículo 771.4 LECR) que establece que contra el Auto que acuerda medidas provisionales previas a la demanda no cabe interponer recurso alguno.

10. LEGISLACIÓN

Artículos 61 a 69 de la Ley Orgánica 1/2004, de 28 de diciembre, de Medidas de Protección Integral contra la Violencia de Género.

Artículos 544 bis y 544 ter de la Ley de Enjuiciamiento Criminal.

11. JURISPRUDENCIA

1) AAP Madrid 288/2020, Sección 27ª, 13 de febrero. Ponente: Ilmo. Sr. D. Francisco Javier Martínez Derqui.

La adopción de una orden de protección exige siempre acreditar la existencia de una situación objetiva de riesgo para la víctima.

> «La Sala, examinado el testimonio de particulares remitido a los efectos de la resolución del recurso, considera que el auto recurrido es conforme a derecho y se debe mantener, partiendo del hecho de que del tenor del art. 544.ter LECR se infiere que el dictado de la orden de protección requiere la concurrencia de dos presupuestos:
>
> 1) Existencia de indicios fundados de la comisión de un delito o falta contra la vida, la integridad física o moral, la libertad sexual, la libertad o seguridad de alguna de las personas mencionadas en el art. 173.2 del Código penal por la persona respecto a la que se solicita la protección.
>
> 2) Situación objetiva de riesgo para la víctima creada por el proceder de la persona de la que se pretende ser protegida. Como ya se ha dicho, la existencia de indicios de la posible comisión de una infracción de las consignadas en el art. 544 ter no basta para el dictado de la orden de protección, que requiere también del segundo presu-

puesto. De haber sido voluntad del legislador que se decretase orden de protección en todo procedimiento iniciado por denuncia de delito o falta contra la vida la integridad física o moral la libertad sexual, la libertad o seguridad de alguna de las personas mencionadas en el art. 173.2 del Código Penal, lo habría manifestado expresamente o hubiese omitido la exigencia de situación objetiva de riesgo que no significa otra cosa que la constatación objetiva de posibilidad de advenimiento de una acción lesiva para la integridad física o psíquica de la víctima».

2) AAP Madrid 282/2020, Sección 26ª, 12 de febrero. Ponente: Ilmo. Sr. D. Miguel Ángel Fernández de Marcos Morales.

No cabe recurso de apelación contra el Auto que adopta medidas civiles dentro de una orden de protección.

«A propósito de la medida civiles adoptadas, sin entrar en otras consideraciones, procede recordar que las medidas cautelares civiles, en una orden de protección no pueden ser objeto de recurso de apelación, por la naturaleza temporal y perentoria de su duración, ya que, como se señala en el segundo párrafo del apartado 7 del art. 544 ter de la Ley de Enjuiciamiento Criminal, "Las medidas de carácter civil contenidas en la orden de protección tendrán una vigencia temporal de 30 días. Si dentro de este plazo fuese incoado a instancia de la víctima o de su representante legal un proceso de familia ante la jurisdicción civil las medidas adoptadas permanecerán en vigor durante los treinta días siguientes a la presentación de la demanda. En este término las medidas deberán ser ratificadas, modificadas o dejadas sin efecto por el juez de primera instancia que resulte competente".

Y ello, por la especial función de la orden de protección, que —conforme a la propia Exposición de Motivos de la Ley 27/2003, de 31 de julio, que la introduce en nuestro derecho— viene encaminada a que "a través de un rápido y sencillo procedimiento judicial, sustanciado ante el juzgado de instrucción, pueda obtener la víctima un estatuto integral de protección que concentre de forma coordinada una acción cautelar de naturaleza civil y penal. Esto es, una misma resolución judicial que incorpore conjuntamente tanto las medidas restrictivas de la libertad de movimientos del agresor para impedir su nueva aproximación a la víctima, como las orientadas a proporcionar seguridad, estabilidad y protección jurídica a la persona agredida y a su familia, sin necesidad de esperar a la formalización del correspondiente proceso matrimonial civil. La orden judicial de protección supondrá, a su vez, que las distintas Administraciones públicas, estatal, autonómica y local, activen inmediatamente los instrumentos de protección social establecidos en sus respectivos sistemas jurídicos. En ello consiste, precisamente, su elemento más innovador".

Transcurridos, por tanto, aquéllos momentos, no sólo decae la función de dichas medidas, puesto que ha tenido, ya, la víctima tiempo y ocasión sobrados para interponer la oportuna demanda civil solicitando, en su caso, las medidas provisionales que tuvieren que regir sus relaciones familiares durante su sustanciación contra las que, en su caso, se podrá interponer los recursos que se estimen procedentes, sino que nos encontramos con que los breves plazos referidos en el precepto citado han transcurrido, en el momento de la resolución del recurso, sobradamente, como sucede en el presente caso.

Pero no es sólo éste el motivo de la imposibilidad de recurrir las medidas civiles adoptadas en una orden de protección, sino que, dada su naturaleza civil, y pese a la circunstancia de que se efectúen, por las razones indicadas, en el seno de un procedimiento penal, no pueden sustraerse del régimen de recursos que se establecen para dicho tipo de medidas, cuando las mismas son adoptadas en el curso de un procedimiento de nulidad, separación o divorcio, como previas a su tramitación (medidas provisionales), ya que, conforme a lo que dispone el artículo 771.4 de la Ley de Enjuiciamiento Civil, no son susceptibles de recurso alguno».

3) AAP Madrid 274/2020, Sección 27ª, 10 de febrero. Ponente: Ilma. Sra. D.ª Ana María Pérez Marugán.

La determinación del peligro para la víctima exige un examen pormenorizado de los antecedentes que constan en la causa a los efectos de valorar si existe peligro de que el denunciado pueda seguir cometiendo otros actos atentatorios contra la víctima.

«Procede recordar también que esta Sección de la Ilma. Audiencia Provincial ya ha señalado (por todas STAP de 26/07/2012), y a los efectos de determinación del peligro, debe evaluarse los antecedentes existentes en la causa, de los que se pueda inferir que el denunciado puede seguir cometiendo hechos violentos atentatorios contra la integridad física o moral de la víctima, con objeto de determinar si es necesaria la medida, a fin de evitar nuevos actos de agresión. Por otro lado, también hemos de poner de manifiesto, el valor que en estos supuestos tiene el denominado principio de inmediación por parte del Juzgador de instancia, que es quien realmente ha practicado a lo largo de la instrucción de la causa las diligencias de investigación, y ha podido observar de primera mano aquellas circunstancias que concurren a la hora de acordar la medida cautelar».

4) AAP Valencia 235/2020, Sección 5ª, 24 de febrero. Ponente: Ilma. Sra. D.ª Concepción Ceres Montes.

El órgano judicial debe valorar los riesgos que pretende conjurar con la orden de protección y los perjuicios que podría causar tanto su otorgamiento como su denegación.

«Discute el recurrente la denegación de la orden de alejamiento dictada por la Magistrada Instructora, pero esta, con contacto más inmediato y directo con el caso que este Tribunal, sostiene el criterio de la denegación de la medida, al igual que el Ministerio Fiscal, y a esta circunstancia debemos otorgarle máximo valor en una materia en la que este mismo Tribunal ha efectuado, en casos parecidos, las siguientes consideraciones:

1. Que el hecho de que se acuerde o se deniegue una medida cautelar de alejamiento, no prejuzga en modo alguno la cuestión de fondo del caso, ni la forma en la que ha de terminar la instrucción de la causa de que se trate. No es este, por tanto, el momento de entrar en el detalle sobre la prueba de los hechos.

2. Que no puede concederse con automaticidad la referida orden de alejamiento, en cualquier caso en el que se solicite, por cuanto no puede olvidarse que se trata de una medida restrictiva de derechos o de libertad, que no sólo implica una prohibición de no acercarse a otro, sino que puede conllevar también restricciones negativas o difi-

cultad para la realización de otros derechos (residencia, trabajo o estudios en un determinado lugar, comunicación con terceros, etc.) e incumplimientos determinantes de nueva responsabilidad penal. Deben valorarse los riesgos que se pretende conjurar con la medida y los perjuicios que podría causar tanto su otorgamiento como su denegación.

3. Que para la revisión de la resolución adoptada en la primera instancia por la Magistrada a quo se debe atender a los imperativos que vienen impuestos por el principio de inmediación, puestos que en estos casos relativos a la procedencia o improcedencia de órdenes de alejamiento o prohibiciones de comunicación, este Tribunal viene estimando que debe primar el criterio del juez de la instancia, porque aunque de ordinario la inmediación es un valor que se refiere al acto de la audiencia o juicio, nada impide que se tenga en cuenta también durante la fase instructora y si el Magistrado de instancia, desde la inmediación en las declaraciones practicadas a su presencia, ha llegado a una determinada convicción sobre la existencia o no de un riesgo para la vida o la integridad del denunciante, sólo la notoriedad de un error palmario en sus planteamientos puede llevar a este Tribunal a la revocación de su decisión, y no es el caso».

5) AAP Madrid 285/2020, Sección 26ª, 12 de febrero. Ponente: Ilmo. Sr. D. Eduardo Jiménez-Clavería Iglesias.

Ámbito subjetivo, objetivo y protector de la orden de protección.

«Hay que recordar que la orden de protección de las víctimas de la violencia doméstica, regulada en el art. 544 ter LECrim nace para dar una respuesta paliativa o cautelar a la violencia, física o psíquica, ejercida en el entorno familiar, pretendiendo una acción global, integral, coordinada, heterogénea e inmediata frente a la misma, acción que debe integrar, ante la realidad de relaciones complejas entre agresor y víctima por la existencia de una familia, medidas cautelares penales pero también civiles, quedando las de naturaleza social a la competencia de la Administración y por tanto ajenas a la actuación del Poder Judicial.

El ámbito subjetivo se limita a las personas señaladas en el art. 173.2 CP: cónyuge o persona —con independencia de su sexo— que esté o haya estado ligada por análoga relación de afectividad aun sin convivencia; descendientes, ascendientes o hermanos por naturaleza, adopción o afinidad propios o del cónyuge o conviviente; menores o incapaces con los que se conviva o que se hallen sujetos a la potestad, tutela, curatela, acogimiento o guarda de hecho del cónyuge o conviviente; u otra persona integrada y conviviente en el núcleo familiar; o persona que por su especial vulnerabilidad esté bajo custodia o guarda en centros públicos o privados.

El ámbito protector es mixto o heterogéneo, ya que comprenderá, en su caso, medidas cautelares de naturaleza penal y civil. No hay duda alguna que la orden de protección es una medida extraordinaria al limitar libertades fundamentales de los ciudadanos e interferir en las relaciones familiares de los mismos, por lo que su uso requiere un estricto cumplimiento previstos en la Ley, esto es, en el art. 544 ter LECrim.

El ámbito objetivo también está determinado: procede exclusivamente para los delitos o faltas contra la vida, la integridad física o moral, la libertad sexual, la libertad o seguridad, pero para ningún otro. Y es preciso, en consonancia, que se aprecie un riesgo que fundamente la limitación inherente a su aplicación.

Así pues, la adopción de estas medidas requiere la concurrencia de dos presupuestos:

1) Existencia de indicios fundados de la comisión de un delito o falta contra la vida, la integridad física o moral, la libertad sexual, la libertad o seguridad de alguna de las personas mencionadas en el art. 173.2 CP por la persona respecto a la que se solicita la protección.

2) Situación objetiva de riesgo para la victima creada por el proceder de la persona de la que se pretende ser protegida.

Por otro lado, también hemos de poner de manifiesto el valor que en estos supuestos tiene el denominado principio de inmediación por parte del Juzgador de instancia, que es quien realmente ha practicado a lo largo de la instrucción de la causa las diligencias de investigación, y ha podido observar de primera mano aquellas circunstancias que concurren a la hora de acordar la medida cautelar».

CAPÍTULO X

PROCEDIMIENTO ABREVIADO

1. INTRODUCCIÓN

El Procedimiento Abreviado se aplica para investigar y enjuiciar delitos castigados con menos de 9 años de prisión o bien cualquier otra pena de distinta naturaleza cualesquiera que por sea su cuantía o duración (artículo 757 LECR). También se le denomina «Diligencias Previas» por referencia a la fase de instrucción de este proceso.

Se trata, sin duda alguna, del proceso penal más utilizado en la práctica de los Juzgados.

Su regulación se establece en el Título II del Libro IV dedicado a los procesos especiales. No obstante, la doctrina coincide en afirmar que no nos encontramos *strictu sensu* ante un proceso especial dado que, en realidad, es el más utilizado en la práctica diaria.

El objetivo de este Capítulo consiste en explicar las distintas fases de este procedimiento cuando se aplica para investigar y juzgar un delito de violencia de género. Por tal motivo, se han suprimido referencias a determinados aspectos que carecen de relevancia en la práctica diaria de los Juzgados de Violencia sobre la Mujer. En todo caso, se podrá completar esta explicación con la contenida en el Manual de esta misma colección dedicado a las técnicas prácticas del proceso penal.

Su tramitación es la siguiente:

- **Fase de instrucción.**

La fase de instrucción se tramita ante el Juzgado de Violencia sobre la Mujer o, en caso de no existir dicho órgano en el partido judicial, Juzgado de Instrucción o Juzgado de Primera Instancia e Instrucción que haya asumido competencias en esta materia del domicilio de la víctima (artículo 15 bis LECR).

Durante esta fase el Juzgado practicará todas las diligencias de investigación necesarias para el esclarecimiento de los hechos que se explican detalladamente en el Capítulo VIII. Estas diligencias consistirán, normalmente, en tomar declaración a la víctima, investigado y, en su caso, testigos; recabar informes del forense sobre las lesiones padecidas por la denunciante; explorar a los menores que han presenciado los actos de violencia, etc.

Una vez que se han practicado las diligencias de investigación pertinentes, existen, básicamente, tres posibilidades:

— *Dictar Auto de sobreseimiento libre (artículo 637 LECR) o provisional (artículo 641 LECR)*. En este supuesto, el procedimiento penal finaliza, sin perjuicio del derecho de las partes a recurrir dicha resolución.

— *Dictar Auto de transformación de diligencias previas en procedimiento abreviado*. En este caso, el Juzgado de

Violencia sobre la Mujer deberá determinar los hechos punibles e identificar a la persona que se le imputan. Normalmente, también en este auto se acompaña una somera calificación jurídica de los hechos.

— *Reconocimiento de los hechos por el investigado* en cuyo caso, si la pena no excede de 3 años de prisión o de 10 años si tiene cualquier otra naturaleza o se trata de multa cualquiera que sea su cuantía, se puede acordar la transformación en Juicio Rápido que se explica en el siguiente Capítulo.

- **Fase intermedia.**

Esta fase procesal tiene por finalidad que el Ministerio Fiscal y las demás partes acusadoras soliciten cualquier de las siguientes opciones:

— Apertura de juicio oral mediante la presentación de escrito de acusación.

— Sobreseimiento de la causa, ya sea libre o provisional.

— Práctica de diligencias de investigación complementarias que sean indispensables para formular acusación.

- **Fase de juicio oral.**

Finalmente, se tramita la fase de juicio oral puede atribuirse a distintos órganos según la gravedad de la pena con la que esté castigado el delito.

— Corresponde al *Juzgado de lo Penal* cuando la pena privativa de libertad no sea superior a 5 años, o pena de multa de cualquier cuantía, o cualesquiera otras penas cuya duración no exceda de 10 años (artículo 14.3 LECR).

— Corresponde a la *Audiencia Provincial* cuando la pena prevista para el delito supere los límites anteriormente establecidos (artículo 14.4 LECR).

En esta fase, se practican los medios de prueba propuestos por las partes y admitidos por el Tribunal (declaración del acusado, de la víctima de violencia, de testigos, etc.) y que se explican detalladamente en los Capítulos XII a XIV.

Cuando termina el juicio, el Tribunal tiene que dictar sentencia condenando o absolviendo al acusado, previa la valoración de la prueba según su conciencia.

2. FASE DE INSTRUCCIÓN

La finalidad de esta fase procesal es practicar todas las diligencias de investigación necesarias para esclarecer los hechos y determinar las personas responsables.

La LECR prevé en este tipo de procedimientos una intervención más activa de la Policía Judicial y del Ministerio Fiscal.

En cuanto a la **Policía Judicial**, la ley contempla de manera detallada la forma de proceder cuando acudan al lugar donde se ha cometido el delito. A tal efecto, establece, entre otras, la obligación de requerir la presencia de facultativo sanitario, realización de actas fotográficas, o reseña de personas presentes (artículo 770 LECR).

Se prevé específicamente que la Policía Judicial realice dos trámites (artículo 771 LECR):

— Informar a la víctima de sus derechos reconocidos en la legislación vigente. Estos derechos son el de mostrarse parte en la causa; derecho a nombrar Abogado o solicitar uno de oficio si es titular de asistencia jurídica gratuita; y derecho a tomar conocimiento de lo actuado una vez personados en la causa, salvo que se haya acordado el secreto de actuaciones.

— Informar al investigado no detenido de los hechos que se le imputan y de los derechos que le asisten.

En cuanto al **Ministerio Fiscal**, la ley establece que debe impulsar y simplificar la tramitación de este procedimiento, dando a la Policía Judicial instrucciones generales o particulares para el más eficaz cumplimiento de sus funciones. También se prevé que intervenga en las actuaciones, aportando los medios de prueba de que pueda disponer o solicitando al Juzgado la práctica de los mismos, así como instar de éste la adopción de medidas cautelares o su levantamiento. Por último, deberá solicitar la conclusión de la investigación tan pronto como estime que se han practicado las actuaciones necesarias para resolver sobre el ejercicio de la acción penal, es decir, para formular escrito de acusación (artículo 773.1 LECR).

La tramitación de esa fase se realiza de la siguiente manera:

- **Auto de incoación de Diligencias Previas.**

El Juzgado de Violencia sobre la Mujer tiene que dictar Auto de incoación de Diligencias Previas. Para ello es necesario que, después de la lectura del atestado, de la denuncia o de la querella, haya llegado a la conclusión de que existen indicios de la comisión de un delito castigado con pena inferior a 9 años de prisión y no deba aplicarse un procedimiento especial (por ejemplo, Tribunal del Jurado en caso de un homicidio doloso consumado).

En esa resolución, el Juez ya determina las diligencias cuya práctica considera necesaria, ya de oficio, ya a petición de parte cuando así conste en la denuncia o en la querella.

- **Práctica de diligencias de investigación.**

El Juzgado debe practicar las diligencias de investigación que considere oportunas e indispensables para el esclarecimiento de los hechos denunciados y la identificación de la persona responsable.

Es importante tener en cuenta que el Juez puede acordar el secreto de las actuaciones en cuyo caso solo tendrá acceso a las mismas el Ministerio Fiscal (artículo 302 LECR). Esta medida se puede adoptar en dos supuestos: 1) cuando sea necesario para evitar un riesgo grave para la vida, libertad o integridad física de otra persona; y 2) para prevenir una situación que pueda comprometer de forma grave el resultado de la investigación o del proceso.

La LECR establece que el secreto no debe sobrepasar el mes. Sin embargo, podrá prorrogarse de manera sucesiva por plazos iguales. En cualquier caso, el Juez debe tener presente que esta medida restringe el derecho de defensa y, por tanto, su duración no puede resultar excesiva para lo cual se deberá atender a la naturaleza y complejidad del delito investigado.

Las diligencias de investigación que puede practicar son las mismas que en el proceso ordinario por delitos graves. Sin embargo, existen ciertas especialidades que debemos mencionar:

— *Declaración de investigado*. El Letrado de la Administración de Justicia debe informarle de los derechos que le asisten y requerirle para que designe un domicilio en España en el que se harán las notificaciones o bien una persona que las reciba en su nombre.

Esta designación de domicilio es muy importante porque la citación en el mismo permite celebrar el juicio en ausencia del investigado siempre que la pena no exceda de 2 años de privación de libertad o de 10 años si tuviera otra naturaleza. Es decir, si el Juzgado de lo Penal cita al investigado en ese domicilio y éste no acude el día del juicio, si lo solicita alguna parte acusadora, se puede celebrar el juicio sin su presencia, salvo que la pena exceda de las mencionadas anteriormente (artículo 775 y 786 LECR).

Después de informarle de los derechos y requerirle domicilio, el Juez tiene que instruirle, en la forma más comprensible, de los hechos que se le imputan.

— *Asistencia de Abogado.* La ley prevé expresamente que todo ciudadano deberá estar asistido de Abogado desde su detención o desde que de las actuaciones resulte la imputación de un delito. Si no lo designa de su confianza, se procede a su nombramiento de oficio (artículo 767 LECR). Esta norma está prevista en el Procedimiento Abreviado, pero también sería aplicable al proceso ordinario.

Por otro lado, el investigado no necesita Procurador hasta el trámite de apertura de juicio oral pues el Abogado asume su representación técnica. Es decir, todas las resoluciones que se dicten en el procedimiento deberán ser notificadas al letrado que asume la defensa del investigado (por correo postal, fax, etc.)

El Abogado puede entrevistarse con su defendido antes y después de prestar declaración ante el Juez.

— *Declaración del ofendido y/o perjudicado.* El Letrado de la Administración de Justicia debe informar al ofendido y al perjudicado de sus derechos cuando antes no lo hubiere efectuado la Policía Judicial (artículo 776.1 LECR).

Si dicha información no se puede efectuar, no se interrumpe la tramitación del procedimiento, sin perjuicio de que se pueda realizar después por el medio más rápido posible.

— *Informe pericial*. El Juez puede acordar que se elabore por un perito cuando lo considere necesario (artículo 778.1 LECR). En el proceso ordinario, el informe deberá ser elaborado por dos peritos (artículo 459 LECR).

- **Auto del artículo 779 LECR.**

Una vez practicadas las diligencias de investigación indispensables, el Juez tiene que dictar Auto en el que acuerde alguna de las resoluciones previstas en el artículo 779 LECR. Esta resolución pone fin a la fase de instrucción. Aunque el citado precepto contemple varias posibilidades, en la práctica diaria la decisión del Juez oscila entre: 1) acordar el archivo de las actuaciones; 2) decidir que continué el procedimiento al existir indicios de la comisión de un delito por una persona investigada. En determinados supuestos, se puede acordar la transformación de este procedimiento en Juicio Rápido como veremos a continuación.

En cuanto al resto de las decisiones previstas en este precepto (inhibición a la Jurisdicción Militar, a la Fiscalía de Menores o considerar que el hecho es constitutivo de delito leve), lo normal es que el Juez no espere a la finalización de la instrucción, sino que las adopte tan pronto como tenga constancia de dichas circunstancias.

En los procesos por violencia de género, las posibles resoluciones que se podrían dictar por el Juzgado de Violencia sobre la Mujer serían las siguientes:

— *Acordar el sobreseimiento libre* (artículo 637 LECR).

— *Acordar el sobreseimiento provisional* (artículo 641 LECR).

— *Considerar que los hechos son constitutivos de delito leve*. En este caso, mandará las actuaciones al Juez competente, cuando no le corresponda su enjuiciamiento.

En este punto, debe tenerse en cuenta que el Juzgado de Violencia sobre la Mujer solo tiene competencia para enjuiciar el delito leve de injurias o vejación injusta (artículo 173.4 CP) dado que —como hemos explicado en el Capítulo VI— el resto de delitos de violencia de género serán menos graves (por ejemplo, amenazas leves del artículo 171.4 CP) o graves (por ejemplo, homicidio consumado del artículo 138 CP).

— *Dictar Auto de Procedimiento Abreviado*. Esta decisión exige que el Juez especifique los hechos punibles que se desprenden de la investigación y la identificación de la persona responsable. También se suele acompañar una somera calificación jurídica de los mismos.

— *Incoar Juicio Rápido*. Para que pueda adoptarse esta decisión, es necesario que el investigado haya reconocido los hechos a presencial judicial y que éstos sean calificados como un delito castigado con pena de hasta 3 años de prisión, con pena de multa cualquiera que sea la cuantía o con otra pena de distinta naturaleza cuya duración no exceda de 10 años. En este caso, se siguen las actuaciones cuyo estudio realizaremos en el Capítulo dedicado al Juicio Rápido.

Contra este auto las partes podrá interponer recurso de reforma y de apelación. A diferencia del proceso ordinario, se permite que las partes puedan interponer directamente recurso de apelación. También pueden formular recurso de reforma y, subsidiario y para el caso de desestimación de aquél, recurso de apelación (artículo 766 LECR).

3. FASE INTERMEDIA

La fase intermedia del Procedimiento Abreviado tiene dos caracteres que la diferencian sustancialmente respecto de su equivalente en el proceso ordinario. La primera es que se tramita ante el mismo Juzgado de Violencia sobre la Mujer y, por tanto, las actuaciones no se remiten a ningún órgano superior. Y, la segunda, que la defensa no tiene ningún tipo de participación activa en la misma pues la LECR solo ha previsto la intervención del Ministerio Fiscal y demás partes acusadoras.

Por tal motivo, si el Abogado está asumiendo la defensa del investigado, es muy importante que recurra el Auto de Procedimiento Abreviado a fin de agotar todas las posibilidades para evitar que se celebre juicio contra su cliente. Esta situación deriva de que, una vez dictado el Auto de Procedimiento Abreviado, la defensa no tiene intervención activa en el procedimiento hasta que se le da traslado de las actuaciones para presentar escrito de defensa (artículo 784 LECR).

La «fase intermedia» tiene los siguientes trámites:

- **Traslado de las actuaciones a las partes acusadoras.**

El Letrado de la Administración de Justicia da traslado de las actuaciones originales o por fotocopia, al Ministerio Fiscal y a las demás partes acusadoras para que, en el plazo común de 10 días, presenten escrito en el que soliciten cualquiera de las siguientes opciones:

— *Apertura de juicio oral.*

En este caso, el Ministerio Fiscal o la parte acusadora deberán presentar escrito de acusación cuyo contenido deberá ajustarse a lo previsto en el artículo 650 LECR y, por tanto, abarcar los siguientes aspectos:

• Los hechos punibles que resulten de la fase de instrucción.

• La calificación legal de los mismos hechos, determinando el delito que constituya.

• La participación que en ellos hubiere tenido el investigado.

• Los hechos que resulten de la fase de instrucción y que constituyan circunstancias atenuantes o agravantes del delito o eximentes de responsabilidad criminal.

• Las penas en que hayan incurrido el acusado por razón de su respectiva participación en el delito.

• Si se ejercita la acción civil, también se debe incluir: 1) la cantidad en que se tasen los daños o perjuicios causados por el delito o la cosa que haya de ser restituida; y 2) la persona o personas responsables de los daños y perjuicios o de la restitución de la cosa y el hecho que ha generado esta responsabilidad.

• La solicitud de que se practiquen en el juicio oral pruebas (interrogatorio del acusado, de testigos o peritos; lectura de folios de las actuaciones). Deberá hacerse constar si la parte solicita que sean citados por el Tribunal o bien van a acudir directamente a juicio.

En este trámite, también pueden solicitar que se adopten, modifiquen o suspendan medidas cautelares personales y reales (prisión provisional, embargos, retirada de pasaporte, orden de protección, etc.)

Si el Ministerio Fiscal o las partes acusadoras lo solicitan, el Juez puede acordar la prórroga del plazo por un máximo de otros 10 días.

Si el Ministerio Fiscal no lo presenta en dicho plazo, el Juez requerirá al superior jerárquico del Fiscal actuante para que en el plazo de 10 días presente el escrito que proceda, dando razón de los motivos de su falta de presentación.

— *Sobreseimiento de la causa.*

El Ministerio Fiscal y/o el resto de las acusaciones personadas pueden solicitar el sobreseimiento libre (artículo 637 LECR) o el sobreseimiento provisional (artículo 641 LECR).

En los procesos de violencia de género, esta situación se produce, cuando la mujer se acoge a la dispensa del artículo 416 LECR y no declara en contra de su marido o pareja. Dada la trascendencia de su relato para probar los actos de violencia, el Fiscal suele considerar que no existen pruebas suficientes para formular escrito de acusación y, por tal motivo, interesa el sobreseimiento.

No obstante, si los hechos revisten cierta gravedad y existen otros medios de prueba para acreditarlos, el Fiscal normalmente presentará escrito de acusación.

— *Práctica de diligencias complementarias que sean indispensables para formular acusación.*

En este caso, las partes acusadoras consideran que, sin dicha diligencia, faltan elementos esenciales para tipificar los hechos.

Si las diligencias las solicita el Ministerio Fiscal, el Juez debe acordar su práctica.

Si las solicita una acusación particular o popular, el Juez acordará lo que estime pertinente, es decir, puede disponer su práctica o denegarla.

En cualquier de los dos supuestos, el Juez debe dictar un Auto motivado explicando las razones de la práctica o, en su caso, de la denegación.

- **Auto de sobreseimiento o de apertura de juicio oral.**

El Juez de Violencia sobre la Mujer tiene que dictar Auto en el que disponga sobreseimiento de la causa o la apertura de juicio oral. En función de la solicitud que hayan formulado las partes acusadoras, caben varios supuestos:

— *El Ministerio Fiscal y el resto de las acusaciones han pedido el sobreseimiento.*

En este caso, el Juez tiene que dictar Auto de sobreseimiento por la vigencia del principio acusatorio.

La única excepción es que concurran los supuestos previstos en los apartados 1°, 2°, 3°, 5° y 6° del artículo 20 CP (eximentes) pues, en tal caso, el Juez ordena devolver las actuaciones a las acusaciones para que presenten escrito de acusación.

Una vez presentados los escritos, el Juez dicta auto de apertura de juicio oral y las actuaciones deben seguir su trámite hasta sentencia para imponer medida de seguridad y resolver sobre la responsabilidad civil.

— *El Ministerio Fiscal es la única parte acusadora en el proceso y ha solicitado el sobreseimiento.*

En este caso, el Juez tiene que dictar auto de sobreseimiento por la vigencia del principio acusatorio.

Sin embargo, la LECR contempla dos excepciones:

La *primera* consiste en poner en conocimiento de los ofendidos y perjudicados por el delito que el Fiscal ha solicitado el sobreseimiento, dándoles un plazo de 15 días para que se personen en las actuaciones. En caso de no efectuarlo, el Juez dicta auto de sobreseimiento.

La *segunda* consiste en remitir la causa al superior jerárquico del Fiscal para que resuelva si procede o no sostener acusación, quien comunicará su decisión al Juez en el plazo de 10 días.

— *Existen varias partes acusadoras y una solicita el sobreseimiento y la otra la apertura de juicio oral.*

Esta situación se produce, por ejemplo, cuando el Fiscal solicita el sobreseimiento de la causa y la acusación particular ejercitada por la víctima interesa la apertura de juicio oral.

En este caso, el Juez debe dictar auto de apertura de juicio oral, salvo si considera que el hecho no es constitutivo de delito (artículo 637.2 LECR) o que no existen indicios racionales de criminalidad contra el acusado.

El Auto de apertura de juicio oral debe contener los siguientes extremos: 1) la petición de las partes acusadoras; 2) el órgano competente para dictar sentencia; 3) la adopción, modificación, suspensión o revocación de las medidas instadas por las acusaciones.

Contra este auto no cabe recurso alguno, salvo en lo relativo a la situación personal del investigado. Es decir, la defensa podrá recurrir, por ejemplo, la ratificación de la prisión provisional que se realice en dicho auto (artículo 783.3 LECR).

- **Emplazamiento al encausado.**

Si se acuerda la apertura de juicio oral, el Letrado de la Administración de Justicia emplaza al encausado para que, en el plazo de 3 días, comparezca en la causa con Abogado y Procurador. Si no los nombra de su confianza, se le designan de oficio.

Para realizar este trámite, normalmente se cita al investigado para que comparezca en la sede del órgano judicial. Si reside fuera del partido judicial, se remite un exhorto al Juzgado de su residencia. En la comparecencia, se le entrega copia del Auto de apertura de juicio oral y de los escritos de acusación. También se le requiere para que designe Abogado y Procurador. Igualmente, si hay responsabilidades pecuniarias, se le requiere para que las afiance.

- **Escrito de defensa.**

El Letrado de la Administración de Justicia da traslado de las actuaciones originales o mediante fotocopia a los acusados y a los terceros responsables civiles para que, en el plazo de 10 días, presente escrito de defensa.

Si no presentan el escrito en dicho plazo, se entiende que se oponen a las acusaciones y sigue el curso del procedimiento (artículo 784.1 LECR). Sin embargo, puede existir responsabilidad disciplinaria del Abogado y/o del Procurador si no se justifica cumplidamente la causa que impidió la presentación del escrito.

El escrito de defensa normalmente se limita a negar las conclusiones de la acusación. De esta manera, el Abogado no descubre de manera anticipada cuál va ser su estrategia de defensa ante el órgano competente para enjuiciar los hechos.

En dicho escrito, se deben proponer los medios de pruebas cuya práctica se solicita o, en su caso, la adhesión a los solicitados por las restantes partes.

También es posible que el acusado muestre su conformidad con los hechos en cuyo caso deberá firmar el escrito de defensa.

De igual manera, acusación y defensa pueden alcanzar un pacto de conformidad y elaborar un escrito de calificación firmado por todas las partes. Dicho escrito deberá presentarse ante el órgano competente para enjuiciar los hechos antes del comienzo de la sesión de juicio oral.

- **Remisión de actuaciones al órgano de enjuiciamiento.**

Finalmente, el Letrado de la Administración de Justicia remite las actuaciones al órgano competente para su enjuiciamiento (artículo 784.5 LECR).

La LECR prevé, sin embargo, que no se remitan las actuaciones cuando el enjuiciamiento corresponda al Juzgado de lo Penal y el titular de dicho órgano se desplace periódicamente a la sede del Juzgado de Instrucción para la celebración de juicios.

4. FASE DE JUICIO ORAL

La fase de juicio oral se desarrolla ante el Juzgado de lo Penal (cuando se trate de un delito castigado con pena privativa no superior a 5 años) o ante la Audiencia Provincial (cuando exceda de dicho límite).

Esta fase procesal tiene los siguientes trámites:

- **Auto resolviendo sobre las pruebas propuestas.**

El Juez o Tribunal tiene que dictar Auto resolviendo sobre las pruebas propuestas. Solo se admitirán las pruebas que sean pertinentes y útiles, es decir, que mismas guarden relación con lo que es objeto del proceso y sirven para formar la convicción definitiva del Tribunal

Contra este auto no cabe recurso alguno. Sin embargo, las partes pueden reproducir la solicitud de medios de prueba al comienzo de las sesiones de juicio oral.

Hasta ese momento, el Ministerio Fiscal y demás partes podrán aportar los informes, certificaciones o documentos que estimen oportunos, siempre que el Juez o Tribunal lo admitan.

- **Señalamiento de fecha de juicio.**

El Letrado de la Administración de Justicia debe señalar la fecha de comienzo de las sesiones de juicio oral para lo cual deberá atenerse a los criterios establecidos por el Juez o Presidente de Sala o Sección que deberá tener en cuenta la prisión del acusado, el aseguramiento de su presencia a disposición judicial, las demás medidas cautelares personales adoptadas, la prioridad de otras causas, y la complejidad de la prueba propuesta o cualquier circunstancia modificativa, según hayan podido determinar una vez estudiado el asunto o pleito de que se trate (artículo 785.2 LECR).

En cualquier caso, el Letrado de la Administración de Justicia debe informar a la víctima por escrito de la fecha y lugar de celebración del juicio, aunque no sea parte en el proceso ni deba intervenir.

- **Lectura de los escritos de acusación y de defensa.**

Las sesiones de juicio oral comienzan con la lectura de los escritos de acusación y de defensa (artículo 786.2 LECR).

El acusado debe estar presente así como su abogado defensor.

La ley prevé que, en determinados supuestos, se pueda celebrar el juicio oral sin la presencia del acusado. Para ello es necesario que se cumplan los siguientes requisitos:

— La ausencia del acusado debe ser injustificada.

— Se debe haber citado al acusado para la celebración de juicio personalmente, en su domicilio o a la persona que designó en su primera declaración como investigado ante el Juez de Instrucción.

— El Ministerio Fiscal u otra parte acusadora deben solicitar la continuación del juicio.

— Es necesario oír al Abogado de la defensa.

— El Juez o Tribunal debe considerar que existen elementos suficientes para celebrar el juicio en su ausencia.

— En cualquier caso, la pena no puede exceder de 2 años de privación de libertad. Si la pena tiene otra naturaleza, la duración no puede exceder de 6 años.

• **Turno de intervenciones.**

Si lo solicita alguna parte, el Juez abrirá un turno de intervenciones para que las partes puedan exponer lo que deseen sobre los siguientes extremos:

— Competencia del órgano judicial.

— Vulneración de algún derecho fundamental.

— Existencia de artículos de previo pronunciamiento (artículo 666 LECR).

— Existencia de causas de suspensión del juicio oral (artículo 745 y 746 LECR).

— Nulidad de actuaciones.

— Exposición sobre el contenido y finalidad de las pruebas propuestas o que se propongan para practicarse en el acto del juicio oral.

El Juez o Tribunal debe resolver sobre estas cuestiones en el mismo acto.

Contra su decisión oral no cabe recurso alguno. En cualquier caso, las partes pueden formular protesta para hacerla valer en el recurso contra la sentencia.

- **Posible conformidad del acusado.**

Es posible que el acusado, asistido por su Abogado, muestre su conformidad con el escrito de acusación que contenga pena de mayor gravedad o con el que se presente en el mismo acto del juicio oral (artículo 787.1 LECR).

La posibilidad de que el acusado se conforme está limitada a que la pena solicitada no exceda de 6 años de prisión.

El Juez o Tribunal debe comprobar que el acusado presta su conformidad de manera libre y con conocimiento de sus consecuencias.

Una vez comprobados estos extremos, el Juez o Tribunal dicta oralmente sentencia de conformidad. En el acta del juicio se recogen los extremos de la misma. Posteriormente, el Juez o Tribunal tendrá que redactarla por escrito.

Si el Fiscal y las demás partes manifiestan que no van a recurrir la sentencia, el Juez declara su firmeza y, a continuación, abre un turno de intervenciones, para que las partes informen sobre la suspensión de la pena (artículo 80 y siguientes CP).

Este tipo de sentencias solo se pueden recurrir cuando no se hayan respetado los requisitos de la conformidad. Es decir, no puede el acusado, después de prestar conformidad, presentar recurso de apelación diciendo que no es el autor de los hechos porque no se ha practicado prueba de cargo suficiente.

• **Celebración de juicio.**

Si el acusado no muestra su conformidad, se procede a la práctica de prueba propuesta y admitida.

Los medios de prueba que se pueden practicar son los siguientes:

— Interrogatorio de los acusados (artículos 688 a 700 LECR).
— Declaración de testigos (artículos 701 a 722 LECR).
— Declaración de peritos (artículos 723 a 725 LECR).
— Lectura de documentos (artículos 726 y 730 LECR).
— Inspección ocular (artículo 727 LECR).
— Careos de testigos y de procesados (artículo 729.1 LECR).

• **Conclusiones definitivas.**

Una vez finalizada la práctica de la prueba, el Juez o Presidente del Tribunal da la palabra al Ministerio Fiscal y a las demás partes para que manifiesten si ratifican o modifican las conclusiones efectuadas en el escrito de acusación y de defensa.

Si la acusación cambia la tipificación de los hechos o aprecia un mayor grado de participación o de ejecución o alguna circunstancia agravante, la defensa puede solicitar al Juez o Presidente del Tribunal que le conceda un aplazamiento de la sesión hasta un máximo de 10 días para que pueda efectuar las alegaciones que tenga por conveniente y aportar las pruebas de descargo. Después de la práctica de una nueva prueba que puede solicitar la defensa, las partes acusadoras podrán, a su vez, modificar sus conclusiones definitivas.

- **Informes orales finales.**

Tras la emisión de las conclusiones definitivas, el Juez o Presidente del Tribunal concede la palabra al Ministerio Fiscal y a los Abogados de las partes personadas (primero, a las acusaciones y luego a las defensas) para que emitan los informes orales finales sobre la valoración de la prueba y la calificación jurídica de los hechos.

Es un acto procesal de especial relevancia por cuanto el Abogado intentará persuadir con sus argumentos orales al Tribunal. Es muy importante que esta exposición sea lo más clara posible evitando cualquier tipo de divagación innecesaria. El informe debe centrarse en la valoración de la prueba practicada y en los fundamentos legales que avalan la posición del Abogado, ya sea pretender la condena del acusado o la absolución de su cliente.

- **Derecho a la última palabra.**

Acto seguido, el Juez o Presidente del Tribunal concederá la última palabra a los acusados para que manifiesten si tiene algo más que añadir. El Tribunal Constitucional ha manifestado que no se trata de una mera formalidad sino de un mecanismo legal «íntimamente ligado con el derecho a la defensa que tiene todo acusado al que se brinda la oportunidad final para confesar los hechos, ratificar o rectificar sus propias declaraciones o las de sus coimputados o testigos, o incluso discrepar de su defensa o completarla de alguna manera».

La LECR no prevé este trámite en el Procedimiento Abreviado. Sin embargo, resulta igualmente aplicable por cuanto se trata de garantizar el derecho de defensa a fin de brindar al acusado «la oportunidad final para confesar los hechos, ratificar o rectificar sus propias declaraciones o las de sus coinvestigados o testigos, o incluso discrepar de su defensa o completarla de alguna manera».

El Presidente del Tribunal o el Juez, en todo caso, velará para que los acusados no ofendan a la moral ni falten al respeto debido al Tribunal ni a otras personas. También procurará que los acusados se ciñan a lo que sea pertinente, retirándoles la palabra en caso necesario (artículo 739 LECR).

- **Visto para sentencia.**

Finalmente, el Juez o Presidente del Tribunal declarará el juicio visto para sentencia.

El Juez de lo Penal puede dictar sentencia oralmente en el acto del juicio, documentándose en el acta con expresión del fallo y una sucinta motivación. En cualquier caso, el Juez posteriormente tendrá que redactar la sentencia.

En este caso, si el Fiscal y las partes, conocido el fallo, expresan su decisión de no recurrir, el Juez de lo Penal, en el mismo acto, declarará la firmeza de la sentencia y se pronunciará, previa audiencia de las partes, sobre la suspensión de la pena impuesta (artículo 789.2 LECR).

Esta posibilidad está reservada al Juez de lo Penal. Por tanto, no podrá dictarse sentencia oral cuando el juicio se haya celebrado ante la Audiencia Provincial.

5. RÉGIMEN DE RECURSOS

La Ley 41/2015, de 5 de octubre, de modificación de la Ley de Enjuiciamiento Criminal para la agilización de la justicia penal y el fortalecimiento de las garantías procesales ha generalizado la «segunda instancia penal» en cumplimiento de las previsiones establecidas en el artículo 14.5 del Pacto Internacional de Derechos Civiles y Políticos de 1966.

En el caso del Procedimiento Abreviado, el régimen de recursos difiere según cuál haya sido el órgano judicial que ha conocido de la fase de juicio oral:

- **Sentencia del Juzgado de lo Penal.**

En este caso, se puede interponer recurso de apelación (artículos 790 a 793 LECR), que será resuelto por la Audiencia Provincial respectiva.

Contra la sentencia dictada en apelación por la Audiencia Provincial se puede interponer recurso de casación por infracción de ley exclusivamente por el motivo del artículo 849.1 LECR (es decir, cuando, dados los hechos que se declaren probados, se hubiere infringido un precepto penal de carácter sustantivo u otra norma jurídica del mismo carácter que deba ser observada en la aplicación de la ley penal).

Este recurso pretende unificar la doctrina penal en los delitos menos graves por cuanto, anteriormente a la Ley 41/2015, solo accedían al Tribunal Supremo infracciones penales de mayor gravedad lo que generaba cierta inseguridad jurídica dada la diversidad de criterios mantenidos en las distintas Audiencias Provinciales.

El recurso se resolverá por la Sala de lo Penal del Tribunal Supremo. Sin embargo, si la Sala no aprecia interés casacional podrá inadmitir por unanimidad el recurso mediante una providencia sucintamente motivada (artículo 889 LECR).

• **Sentencia de la Audiencia Provincial.**

En este caso, se puede interponer recurso de apelación (artículo 846 ter LECR) que se resolverá por la Salas de lo Civil y lo Penal del Tribunal Superior de Justicia respectivo.

Contra la sentencia dictada en apelación por la Sala de lo Civil y lo Penal del Tribunal Superior de Justicia se podrá interponer recurso de casación por infracción de ley y por quebrantamiento de forma (artículo 847.1 LECR) que se resolverá por la Sala de lo Penal del Tribunal Supremo

6. LEGISLACIÓN

Artículos 757 a 794 de la Ley de Enjuiciamiento Criminal.

7. JURISPRUDENCIA

1) SAP Madrid 359/2012, Sección 15ª, 21 de mayo. Ponente: Ilmo. Sr. D. Carlos Francisco Fraile Coloma (LA LEY 112096/2012).

El auto que acuerda seguir los trámites de Procedimiento Abreviado es nulo cuando no concreta debidamente el objeto del proceso al no determinar los hechos punibles investigados al acusado.

«Sin embargo, la reforma del procedimiento abreviado, realizada por la Ley 38/2002, de 24 de octubre, ha introducido un matiz de cierta entidad en el auto de transformación del procedimiento, al establecer en el artículo 779.1.4ª de la LECrim que la decisión adoptada "contendrá la determinación de los hechos punibles y la identificación de la persona a que se le imputan". Esta exigencia, que no modifica sustancialmente la estructura acusatoria de la fase intermedia del procedimiento abreviado —aunque en alguna medida indudablemente la cercena—, obliga al juez de instrucción a plasmar en el auto de transformación una síntesis de los hechos que se le han atribuido al encausado en el curso de la fase de instrucción a la que da fin dictando la resolución prevista en el precepto arriba citado.

No cabe duda de que la determinación de los hechos punibles por el juez de instrucción constituye un primer filtro a la hora de concretar qué hechos han de ser objeto de la fase de plenario. Este filtro habrá de ser después complementado y depurado por el auto de apertura del juicio oral, mediante el que el juez permitirá o no el acceso al juicio de las imputaciones fácticas formuladas por las partes en sus respectivos escritos de acusación [...]

Por consiguiente, si bien no cabe exigir, dada la naturaleza de la fase intermedia del procedimiento abreviado, una motivación tan prolija que convierta la inculpación en un boceto de sentencia, pues ello supondría en la práctica una invasión de la fase de plenario y una injerencia en las funciones del Juez o la Sala que tiene la función de enjuiciar, tampoco cabe, incurriendo en el vicio contrario, dictar un auto de transformación telegráfico que no concrete debidamente el objeto del proceso.

Por tanto, el auto de transformación ha de recoger los hechos nucleares de los tipos penales que se investigan en la causa; la calificación jurídica en que se subsumen; y, por último, los sujetos a quienes se les atribuyen».

2) SAP Madrid 713/2008, Sección 27ª, 12 de noviembre. Ponente: Ilma. Sra. D.ª. María del Pilar Rasillo López (LA LEY 252929/2008).

Funciones del Auto que acuerda seguir los trámites de Procedimiento Abreviado.

«Estas funciones son tres: a) Concluye provisoriamente la instrucción de las diligencias previas; b) Acuerda continuar el trámite a través del procedimiento abreviado, por estimar que el hecho constituye un delito de los comprendidos en el art. 757, desestimando implícitamente las otras tres posibilidades prevenidas en el art. 779.1 (archivar el procedimiento, declarar falta el hecho o inhibirse en favor de otra jurisdicción competente); y, c) Con efectos de mera ordenación del proceso, adopta la primera resolución que el Ordenamiento prevé para la fase intermedia del procedimiento abreviado: dar inmediato traslado a las partes acusadoras, para que sean éstas las que determinen si solicitan el sobreseimiento o formulan acusación, o bien, excepcionalmente, interesan alguna diligencia complementaria. En cuanto a los dos primeros aspectos, dicen estas sentencias, bastará una exposición sucinta del criterio del instructor, y solo cuando haya pendiente alguna diligencia solicitada por las partes que no haya sido practicada ni rechazada motivadamente con anterioridad, alguna solicitud expresa de archivo o declaración de falta o inhibición sin resolver, deberá justificarse expresamente por qué no se estima procedente la correspondiente solicitud. Finalmente, añade, en lo que concierne al aspecto de impulso del procedimiento, la resolución deberá acordar el traslado a las acusaciones, pero bastará como fundamentación de este acuerdo la sola cita de la norma procesal oportuna».

3) STS 1048/2013, Sala de lo Penal, 19 de septiembre. Ponente: Excmo. Sr. D. Alberto Gumersindo Jorge Barreiro (LA LEY 148697/2013).

Las partes pueden alegar la existencia de prescripción como cuestión previa al inicio de las sesiones de juicio oral.

«Es más, el art. 786.2 de la LECr dispone que el Tribunal resolverá en el mismo acto sobre las cuestiones planteadas, otorgando así prioridad a la resolución de la cuestión con anterioridad al momento de la sentencia, siempre que ello resulte factible.

Sobre el tema de la prescripción esta Sala tiene declarado en numerosos precedentes que presenta naturaleza sustantiva, de legalidad ordinaria y próxima al instituto de la caducidad, añadiendo que por responder a principios de orden público y de interés general puede ser proclamada de oficio en cualquier estado del procedimiento en que se manifieste con claridad la concurrencia de los requisitos que la definen y condicionan [...]

Y en lo que se refiere específicamente al procedimiento abreviado, esta Sala admite la aplicación del instituto de la prescripción en el trámite de resolución de las cuestiones previas, al inicio de la vista oral del juicio, cuando concurren de forma diáfana los presupuestos fácticos y jurídicos de la prescripción delictiva».

4) STS 505/2012, Sala de lo Penal, 19 de junio. Ponente: Excmo. Sr. D. Cándido Conde-Pumpido Tourón (LA LEY 89716/2012).

En el Procedimiento Abreviado se debe acordar la suspensión la apertura de la sesión de juicio oral cuando las pruebas que las partes propongan en ese mismo acto no se puedan practicar por motivos ajenos a su voluntad.

«En consecuencia, en el procedimiento abreviado, la suspensión prevenida en el art. 745 debe acordarse no solamente cuando las pruebas que no se encontrasen preparadas fuesen las ofrecidas en el escrito de proposición de prueba, sino también cuando se trate de las pruebas que se propongan en el mismo acto, conforme a lo prevenido en el art. 786 2º siempre que existan motivos ajenos a la voluntad de las partes que justifiquen tanto la imposibilidad de practicar las pruebas en el acto como la de haberlas propuesto en el escrito de calificación, y siempre que la denegación de la suspensión y consiguiente imposibilidad de práctica de la prueba de descargo propuesta en dicho acto, pueda ocasionar material indefensión».

5) AAP Madrid 194/2012, Sección 17ª, 7 de febrero. Ponente: Ilma. Sra. D.ª. Rosa Brobia Varona (LA LEY 4901/2012).

En el Procedimiento Abreviado el Juez de Instrucción puede acordar el sobreseimiento libre de las actuaciones.

«La doctrina ha venido entendiendo por sobreseimiento la resolución judicial que adopta la forma de auto y que produce la terminación del proceso penal o la suspensión del mismo, por faltar los presupuestos necesarios para poder decretar la apertura de juicio oral. El sobreseimiento libre aunque no adopta la forma de sentencia, tiene carácter de resolución definitiva, produciendo los efectos de cosa juzgada material, lo mismo que la sentencia.

El sobreseimiento provisional representa la manifestación de un estado de duda que impide al Tribunal decretar, de momento, la apertura de juicio oral o el sobreseimiento libre [...]

La reforma de la Ley 38/2002 que introdujo en el art. 779.1 la posibilidad de que el Juez de Instrucción pudiera acordar el tipo de sobreseimiento que considerase adecuado, incluyendo el sobreseimiento libre en todas sus modalidades».

6) STS 594/2013, Sala de lo Penal, 4 de julio. Ponente: Excmo. Sr. D. Manuel Marchena Gómez (LA LEY 122374/2013).

La Audiencia Provincial no puede remitir un Procedimiento Abreviado al Juzgado de lo Penal al apreciar que la pena con la que está castigada el delito no supera los 5 años de prisión.

«Nunca un Juzgado de lo Penal puede conocer de un delito de los reservados a la Audiencia. Pero, en el caso contrario, cabe que la Audiencia conozca de infracción propia de los Juzgados de lo Penal, e incluso de las faltas que ahora están atribuidas en primera instancia a los Juzgados de Instrucción, en base a la regla de que quien puede lo más puede lo menos.

De ahí que abierto el juicio oral ante la Sección Primera de la Audiencia Provincial de Granada y fijada fecha para el inicio de las sesiones, la devolución de la causa al Juzgado de lo Penal de procedencia presenta los inequívocos síntomas, no de la activación de un celoso filtro competencial, sino de una censurable estrategia de liberación del conocimiento de asuntos que, como el presente, encierran una aparente complejidad. Refuerza esta sensación —como hemos expresado supra— la iniciativa procesal del órgano decisorio que, sin que ninguna de las partes haya censurado su competencia, promueve debate sobre esta materia, alterando así la literalidad del art. 786.2 de la LECrim».

7) STS 179/2007, Sala de lo Penal, 7 de marzo. Ponente: Excmo. Sr. D. Juan Ramón Berdugo Gómez de la Torre (LA LEY 10723/2007).

El Auto de Procedimiento Abreviado vincula a las partes en cuanto a los hechos imputados y a las personas responsables.

«El auto de transformación vincula a las partes en cuanto a los hechos imputados y en las personas responsables, pero no en las calificaciones jurídicas que el Juez formule, por cuanto el auto de transformación de las diligencias previas en procedimiento abreviado no tiene por finalidad y naturaleza la función acusatoria del Ministerio Fiscal y del resto de las acusaciones de modo que la ausencia de determinación expresa de un delito en dicho auto no impide que pueda ser objeto de acusación, siempre que del hecho estuviese imputado cuando el acusado prestó su declaración y pudiera solicitar las oportunas diligencias sobre el mismo».

CAPÍTULO XI

JUICIO RÁPIDO

1. INTRODUCCIÓN

El Juicio Rápido es un proceso penal para agilizar la investigación y enjuiciamiento de determinados delitos cuya pena no exceda de cinco años de prisión.

Se trata, sin duda, del procedimiento penal más utilizado para investigar y juzgar delitos menos graves relacionados con la violencia de género.

El esquema de tramitación de este procedimiento es el siguiente:

- **Fase de instrucción.**

La fase de instrucción se tramita ante el Juzgado de Violencia sobre la Mujer o, en caso de no existir dicho órgano en el partido judicial, Juzgado de Instrucción o Juzgado de Primera Instancia e Instrucción que haya asumido competencias en esta materia del domicilio de la víctima (artículo 15 bis LECR).

Durante esta fase el Juzgado practicará todas las diligencias de investigación necesarias para el esclarecimiento de los hechos. La particularidad de este procedimiento es que la Policía Judicial realiza todas las citaciones necesarias ante el Juzgado, esto es, citará a la víctima, a los testigos y al investigado si no está detenido. De esta manera, se facilita la labor del Juzgado y se agiliza la tramitación de esta fase procesal.

Una vez practicadas todas las diligencias de investigación, se celebra una comparecencia oral en la que el Juez escucha al Ministerio Fiscal y a las demás partes personadas sobre si consideran suficientes las diligencias de investigación practicadas hasta la fecha.

Acto seguido, el Juez debe dictar un Auto que puede contener cualquiera de los siguientes pronunciamientos:

— *Que las diligencias practicadas son suficientes.* En este caso, el Juez dicta auto oral en el que ordena seguir el procedimiento contra el investigado para que el Fiscal y, en su caso, el resto de acusaciones soliciten la apertura de juicio oral o, en su caso, el sobreseimiento de la causa.

— *Que las diligencias practicadas no son suficientes.* En este caso, el Juez dicta auto oral en el que ordena seguir los trámites como Procedimiento Abreviado. En esta resolución, el Juez debe señalar las diligencias que no han podido practicarse antes de concluir el servicio de guardia o las circunstancias que lo hacen imposible.

— *Que el Juez considere que el hecho investigado reviste los caracteres de un delito leve.* En este caso, procede a su enjuiciamiento inmediato que se realizará el día saliente del servicio de guardia en aquellos partidos judiciales con servicio de guardia durante siete días.

Debe tenerse en cuenta que el Juzgado de Violencia sobre la Mujer solo tiene competencia para enjuiciar el delito leve de injurias o vejación injusta (artículo 173.4 CP) como hemos explicado en el Capítulo VII. El resto de delitos de violencia de género serán menos graves (por ejemplo, amenazas leves del artículo 171.4 CP) o graves (por ejemplo, homicidio consumado del artículo 138 CP).

- **Fase intermedia.**

El Juez escucha en la misma comparecencia referida anteriormente al Ministerio Fiscal y a las demás partes personadas para que soliciten la apertura de juicio oral o el sobreseimiento de la causa.

El Juez resuelve dicha petición con los mismos criterios que en el Procedimiento Abreviado (artículos 782 y 783 LECR) como hemos explicado en el Capítulo X.

Si acuerda la apertura de juicio oral, el Juez dicta Auto de forma oral contra el que no cabe recurso alguno.

A continuación, existen tres posibilidades:

— El acusado se conforma con la pena solicitada por el Ministerio Fiscal o, en caso de existir acusación particular, con la más grave de las acusaciones.

— El acusado no se conforma porque no reconoce los hechos o considera excesiva la pena solicitada.

— El acusado no se puede conformar porque la pena solicitada excede de los límites establecidos en el artículo 801 LECR que analizaremos posteriormente.

En el caso de que el acusado se conforme, el Juzgado dictará sentencia de conformidad e impondrá al acusado la pena solicitada, reducida en un tercio.

En el caso de que el acusado no se conforme o no se pueda conformar por exceder de los límites del artículo 801 LECR, el Letrado de la Administración de Justicia señalará día y hora para la celebración de juicio oral ante el Juzgado de lo Penal.

- **Fase de juicio oral.**

Finalmente, se tramita la fase de juicio oral. Como se puede advertir, esta fase procesal solo se tramita *strictu sensu* cuando el acusado no se ha conformado con el escrito de acusación del Ministerio Fiscal o bien no puede hacerlo por superar la pena los límites establecidos en la ley. En este caso, se celebra juicio en el Juzgado de lo Penal en la forma explicada en el Procedimiento Abreviado (Capítulo X) a fin de practicar pruebas, modificar en su caso las conclusiones provisionales y escuchar los informes orales.

Por último, el Juez de lo Penal deberá dictar sentencia condenando o absolviendo al acusado.

2. ÁMBITO DE APLICACIÓN

La incoación de este procedimiento exige el cumplimiento de unos requisitos que son los siguientes (artículo 795 LECR):

— El delito investigado debe estar castigado con **pena privativa de libertad que no exceda de cinco años o con cualesquiera otras penas, ya sean únicas, conjuntas o alternativas, cuya duración no exceda de diez años**.

— El proceso penal debe iniciarse mediante **atestado policial**.

— La Policía Judicial debe **haber detenido a una persona o haberla citado** ante el Juzgado de Guardia.

— Además, es necesario que concurra **cualquiera de las siguientes circunstancias**:

- *Que se trate de un delito flagrante.*
- *Que se trate de un delito de los comprendidos en un listado* entre los cuales se encuentra, precisamente, el delito de lesiones, coacciones, amenazas o violencia física o psíquica habitual, cometidos contra las personas a las que se refiere el artículo 173.2 CP (es decir, esposa o persona unida por relación de análoga afectividad; descendientes, ascendientes o hermanos; menores o incapaces que con él convivan o que se hallen sujetos a la potestad, tutela, curatela, acogimiento o guarda de hecho del cónyuge o conviviente; o sobre persona amparada en cualquier otra relación por la que se encuentre integrada en el núcleo de su convivencia familiar, así como las personas que por su especial vulnerabilidad se encuentran sometidas a custodia o guarda en centros públicos o privados).
- *Que se trate de un hecho punible cuya instrucción sea presumible que será sencilla.*

La LECR ha previsto que **este procedimiento no se aplique en dos supuestos**:

1) cuando se trata de investigar y enjuiciar aquellos delitos que sean conexos a otros distintos a los mencionados en la lista anterior; y

2) cuando se haya acordado el secreto de las actuaciones.

Estas excepciones resultan coherentes a la finalidad de este tipo de proceso especial pues resulta lógico pensar que una causa en la que se ha decretado el secreto de las actuaciones (por ejemplo, por haber intervenido una línea telefónica) ni va a resultar una instrucción sencilla ni va a poder concluirse durante el servicio de guardia.

3. FASE DE INSTRUCCIÓN

La fase de instrucción del Juicio Rápido se denomina Diligencias Urgentes (artículo 797.1 LECR).

La tramitación de esta fase se realiza de la siguiente manera:

- **Auto de incoación de Diligencias Urgentes.**

El Juzgado especializado en violencia de género, tras recibir el atestado policial debe dictar Auto de incoación de Diligencias Urgentes cuando se cumplan las condiciones explicadas en el anterior apartado.

Contra este auto no cabe recurso alguno (artículo 797.1 LECR).

- **Práctica de diligencias de investigación.**

El Juez debe practicar las diligencias de investigación que consideren pertinentes y útiles para el esclarecimiento de los hechos y la identificación de las personas responsables. Conviene tener en cuenta que la Policía Judicial ha citado a los testigos y, en su caso, al investigado no detenido lo que facilitará la labor instructora del Juzgado.

Las diligencias más habituales en los procesos sobre violencia de género son las siguientes:

— Recabar los antecedentes penales del investigado.
— Tomar declaración al investigado, previa instrucción de sus derechos.
— Recibir declaración a la víctima ofendida por el delito, previo ofrecimiento de acciones.

— Recabar el informe del Médico Forense sobre las lesiones producidas, tiempo de curación y secuelas.

— Recibir declaración a los testigos y, en su caso, explorar a los menores que hayan presenciado los actos de violencia de género.

• **Comparecencia oral.**

1º) El Juez concede la palabra al Ministerio Fiscal.

2º) Acto seguido, el abogado de la acusación particular de la víctima tendrá la palabra.

3º) Finalmente, se concede la palabra al abogado de la defensa del investigado.

Todas ellas se pronunciarán sobre si consideran suficientes las diligencias de investigación practicadas hasta la fecha.

4º) El Juez debe adoptar cualquiera de las siguientes resoluciones:

— *Que las diligencias practicadas son suficientes*. En este caso, el Juez dicta auto oral en el que ordena seguir el procedimiento contra el investigado para que el Fiscal y, en su caso, el resto de acusaciones soliciten la apertura de juicio oral o, en su caso, el sobreseimiento de la causa.

— *Que las diligencias practicadas no son suficientes*. En este caso, el Juez dicta auto oral en el que ordena seguir los trámites como Procedimiento Abreviado y debe señalar las diligencias que no han podido practicarse antes de concluir el servicio de guardia o las circunstancias que lo hacen imposible.

— *Que el Juez considere que el hecho investigado reviste los caracteres de un delito leve*. En este caso, procede a su enjuiciamiento inmediato que se realizará el día saliente del servicio de guardia en aquellos partidos judiciales con servicio de guardia durante siete días.

Como hemos dicho anteriormente, la única infracción penal leve que existe en materia de violencia de género es el delito leve de injurias o vejación injusta (artículo 173.4 CP).

4. FASE INTERMEDIA

La «fase intermedia» del Juicio Rápido comienza cuando el Juzgado especializado en violencia de género dicta Auto por el que considera suficientes las diligencias de investigación practicadas hasta la fecha.

La tramitación de esta fase se realiza de la siguiente manera:

- **Auto de apertura de juicio oral o sobreseimiento.**

Se celebra una comparecencia oral de la siguiente manera:

1º) El Juez concede la palabra al Ministerio Fiscal.
2º) Acto seguido, interviene el abogado de la acusación particular de la víctima y, finalmente, el letrado del investigado.

Todas ellas deberán informar sobre la apertura de juicio oral o el sobreseimiento de la causa.

3º) El Juez tiene que resolver dicha petición en la misma forma que en el Procedimiento Abreviado (artículos 782 y 783 LECR).

Si acuerda la apertura de juicio oral, el Juez dicta *auto de forma oral contra el que no cabe recurso alguno* (artículo 800.1 LECR).

• **Escrito de acusación.**

Una vez abierto el juicio oral, el Ministerio Fiscal y, en su caso, el resto de acusaciones personadas deben presentar escrito de acusación.

A partir de este momento, existen tres posibilidades:

— *El acusado se conforme con la petición solicitada por el Ministerio Fiscal o, en caso de existir acusación particular ejercitada por la víctima, con la más grave de las acusaciones.*

Para ello es necesario que se cumplan dos siguientes requisitos (artículo 801.1 LECR):

• Que los hechos objeto de acusación hayan sido calificados como delito castigado con pena de hasta tres años de prisión, con pena de multa cualquiera que sea la cuantía o con otra pena de distinta naturaleza cuya duración no exceda de diez años.
• Que, si se trata de una pena privativa de libertad, la pena solicitada o la suma de las penas solicitadas no supere, reducida en un tercio, los dos años de prisión.

Si se cumplen estos requisitos, el Juzgado dicta sentencia de conformidad imponiendo la pena solicitada por el Ministerio Fiscal o, en su caso, la más grave de las acusaciones reducida en un tercio. Esto implica que si el Fiscal acusa por un delito de amenazas leves (artículo 171.4 CP) y solicita la pena de prisión de 6 meses y la acusación particular ejercitada por la víctima interesa 1 año de prisión, el acusado debe conformarse con la más grave, es decir, con 1 año de prisión que, tras la rebaja del tercio, quedará en 8 meses.

Si las partes manifiestan su decisión de no recurrir, el Juez declara oralmente la firmeza de la sentencia y, previa audiencia de las partes, resuelve sobre la suspensión de la pena privativa de libertad (artículo 80 y siguientes CP).

El Juzgado tiene la obligación de iniciar el proceso de ejecución de la sentencia. Esto supone que, si el acusado ha sido condenado a una prohibición de comunicación o de acercamiento, se le requiere para que la cumpla con las consecuencias legales en caso de no respetarla, es decir, comisión de un delito de quebrantamiento de condena (artículo 468 CP).

Una vez efectuados estos trámites, el Letrado de la Administración de Justicia remite al Juzgado de lo Penal las actuaciones para que éste continúe su ejecución.

— *El acusado no se conforma con la pena solicitada por el Ministerio Fiscal o, en caso de existir acusación particular, con la más grave de las acusaciones.*

La disconformidad del acusado puede deberse a varios factores como, por ejemplo, que no reconozca los hechos que se le imputan o que considere que la pena solicitada es excesiva.

En este caso, el Abogado del acusado deberá presentar escrito de defensa de forma inmediata, incluso de forma oral.

También puede solicitar que se le conceda un plazo para presentarlo y el Juez lo fijará dentro de los cinco días siguientes.

Una vez presentado el escrito de defensa, el Letrado de la Administración de Justicia del Juzgado de Guardia procede a señalar día y hora para la celebración de juicio ante el Juzgado de lo Penal en el plazo más breve posible y, en todo caso, en el plazo de los quince días siguientes.

— *El acusado no se puede conformar porque la pena excede del límite del artículo 801 LECR.*

La conformidad en el Juicio Rápido tiene un límite: 1) el delito no puede estar castigado con pena de prisión superior a tres años; y 2) la pena privativa de libertad impuesta, reducida en un tercio, no puede superar los dos años de prisión.

En estos casos, el Abogado del acusado deberá presentar escrito de defensa de forma inmediata, incluso de forma oral. El acusado podría, en este escrito, reconocer los hechos y conformarse con la pena solicitada por las acusaciones. Sin embargo, la eventual sentencia de conformidad se dictará por el Juzgado de lo Penal y no por el Juzgado de Violencia sobre la Mujer.

El Letrado de la Administración de Justicia procede a señalar día y hora para la celebración de juicio ante el Juzgado de lo Penal en el plazo más breve posible y, en todo caso, en el plazo de los quince días siguientes.

5. FASE DE JUICIO ORAL

La fase de juicio oral *strictu sensu* solo se tramita en el Juicio Rápido cuando el acusado no presta su conformidad por no estar de acuerdo con la pena, por no reconocer los hechos o, simplemente, porque la pena solicitada excede de los límites establecidos en el artículo 801.1 LECR.

El juicio oral se desarrolla ante el Juzgado de lo Penal en la misma forma que en el Procedimiento Abreviado (artículo 786 a 788 LECR) y que hemos explicado en el Capítulo X.

La sentencia deberá dictarse en el plazo de los tres días siguientes a la terminación de la vista (artículo 802.3 LECR).

6. RÉGIMEN DE RECURSOS

Contra la **sentencia dictada por el Juzgado de lo Penal** cabe interponer recurso de apelación que será resuelto por la Audiencia Provincial.

Su tramitación se ajusta a lo establecido en el Procedimiento Abreviado (artículos 790 a 792 LECR), si bien existen ciertas especialidades relacionadas con la reducción de los plazos (artículo 803 LECR).

La tramitación y resolución de este recurso tiene carácter preferente (artículo 803.1. 4º LECR).

Contra la **sentencia dictada por la Audiencia Provincial** resolviendo el recurso de apelación se podrá interponer recurso de casación por infracción de ley (artículo 847.1, letra b en relación con el artículo 849.1 LECR).

Este recurso está limitado a aquellos supuestos en los que «dados los hechos que se declaren probados en las resoluciones comprendidas en los dos artículos anteriores, se hubiere infringido un precepto penal de carácter sustantivo u otra norma jurídica del mismo carácter que deba ser observada en la aplicación de la Ley penal».

El recurso se resolverá por la Sala de lo Penal del Tribunal Supremo.

Sin embargo, si la Sala no aprecia interés casacional podrá inadmitir por unanimidad el recurso mediante una providencia sucintamente motivada (artículo 889 LECR).

7. LEGISLACIÓN

Artículos 795 a 803 de la Ley de Enjuiciamiento Criminal.

8. JURISPRUDENCIA

1) SAP Badajoz 126/2008, Sección 1ª, 16 de octubre. Ponente: Ilmo. Sr. D. Matías Rafael Madrigal Martínez-Pereda (LA LEY 275325/2008).

La urgencia del enjuiciamiento característica del Juicio Rápido no puede menoscabar las garantías del proceso penal.

«Ciertamente, nos encontramos ante un procedimiento del Título III del Libro IV de la Ley de Enjuiciamiento Criminal, esto es, ante uno de los llamados "juicios rápidos", lo que al tiempo nos lleva a evocar la doctrina del Tribunal Supremo contenida en la sentencia 991/2003 de 3 de julio, dictada precisamente en un proceso por delito de enjuiciamiento rápido (aunque referido a la anterior regulación): las urgencias del enjuiciamiento no pueden ni deben menoscabar las garantías de un proceso como el penal, caracterizado por su carácter formalizado, que implica la observancia de las garantías previstas en la Ley y, entre ellas, como premisa fundamental del enjuiciamiento, el derecho de defensa, posibilitando el respeto al contenido esencial de ese derecho. Las especificidades de los denominados juicios rápidos, particularmente referidas a la celeridad en el enjuiciamiento, no pueden alterar el régimen de garantías del justiciable y deben propiciar una especial sensibilidad del órgano jurisdiccional para procurar que la persona pueda hacer valer todos los instrumentos de defensa que sean pertinentes y necesarios para la realización de la justicia.

El resultado, a no dudar, ha sido de efectiva indefensión, por cuanto al no poder presentar su escrito defensa, se vio con ello privado de proponer las pruebas que estimara pertinentes a su defensa, amén de que al no presentarse dicho escrito, tampoco existió un pronunciamiento judicial sobre la preclusión del plazo que le hubiera permitido reaccionar mediante el oportuno recurso. Todo lo cual genera una efectiva indefensión derivada de la inobservancia de normas procésales obligadas, lo que de conformidad con el artículo 238 de la Ley Orgánica del Poder Judicial determina sin más la nulidad de lo actuado a partir del momento anterior al juicio, así como de las actuaciones posteriores que de él traigan causa, como es la sentencia apelada, siendo procedente la celebración de nuevo plenario».

2) SAP Badajoz 154/2008, Sección 1ª, 9 de diciembre. Ponente: Ilmo. Sr. D. Matías Rafael Madrigal Martínez-Pereda (LA LEY 275311/2008).

Indefensión provocada por la denegación de una prueba testifical en el curso de un Juicio Rápido.

«El recurrente considera existe indefensión generadora de una nulidad de actuaciones, por cuanto al encontrarnos ante un procedimiento de juicio rápido, y a pesar de la urgencia que lo caracteriza, o quizá precisamente por ello, considera se le ha causado aquella en cuanto al amparo de lo establecido en el artículo 786 de la Lecrim, intereso prueba testifical que consideraba esencial en cuanto pretendía con ella acreditar que concurría en la conducta de su patrocinado una situación, con independencia de su alcance, de necesidad [...]

No se argumenta de forma suficiente en la sentencia acerca de la impertinencia y/o innecesaridad de la prueba testifical interesada que, a salvo alusiones a lo relativo de la dolencia que, a juicio de la juzgadora, y sin haber escuchado al testigo considera de escasa relevancia a los efectos de no haber podido dar paso a otro medio de locomoción como el taxi, el vehículo de un amigo. La Sala considera precipitada dicha consideración, si previamente se ha rechazado sin motivo suficiente la práctica de la prueba, y no se ha oído por tanto al testigo, cuando además ello hubiera sido posible sin quebranto y dilación, al haberse procedido, por contra, a suspender el juicio en el modo en que, como se ha aludido, se hizo, precisamente, para propiciar que depusieran testigos de cargo propuesto por la Acusación Pública.

No pueden, por tanto, en el presente caso y habida cuenta dicha suspensión interesada por el Ministerio Fiscal, esgrimirse razones de urgencia propias del procedimiento...»

3) SAP Barcelona 207/2007, Sección 9ª, 13 de junio. Ponente: Ilmo. Sr. D. José María Torras Coll (LA LEY 142471/2007).

Función de la Policía Judicial en el Juicio Rápido.

«Ciertamente, la última reforma de la LECrim. ha diseñado en el ámbito del procedimiento de urgencias un espacio de preinstrucción policial caracterizado por la ausencia de control judicial inmediato, encomendando a la Policía Judicial la realización de determinadas actuaciones de significación procesal que de suyo y tradicionalmente estaban reservadas a los órganos jurisdiccionales, ampliando de esta forma las facultades que se les venían encomendando en nuestra legislación procesal penal. En tal sentido el nuevo diseño de Policía Judicial se caracteriza por un notable reforzamiento de sus facultades y funciones que aparece estrechamente asociado al logro del objetivo perseguido, el de celeridad. Sin embargo, no parece razonable, en opinión de la mayoría de tratadistas que la actuación policial preprocesal predetermine inicialmente el procedimiento judicial a seguir, pues ésta es una decisión exclusivamente jurisdiccional. A demás, se ha dicho también que carece de fundamento el que se atribuya exclusivamente a la Policía Judicial la facultad de instar la incoación del procedimiento de urgencia al condicionarlo el legislador al presupuesto de la previa presentación del atestado policial, ex art. 795.1 LECrim., sin que ni siquiera se admita su incoación a instancia del Ministerio Fiscal. Como ya se ha advertido por algún sector de la doctrina, en el nuevo modelo diseñado por el legislador se llegan a invertir los respectivos papeles del juez Instructor y de la policía judicial, convirtiéndose el primero en un colaborador de la labor de investigación policial y en cierta forma perdiendo protagonismo en su condición de director de la investigación penal, al menos con carácter de exclusividad, acercándonos a un modelo de codirección. En lo que aquí importa y en el contexto antedicho la regulación actual impone a la policía judicial la obligación de informar a la persona a la que se atribuye el hecho objeto de imputación, tanto si está detenido, como si no lo está, es decir, como imputado, ex art. 771.2ª de la LECrim., así como de los derechos reconocidos en el art. 520.2 de la LECrim. Ello forma parte del contenido esencial del derecho a ser informado de la acusación, ex art. 6.3.a) CEDH y dicha obligación policial de información al imputado posibilita una adecuada preparación de su defensa en sede judicial».

4) SAP Santa Cruz de Tenerife 175/2010, Sección 5ª, 22 de abril. Ponente: Ilmo. Sr. D. Francisco Javier Mulero Flores (LA LEY 225108/2010).

No hay indefensión en un juicio rápido al no solicitar abogado si al acusado le citó la Policía Judicial y en el Juzgado se le informó de sus derechos antes de entrar en Sala.

«.. en el presente caso examinadas las actuaciones, se ha cumplido escrupulosamente lo preceptuado en la Ley de enjuiciamiento criminal, pues no ha de olvidarse que nos hallamos ante la tramitación del juicio rápido, siendo la celeridad en los trámites la nota característica, lo cual ciertamente no puede redundar en menoscabo de los derechos de los justificables.

... el denunciado, se le comunica por la Policía judicial su obligación de comparecer esa mañana al Juzgado de violencia sobre la mujer... No consta, pese a que se le informó de los hechos imputados, y sus derechos (a asistirse de letrado, y a aportar las pruebas) que hiciese solicitud alguna en ninguno de dichos extremos... Se pretende una nulidad alegando de forma genérica la vulneración potencial de unos derechos, que en modo alguno se concretan, y por tanto tal pretensión anuladora no puede tener favorable acogida, debiendo en consecuencia desestimarse la apelación.

No cabe pues estimar vulnerado el derecho a obtener la tutela judicial efectiva ni el derecho a un juicio justo sin indefensión. A tal respecto cabe recordar como el TS, ha tenido oportunidad de pronunciarse sobre la cuestión debatida, y así en STS núm. 195/2003 de fecha: 15/02/2003 "Toda persona implicada en un proceso penal tiene derecho a conocer, en el momento procesal oportuno (escrito de conclusiones provisionales o definitivas), cual es la base real sobre la que se formula la acusación, entendiendo por tal los hechos, actuaciones o conductas que se imputan al acusado y sobre cuya prueba posterior, se asiente la oportuna calificación jurídica". Y ello se cumplió en el presente supuesto, en el que el Juzgado de guardia se limitó a cumplir con innegable celo y eficacia, lo exigido por el legislador sin menoscabo de derecho alguno...»

5) SAP Castellón 132/2009, Sección 2ª, 4 de mayo. Ponente: Ilmo. Sr. D. Pedro Javier Altares Medina (LA LEY 120597/2009).

Las discrepancias de los intervinientes sobre los hechos no determinan un incremento de la complejidad de la instrucción de la causa hasta el punto de impedir la tramitación como Juicio Rápido.

«Se mantiene que se han infringido las normas de la LECrim. sobre el procedimiento para el enjuiciamiento rápido de determinados delitos, por entender que la instrucción en la presente causa no era "presumiblemente sencilla". Se afirma que la falta de sencillez de la instrucción y la necesidad de una investigación más exhaustiva se puso de manifiesto tras las declaraciones de los imputados, por las discrepancias entre ellos a la hora de relatar los hechos.

Se mantiene, asimismo, que dejaron de practicarse diligencias de investigación que hubieran sido útiles para la instrucción de la causa y para el ulterior enjuiciamiento de los hechos, y que su falta de práctica ha ocasionado indefensión. Más exactamente, se indica que se tenían que haber investigado las identidades de los vecinos que se asomaron a las ventanas, y de un cámara de televisión al que se refirieron todos los imputados. Se afirma que ello ha impedido al recurrente probar la eximente por él alegada.

No se comparte el planteamiento de la parte recurrente. La incoación del procedimiento de enjuiciamiento rápido en este caso entra dentro de las previsiones contenidas en el art. 795 de la LECrim. No sólo concurrían los presupuestos generales exigidos en el art. 795.1 párrafo 1° L.E.Cr., sino que se trata de conductas supuestamente constitutivas de lesiones (art. 795.1.2ª LECrim.), cuya instrucción, además, era presumiblemente sencilla (art. 795.1.3° L.E.Cr.). Las discrepancias en la narración de los hechos por parte de los intervinientes en ellos no afectan a esta última consideración».

6) SAP Cádiz 412/2011, Sección 3ª, 21 de diciembre. Ponente: Ilmo. Sr. D. Manuel Carlos Grosso de la Herrán (LA LEY 308783/2011).

La denunciante sabía que debía acudir al juicio rápido con las pruebas que acreditasen los insultos proferidos a ella en Facebook y no lo hizo, por tanto, no cabe apreciar indefensión.

«... Frente a la sentencia de instancia se alza el recurso de apelación interpuesto por la representación de Socorro en la que se alega indefensión al no haber sido advertida de que debía comparecer al juicio con las pruebas de las que intentara valerse y que por la inmediatez del juicio rápido no pudo aportar el documento obtenido de la red Facebook en el que pueden comprobarse los insultos y vejaciones que el denunciado profiere contra ella interesando la nulidad de la sentencia y la retroacción de las actuaciones al momento en que se cometió la falta.

...La pretensión de nulidad deducida no puede tener acogida, no puede apreciarse indefensión por el hecho de la celeridad en la celebración del juicio pues con ello no se hizo sino cumplir el mandato legal y no se advierte indefensión en la citación cuando la misma, como queda constancia en autos, se hizo con expresa advertencia de que al juicio se debería comparecer con todas las pruebas de las que intentara valerse, siendo por ello la presentación de los documentos que se acompañan al recurso de apelación extemporánea y por tal razón de imposible valoración en esta alzada...»

CAPÍTULO XII

DECLARACIÓN DEL ACUSADO

1. ESQUEMA

La declaración del acusado es la primera prueba que se practica en las sesiones de juicio oral. A pesar de que la LECR no establece una regulación detallada de este medio de prueba, la práctica forense se ajusta a los siguientes criterios:

1º El Presidente del Tribunal o el Juez pregunta al acusado si confiesa ser el autor de los hechos que se enjuician. En caso de respuesta negativa, prosigue la práctica de este medio de prueba. Si reconoce los hechos, se dicta sentencia de conformidad, siempre que la pena no exceda de 6 años de prisión.

2º El Presidente del Tribunal o el Juez le informarán de los derechos que le asisten como acusado.

3º Formulará preguntas el Ministerio Fiscal.

4º Preguntarán el resto de partes acusadoras.

5º Formula preguntas la defensa del acusado.

6º El Presidente del Tribunal o el Juez, de manera excepcional, puede dirigir preguntas al acusado.

2. ANÁLISIS

La declaración del acusado es uno de los medios de prueba cuya práctica se realiza en el juicio oral.

Su regulación se contiene en los artículos 688 a 700 LECR bajo la rúbrica «de la confesión de los procesados y personas civilmente responsables».

Estos preceptos, en realidad, no regulan la forma de practicarse el interrogatorio del acusado, sino la posibilidad de que el acusado se muestre conforme con la acusación al iniciarse las sesiones de juicio oral.

A pesar de la laguna existente, tanto la doctrina como la práctica forense de los Tribunales vienen considerando que la declaración o interrogatorio del acusado es la primera prueba que se practica en las sesiones de juicio oral. Por tal motivo, el Ministerio Fiscal y, en su caso, el resto de las partes acusadoras, suelen incluirla dentro de su proposición de prueba.

3. DESARROLLO DE LA PRUEBA

La declaración del acusado es la primera prueba que se practica al comienzo de las sesiones de juicio oral.

1º) El Presidente del Tribunal o el Juez **preguntará al acusado si se «confiesa reo del delito»**, es decir, si reconoce los hechos y muestra su conformidad con la pena.

Se trata de una pregunta formal dado que, si el acusado estaba dispuesto a mostrar su conformidad, lo habitual es que su letrado así lo haya manifestado antes del comienzo de las sesiones de juicio oral o, incluso, en el escrito de defensa firmado por él (artículo 784.3 LECR).

2º) El Presidente del Tribunal o el Juez **informan al acusado de los derechos que le asisten en virtud de lo establecidos en el artículo 24.2 CE.**

A tal efecto, se le informará que tiene derecho a no declararse culpable, a no declarar contra sí mismo y a responder a las preguntas que tenga por conveniente. De esta manera, podrá responder a todas las preguntas que se le formulen, solo a algunas de ellas o a guardar silencio. También, en ocasiones, el acusado manifiesta que solo va a responder a las preguntas que le formula su propio letrado.

3º) Se concede la palabra al **Ministerio Fiscal y a las demás partes acusadoras** para que formulen preguntas al acusado.

4º) Se da la palabra a la **defensa del acusado** para que formule preguntas.

5ª) En su caso, el **Presidente del Tribunal o el Juez puede de forma excepcional formular alguna pregunta al acusado.**

Se trata de una posibilidad no expresamente prevista en la ley, si bien la jurisprudencia del Tribunal Supremo la admite realizando una interpretación extensiva del artículo 708, párrafo segundo, LECR sobre el examen de los testigos. Dicho precepto establece que «*el Presidente, por sí o por excitación de cualquiera de los miembros del Tribunal, podrá dirigir a los testigos las preguntas que estime conducentes a depurar los hechos sobre los que declaren*».

Dado que esta intervención puede afectar a la imparcialidad objetiva del Tribunal y al derecho de defensa del acusado, la jurisprudencia exige que se cumplan los siguientes *requisitos*:

— El Tribunal, antes de formular estas preguntas, debe informar nuevamente al acusado de su derecho a no declarar. Es posible que el acusado se vea sorprendido por el interrogatorio del Tribunal y, dada la incomunicación que se produce habitualmente con el letrado en las sesiones del juicio oral (a excepción del proceso ante el Tribunal del Jurado según el artículo 42 LOTJ), puede llevarle a responder las preguntas en la idea de que el derecho a no declarar no le asiste cuando las preguntas proceden del Tribunal.

— El Tribunal no debe formular ninguna pregunta al acusado cuando éste se haya acogido a su derecho a no declarar.

— El Tribunal debe ser especialmente cuidadoso con el contenido, la forma y el tono de las preguntas pues ello puede conducirle a asumir una posición acusatoria que le haga perder su imparcialidad objetiva.

— Las preguntas deben versar sobre aclaraciones puntuales y nunca convertirse en un interrogatorio inquisitivo.

4. VALOR PROBATORIO

En el proceso penal rige el principio de la libre valoración de la prueba. En este sentido, el artículo 741 LECR establece que el Tribunal dictará sentencia valorando «según su conciencia las pruebas practicadas en el juicio».

La jurisprudencia ha declarado que ello supone que la prueba se debe valorar sin sujeción a tasa, pauta o regla de ninguna clase. A fin de evitar cualquier tipo de arbitrariedad por los poderes públicos —en este caso, por los Juzgados y Tribunales—, es necesario que en la sentencia se desarrolle la argumentación que sostiene la valoración de la prueba que, en todo caso, deberá ajustarse a las reglas de la lógica, la racionalidad y la coherencia.

En consecuencia, la declaración del acusado se valora por el Tribunal según las reglas de la sana crítica atendiendo al resto de medios de prueba que se hayan practicado en las sesiones de juicio oral.

En este apartado, sin embargo, vamos a mencionar algunas cuestiones relevantes relacionadas con la valoración de este medio de prueba:

- **Silencio del acusado.**

La jurisprudencia del Tribunal Supremo ha afirmado que el acusado que se niega dar una explicación alternativa ejercita un derecho constitucional a no declarar del que no se puede deducir la prueba de su culpabilidad. Es decir, la participación criminal no puede deducirse de la falta de explicaciones por parte de quien está amparado por la presunción de inocencia.

A pesar de esta afirmación, el Tribunal Supremo, siguiendo la jurisprudencia del Tribunal Europeo de Derechos Humanos, ha afirmado que, en determinados supuestos, se puede valorar el silencio del acusado en situaciones que requieren una explicación por su parte para apreciar la fuerza persuasiva de las pruebas de cargo.

El Tribunal no puede concluir la culpabilidad del acusado simplemente porque éste opte por guardar silencio. Es solamente cuando las pruebas de cargo requieren una explicación —que el acusado debería ser capaz de dar— cuando la ausencia de explicación puede permitir concluir, por un simple razonamiento de sentido común, que no existe ninguna explicación posible y que el acusado es culpable.

La razón de esta valoración se encuentra en las relaciones entre el derecho al silencio y el derecho de defensa. Es decir, los Tribunales deberán tener en cuenta aquellos supuestos en los que el acusado se niega a ejercitar su propia autodefensa mediante una declaración o explicación en su descargo cuando el resto de las pruebas incriminatorias sean concluyentes.

Conviene destacar que, en ningún caso, este silencio puede enervar por sí solo la presunción de inocencia y, por tanto, no puede fundamentar una sentencia condenatoria.

- **Declaraciones contradictorias del acusado.**

Se trata del caso en el que el acusado reconoce los hechos en sede policial y, posteriormente, niega cualquier participación en los mismos en el Juzgado de Violencia sobre la Mujer y en las sesiones de juicio oral ante el Tribunal de enjuiciamiento. La cuestión que se plantea es el valor probatorio de la declaración autoinculpatoria del acusado en sede policial. Esta situación también se produciría cuando el imputado ha ido cambiando la versión de los hechos a lo largo del procedimiento.

El Tribunal Supremo ha fijado criterio sobre esta cuestión en el Acuerdo del Pleno No Jurisdiccional de 3 de junio de 2015 que dispone:

> «Las declaraciones ante los funcionarios policiales no tienen valor probatorio. No pueden operar como corroboración de los medios de prueba. Ni ser contrastadas por la vía del art. 714 de la LECR. Ni cabe su utilización como prueba preconstituida en los términos del art. 730 de la LECR. Tampoco pueden ser incorporadas al acervo probatorio mediante la llamada como testigos de los agentes policiales que las recogieron. Sin embargo, cuando los datos objetivos contenidos en la autoinculpación son acreditados como veraces por verdaderos medios de prueba, el conocimiento de aquellos datos por el declarante evidenciado en la autoinculpación puede constituir un hecho base para legítimas y lógicas inferencias. Para constatar, a estos exclusivos efectos, la validez y el contenido de la declaración policial deberán prestar testimonio en el juicio los agentes policiales que la presenciaron».

5. LEGISLACIÓN

Artículos 688 a 700 de la Ley de Enjuiciamiento Criminal:

CAPÍTULO III. DEL MODO DE PRACTICAR LAS PRUEBAS DURANTE EL JUICIO ORAL

SECCIÓN PRIMERA. De la confesión de los procesados y personas civilmente responsables

Artículo 688. En el día señalado para dar principio a las sesiones, el Letrado de la Administración de Justicia velará por que se encuentren en el local del Tribunal las piezas de convicción que se hubieren recogido, y el Presidente, en el momento oportuno, declarará abierta la sesión.

Si la causa que haya de verse fuese por delito para cuyo castigo se pida la imposición de pena correccional, preguntará el Presidente a cada uno de los acusados si se confiesa reo del delito que se le haya imputado en el escrito de calificación y responsable civilmente a la restitución de la cosa o al pago de la cantidad fijada en dicho escrito por razón de daños y perjuicios.

Artículo 689. Si en la causa hubiere, además de la calificación fiscal, otra del querellante particular o diversas calificaciones de querellantes de esta clase, se preguntará al procesado si se confiesa reo del delito, según la calificación más grave, y civilmente responsable por la cantidad mayor que se hubiese fijado.

Artículo 690. Si fueren más de uno los delitos imputados al procesado en el escrito de calificación, se le harán las mismas preguntas respecto de cada cual.

Artículo 691. Si los procesados fueren varios, se preguntará a cada uno sobre la participación que se le haya atribuido.

Artículo 692. Imputándose en la calificación responsabilidad civil a cualquiera otra persona, comparecerá también ante el Tribunal y declarará si se conforma con las conclusiones de la calificación que le interesen.

Artículo 693. El Presidente hará las preguntas mencionadas en los artículos anteriores con toda claridad y precisión, exigiendo contestación categórica.

Artículo 694. Si en la causa no hubiere más que un procesado y contestare afirmativamente, el Presidente del Tribunal preguntará al defensor si considera necesaria la continuación del juicio oral. Si éste contestare negativamente, el Tribunal procederá a dictar sentencia en los términos expresados en el artículo 655.

Artículo 695. Si confesare su responsabilidad criminal, pero no la civil, o aun aceptando ésta, no se conformare con la cantidad fijada en la calificación, el Tribunal mandará que continúe el juicio.

Pero en este último caso, la discusión y la producción de pruebas se concretarán al extremo relativo a la responsabilidad civil que el procesado no hubiese admitido de conformidad con las conclusiones de la calificación.

Terminado el acto, el Tribunal dictará sentencia.

Artículo 696. Si el procesado no se confesare culpable del delito que le fuere atribuido en la calificación, o su defensor considerase necesaria la continuación del juicio, se procederá a la celebración de éste.

Artículo 697. Cuando fueren varios los procesados en una misma causa, se procederá conforme a lo dispuesto en el artículo 694 si todos se confiesan reos del delito o delitos que les hayan sido atribuidos en los escritos de calificación, y reconocen la participación que en las conclusiones se les haya señalado, a no ser que sus defensores consideren necesaria la continuación del juicio.

Si cualquiera de los procesados no se confiesa reo del delito que se le haya imputado en la calificación, o su defensor considera necesaria la continuación del juicio, se procederá con arreglo a lo dispuesto en el artículo anterior.

Si el disentimiento fuere tan sólo respecto de la responsabilidad civil, continuará el juicio en la forma y para los efectos determinados en el artículo 695.

Artículo 698. Se continuará también el juicio cuando el procesado o procesados no quieran responder a las preguntas que les hiciere el Presidente.

Artículo 699. De igual modo se procederá si en el sumario no hubiese sido posible hacer constar la existencia del cuerpo del delito cuando, de haberse éste cometido, no pueda menos de existir aquél, aunque hayan prestado su conformidad el procesado o procesados y sus defensores.

Artículo 700. Cuando el procesado o procesados hayan confesado su responsabilidad de acuerdo con las conclusiones de la calificación, y sus defensores no consideren necesaria la continuación del juicio, pero la persona a quien sólo se hubiere atribuido responsabilidad civil no haya comparecido ante el Tribunal, o en su declaración no se conformase con las conclusiones del escrito de calificación a ella referentes, se procederá con arreglo a lo dispuesto en el artículo 695.

Si habiendo comparecido se negase a contestar a las preguntas del Presidente, le apercibirá éste con declararle confeso.

Si persistiere en su negativa, se le declarara confeso, y la causa se fallará de conformidad con lo dispuesto en el artículo 694.

Lo mismo se hará cuando el procesado, después de haber confesado su responsabilidad criminal, se negare a contestar sobre la civil.

6. JURISPRUDENCIA

1) STC 229/2003, Pleno, 18 de diciembre de 2003. Ponente: Excmo. Sr. D. Pablo Manuel Cachón Villar (LA LEY 296/2004).

Las preguntas que realice el Presidente del Tribunal o el Juez en ningún caso se pueden convertir en una actividad inquisitorial que sustituya a la acusación.

«Nuestra jurisprudencia ha señalado que el derecho a un proceso con todas las garantías (art. 24.2 CE) otorga al acusado en un proceso penal el derecho a exigir del Juez la observancia inexcusable de una actitud neutra respecto de las posiciones de las partes en el proceso, siendo un tercero ajeno a los intereses en litigio y, por tanto, a sus titulares y a las funciones que desempeñan. Alejamiento que le permite decidir justamente la controversia, situándose por encima de las partes acusadoras e imputadas. (STC 130/2002, de 3 de junio, FJ 3).

Ahora bien, ello no significa que haya de exigirse al órgano judicial una actitud pasiva durante el acto del juicio. Al respecto hemos afirmado lo siguiente: "Más concretamente, en relación con la cuestión que aquí nos ocupa, la iniciativa probatoria de oficio, la garantía de la imparcialidad objetiva exige, en todo caso, que con su iniciativa el juzgador no emprenda una actividad inquisitiva encubierta. Sin embargo, esto no significa que el Juez tenga constitucionalmente vedada toda actividad procesal de impulso probatorio, por ejemplo, respecto de los hechos objeto de los escritos de calificación o como complemento para contrastar o verificar la fiabilidad de las pruebas de los hechos propuestos por las partes"».

2) STS 1276/2006, Sala de lo Penal, 20 de diciembre. Ponente: Excmo. Sr. D. Juan Ramón Gómez Berdugo de la Torre (LA LEY 160522/2006).

El silencio del acusado puede ser objeto de valoración por el Tribunal sentenciador cuando el cúmulo de pruebas de cargo reclama una explicación por su parte acerca de los hechos.

«En definitiva y como señala la STS. 24.5.2000, el silencio del acusado en ejercicio de un derecho, puede ser objeto de valoración cuando el cúmulo de pruebas de cargo reclama una explicación por su parte acerca de los hechos.

Por ello el silencio del acusado si puede entenderse como contradicción a los efectos del art. 714 LECrim., pues en principio hay que entender que, en el concepto de contradicción, en lo que al acusado se refiere se extiende a toda conducta que jurídicamente pueda ser considerada contraria a su referente sumarial. De lo que se infiere que cuando obran en el sumario declaraciones judiciales autoinculpatorias del acusado, el silencio del mismo en el juicio oral ha de ser considerado como una "contradicción" a los efectos del art. 714 LECrim. En esta materia debemos recordar que:

1º) Según el Tribunal Constitucional los Derechos Fundamentales no son absolutos.

2º) El derecho al silencio tiene dos vertientes: a) un mandato dirigido a los Tribunales y a la policía: favorecer su ejercicio y respetarlo cuando se produce; y b) respecto del acusado: facultad de acogerse al mismo con la seguridad de que ello no le supone perjuicio alguno.

3º) Se trata de un derecho de ejercicio sucesivo: tantas veces sea llamado a declarar puede acogerse al mismo.

4º) La declaración del acusado supone una renuncia del derecho a no declarar que, en un contexto global de silencio parcial, no resulta afectada por el ejercicio de dicho derecho en las declaraciones previas y/o posteriores.

Consecuentemente, no se afecta el núcleo esencial del derecho a no declarar contra sí mismo, cuando reconociéndole un valor negativo al silencio se le confronta con la declaración del acusado en la que, renunciando a su derecho, haya reconocido los hechos, lo cual se deriva del carácter independiente de cada declaración que permite, en el ámbito de la LECrim. y al amparo del art. 741, valorar las declaraciones sumariales del acusado aunque éste se haya negado a declarar en el juicio».

3) STS 265/2018, Sala de lo Penal, 31 de mayo. Ponente: Excmo. Sr. D. Juan Ramón Berdugo Gómez de la Torre (LA LEY 75037/2018).

El escaso crédito de las explicaciones del acusado no incrementa el valor de la prueba de cargo, cuya capacidad como tal depende exclusivamente de su propio valor y eficacia.

«Las declaraciones del acusado tenidas por el Tribunal como carentes de crédito, y como excusas de escasa consistencia, es verdad que no tienen ciertamente valor como prueba de cargo, porque no es al acusado a quien compete probar su inocencia sino a la acusación desvirtuar la presunción de ella. Por lo tanto, el escaso crédito de las explicaciones del acusado no incrementa el valor de la prueba de cargo, cuya capacidad como tal depende exclusivamente de su propio valor y eficacia. No hay más prueba de cargo porque sea menor el crédito de la de descargo. Pero esta última cuando no es creíble mantiene íntegra la eficacia demostrativa de aquélla en cuanto que su valor probatorio como prueba de cargo no se ve contradicha eficazmente, en tal caso, por otra prueba de signo y resultado opuesto».

4) STS 932/2005, Sala de lo Penal, 14 de julio. Ponente: Excmo. Sr. D. Juan Ramón Berdugo Gómez de la Torre (LA LEY 13244/2005).

La confesión del acusado tiene valor probatorio para acreditar la participación el acusado en el delito.

«Es doctrina reiterada de esta Sala la de que la confesión del imputado obtenida con las debidas garantías legales, constituye prueba idónea y suficiente para estimar enervada la presunción de inocencia (entre otras SSTS 7-10-82, 27-9-83, 25-6-84, 25-6-85, 23-12-86, 27-1-97, 2-2-98, 6-4-98, 4-5-98). Es cierto que son numerosas las sentencias en las que el Tribunal Supremo exige la necesidad de practicar otras pruebas distintas de la confesión que corroboren la veracidad de la misma (STS 26-12-89), pero ello no significa que la confesión por sí sola, carezca de valor probatorio y que deba acreditarse por medio de otras pruebas distintas. Es significativa al respecto la STS 18-1-89, que distingue entre la prueba de la existencia del delito (cuerpo del delito), y la prueba de la autoría y en la que se afirma expresamente que "si la Ley impone al Juez el deber de verificar la existencia del delito confesado para adquirir la convicción respecto de la verdad de la confesión, es porque sola (la confesión) no es prueba suficiente de la existencia misma del delito (...). El art. 406 LECrim. exige distinguir entre la prueba de la existencia del delito (cuerpo del delito) y de la prueba de la autoría. Solo la primera no puede ser probada exclusivamente por la confesión. Con respecto a la autoría, por el contrario, la confesión es por sí misma suficiente". Igualmente la STS 20-12-91 recuerda cierto que el art. 406 LECrim. establece que la mera confesión del procesado no dispensará al Juez Instructor de practicar todas las diligencias necesarias para adquirir el convencimiento de la verdad de la confesión y de la existencia del delito, pero la STS 30-4-90 precisa el valor pleno de las declaraciones de los acusados, acreditada la existencia del delito o falta, la confesión del acusado puede ser prueba suficiente de su autoría».

5) STS 228/2018, Sala de lo Penal, 17 de mayo. Ponente: Excma. Sra. D.ª Ana María Ferrer García (LA LEY 51640/2018).

La declaración del acusado debería concebirse como un medio de defensa y no como una prueba de la acusación.

«Entra dentro de la lógica que si se concibe la declaración del acusado como un medio de defensa y no como una prueba de la acusación, aunque pudiera tener efectos incriminatorios, su interrogatorio se intente una vez practicadas las pruebas propuestas por esta última, de forma que pueda reaccionar, en ejercicio adecuado de su derecho de defensa, frente a los elementos incriminatorios que hubieran resultado de aquellas. Sin embargo, no ha sido este el uso habitual en nuestra práctica judicial, y no puede por ello deducirse vulneración del derecho de defensa».

CAPÍTULO XIII

PRUEBA TESTIFICAL

1. ESQUEMA

La prueba testifical se practica a continuación de la declaración de los acusados.

1º El Presidente del Tribunal o el Juez ordena que se llame a los testigos propuestos por las partes por el siguiente orden:

Primero, los propuestos por el Ministerio Fiscal

Segundo, los propuestos por las demás partes acusadoras.

Por último, los propuestos por la defensa del acusado.

Si el testigo no comparece y no alega justa causa, se le puede imponer una multa de 200 a 5.000 euros.

También se puede acordar su conducción forzosa a presencia del Tribunal.

La incomparecencia del testigo puede dar lugar a responsabilidad penal por delito de obstrucción a la Justicia.

2º Se recibe juramento o promesa a los testigos mayores de catorce años.

3º El Presidente del Tribunal o el Juez interroga sobre las «preguntas generales de la ley»

4º Se da la palabra a la parte que propuso el testigo.

Las preguntas no pueden ser capciosas, sugestivas o impertinentes.

Si se inadmite una pregunta, la parte debe formular protesta y solicitar que conste en acta la pregunta que se haya prohibido contestar.

El testigo tiene la obligación de responder a las preguntas.

Si se niega declarar, se le impone en el acto una multa de 200 a 5.000 euros.

Si persiste en su negativa, se procede contra él por delito de desobediencia grave a la Autoridad.

5º Se concede la palabra al resto de partes personadas para que formulen las preguntas que estimen conveniente.

6º El Presidente del Tribunal o el Juez puede realizar alguna pregunta para depurar los hechos sobre los que declare el testigo.

7º El testigo podrá abandonar la Sala pero no podrá comunicarse con el resto de los testigos que aún no hayan prestado declaración.

2. ANÁLISIS

La prueba testifical es, sin duda, el medio probatorio más relevante del proceso penal.

El testigo se puede definir como aquella persona física que, sin ser parte en el proceso, es llamada a declarar, según su experiencia personal, acerca de la existencia y naturaleza de unos hechos conocidos con anterioridad al proceso por haberlos presenciado directamente o por haber tenido noticia de ellos por otros medios.

Su regulación se contiene en los artículos 701 a 722 LECR bajo la rúbrica «del examen de los testigos».

Esta prueba se practica después del interrogatorio de los acusados empezando, en primer lugar, por los testigos propuestos por el Ministerio Fiscal y demás partes acusadoras y, acto seguido, con los testigos propuestos por la defensa.

Las principales características de la prueba testifical son las siguientes:

- **Obligación de comparecer.**

Los testigos tienen la obligación de comparecer cuando sean citados para declarar en las sesiones de juicio oral. En caso de que no comparezcan ni aleguen justa causa que lo impida, podrán ser sancionados con multa de 200 a 5.000 euros (artículo 420 LECR).

Si el testigo se resistiere a comparecer, el Tribunal podrá acordar que las Fuerzas y Cuerpos de Seguridad del Estado procedan a conducirlo ante su presencia (artículo 420 LECR). La LECR no regula el modo, duración ni el estatus de la persona del testigo que debe ser conducido ante el Tribunal a pesar de ser una cuestión de especial relevancia dado que afecta al derecho fundamental a la libertad de las personas.

La doctrina considera que deben cumplirse unos determinados requisitos para hacer posible la conducción forzosa:

— El Juzgado debe haber librado, al menos, dos citaciones en las que se incluyan las advertencias legales necesarias y, además, debe existir constancia en las actuaciones de su recepción.

— La citación deberá ser personal y contener la advertencia expresa de la posibilidad de ser conducido de manera forzosa.

— Que el testigo no haya comparecido el día señalado para el juicio oral y tampoco haya comunicado la existencia de justa causa que se lo impida.

— Antes de acordar la medida, el Tribunal someterá a juicio de las partes la necesidad de conducir el testigo. Se deberá valorar la trascendencia de su testimonio y la necesidad de la adopción de la medida en atención a los intereses en juego y a la posible trascendencia de su testimonio.

— El Tribunal adoptará la decisión de conducir forzosamente al testigo en el acta del juicio o en auto separado, indicando que la medida debe efectuarse del modo menos gravoso posible.

— La resolución del Tribunal deberá comunicarse a las Fuerzas y Cuerpos de Seguridad del Estado.

— El Tribunal deberá controlar la ejecución de la medida y requerir a las Fuerzas y Cuerpos de Seguridad del Estado que le informen de manera inmediata del momento en el que el testigo es privado de libertad.

Al margen de las medidas comentadas anteriormente (multa y conducción forzosa), la conducta del testigo que no comparece sin justa causa puede ser constitutiva de un delito de obstrucción a la Justicia. El artículo 463.1 CP castiga con pena de prisión o multa la incomparecencia injustificada del testigo en un proceso penal, que provoque su suspensión, una sola vez si se trata de causa con reo en prisión o dos veces en los demás casos.

- **Excepciones a la obligación de los testigos de comparecer.**

Se trata de personas que, por razón de su cargo, se les dispensa un trato más favorable pues se les permite declarar por escrito. Estos supuestos son los siguientes:

— Personas de la Familia Real que no sean el Rey, la Reina, sus respectivos consortes, el Príncipe Heredero y los Regentes del Reino (artículo 412.1 LECR).

— El Presidente y demás miembros del Gobierno, los Presidentes del Congreso de los Diputados y del Senado, el Presidente del Tribunal Constitucional, el Presidente del Consejo General del Poder Judicial, el Fiscal General del Estado y los Presidentes de las Comunidades Autónomas. Estas personas pueden declarar por escrito y, por tanto, no comparecer ante el Tribunal solo cuando hayan tenido conocimiento de los hechos por razón de su cargo. Si su declaración versa sobre otros hechos, tendrán la obligación de comparecer ante el Tribunal en las sesiones de juicio oral (artículo 412.2 LECR).

- **Obligación de declarar.**

Los testigos tienen la obligación de declarar lo que supieren sobre lo que se les pregunte (artículo 707 LECR). Si el testigo se niega declarar, el Tribunal le impondrá en el acto una multa de 200 a 5.000 euros.

Si el testigo persiste en su negativa, el Tribunal acordará deducir testimonio al considerar que existen indicios de un delito de desobediencia grave a la Autoridad (artículo 556 CP).

- **Dispensa de la obligación de declarar.**

Algunos testigos están dispensados de la obligación de declarar (artículo 707 LECR). Se trata de personas que, si bien deben comparecer ante el Tribunal, no tienen la obligación de declarar por concurrir en ellos determinadas circunstancias.

Estas excepciones son las siguientes:

— Los parientes del imputado en línea directa ascendiente y descendiente, su cónyuge o persona unida por relación de hecho análoga a la matrimonial, sus hermanos consanguíneos o uterinos y los colaterales consanguíneos hasta el segundo grado civil, así como los hijos extramatrimoniales respecto de la madre, en todo caso, y respecto del padre cuando los haya reconocido.

Es necesario que el Tribunal o Juez advierta al testigo que no tiene la obligación de declarar en contra del acusado. La ley también les permite contestar a algunas preguntas y negarse a responder a otras (artículo 418 LECR).

— El Abogado del acusado no tiene la obligación de declarar sobre los hechos que éste le hubiere confiado en calidad de defensor.

— Tampoco tienen obligación de declarar los eclesiásticos y los ministros de los cultos disidentes sobre aquellos hechos que les fueren revelados en el ejercicio de las funciones de su ministerio.

— Así como los funcionarios públicos, tanto civiles como militares, si con su declaración violasen el secreto que están obligados a guardar por razón de su cargo

— Los incapacitados física o moralmente.

- **Obligación de decir la verdad.**

Los testigos tienen la obligación de decir la verdad. La ley prevé que el Tribunal, antes de declarar, recibirá juramento (o promesa) a los testigos mayores de catorce años apercibiéndole de que, en caso de incumplir dicha obligación, pueden incurrir en un delito de falso testimonio (artículo 706 LECR).

El Código Penal castiga dos tipos de conductas:

— El testigo que falta a la verdad en su testimonio en causa judicial. Se agrava la pena cuando se miente en contra del acusado en causa criminal y más aún cuando, a consecuencia de ese testimonio, hubiere recaído sentencia condenatoria (artículos 458.1 y 2 CP).

— El testigo que, sin faltar sustancialmente a la verdad, la altera con reticencias, inexactitudes o silenciando hechos o datos relevantes que le sean conocidos (artículo 460 CP).

- **Derecho a una indemnización.**

Los testigos tienen derecho a una indemnización, si la reclaman. El Letrado de la Administración de Justicia la fija mediante decreto, teniendo en cuenta únicamente los gastos del viaje y el importe de los jornales perdidos por el testigo con motivo de su comparecencia para declarar (artículo 722 LECR). Este gasto se incluye dentro de las costas procesales que, por ministerio de la ley, se imponen a los criminalmente responsables de todo delito o falta (artículo 241.4 LECR y 123 CP).

A tal efecto, el Ministerio de Justicia y las distintas Comunidades Autónomas con competencias transferidas en materia de Justicia han dictado instrucciones y han elaborado formularios para reclamar el pago de dichas indemnizaciones.

Así, por ejemplo, la Circular n.º 3/2002, de la Dirección General de Justicia de la Generalitat Valenciana dispone que se abonará indemnización a los testigos de causas penales propuestos de oficio por el Tribunal o a instancia del Ministerio Fiscal cuando se declare la insolvencia del condenado en costas o cuando éstas sean declaradas de oficio. Se puede reclamar los gastos de alojamiento, desplazamiento, manutención y salarios dejados de percibir. Además, cuando se trate de testigos menores de edad o incapacitados, se pueden reclamar dietas para los acompañantes.

3. DESARROLLO DE LA PRUEBA

La práctica de la prueba testifical en el juicio oral se realiza de la siguiente manera:

1º) El **Presidente del Tribunal o el Juez ordena que se llame al testigo** comenzando por los propuestos por el Ministerio Fiscal y demás partes acusadoras y, posteriormente, por los señalados por la defensa.

Los testigos deben permanecer en un local destinado al efecto, sin comunicación con los que ya hubiese declarado ni con otra persona.

2º) El Juez solicitará el **juramento o promesa al testigo mayor de catorce años**, apercibiéndole de que, en caso de faltar a dicha obligación, puede cometer un delito de falso testimonio en causa criminal.

3º) El Presidente del Tribunal o el Juez preguntará al **testigo acerca de las llamadas «preguntas generales de la ley»**.

Son las siguientes:

— Su nombre, apellidos, edad, estado y profesión.

— Si conoce o no al acusado y a las demás partes.

— Si tiene con ellos relación de parentesco, amistado o de cualquier otra clase.

— Si ha estado procesado y, en su caso, la pena que se le impuso.

— Si el testigo es miembro de las Fuerzas y Cuerpos de Seguridad del Estado en el ejercicio de sus funciones, será suficiente para su identificación el número de registro personal y la unidad administrativa a la que está adscrito.

4º) El Presidente del Tribunal o el Juez **dará la palabra a la parte que propuso el testigo para que le haga las preguntas que tenga por conveniente**.

5º) Se **concede la palabra al resto de las partes**.

6º) En su caso, el **Juez podrá dirigir alguna pregunta a los testigos** para depurar los hechos sobre los que declaren.

El testigo tiene que dar razón de su dicho, es decir, explicar en el juicio oral porqué tiene conocimiento del hecho sobre el que declara. Si es un testigo de referencia, tendrá que explicar cómo ha tenido conocimiento de la noticia, designando a la persona le hubiere comunicado el hecho.

También las partes pueden pedir que el testigo reconozca los instrumentos o efectos del delito o cualquier otra pieza de convicción.

El Presidente del Tribunal o el Juez tiene la obligación de controlar el interrogatorio y, por tal motivo, no debe permitir preguntas capciosas, sugestivas o impertinentes.

— Son capciosas las preguntas engañosas que tienden a confundir al testigo por su formulación artificiosa a fin de provocar una respuesta que daría en otro sentido si la pregunta hubiese sido formulada sin subterfugios.

— Son sugestivas las que se formulen de tal manera que inducen a dar una respuesta en determinado sentido, es decir, que sugieren la repuesta.

— Son impertinentes o inútiles cuando no guardan relación con el objeto del procedimiento.

Si el Tribunal no admite una pregunta, la parte que la formuló puede hacer constar protesta. En este caso, se deberá hacer consta también la pregunta que no se haya permitido contestar. Se trata de una cuestión formal, pero tiene especial trascendencia pues, si no se formula protesta, no se podrá interponer recurso de casación por quebrantamiento de forma (artículo 850.3 y 4 en relación con el artículo 855 LECR). Por tal motivo, se recomienda que el abogado formule protesta pues, en caso contrario, puede perder oportunidades de formular recurso contra la sentencia.

En caso de que el testigo ofrezca una versión de los hechos en el juicio oral que no sea conforme con la prestada en la fase de instrucción, el Ministerio Fiscal y las demás partes podrán pedir la lectura de ésta. Una vez leída, el Presidente del Tribunal o el Juez invitará al testigo a que explique la diferencia o contradicción entre sus declaraciones.

Cuando el testigo haya respondido, podrá abandonar la Sala de Vistas con la advertencia de que no podrá comunicarse con el resto de los testigos que faltan por declarar.

7º) Es posible que se practique un **careo de los testigos entre sí o con el acusado**.

Esta prueba puede practicarse a instancia de parte o de oficio por el Tribunal.

El careo consiste en enfrentar a aquellos sujetos que han emitido declaraciones contradictorias para que, en función del debate que surja entre ellos, pueda deducirse aquello que sea cierto de cada una de sus manifestaciones.

Su objetivo es comprobar el grado de fiabilidad de cada una de las declaraciones contradictorias. Por tanto, no pretende formar la convicción del Tribunal sobre la existencia o no del hecho, sino más bien determinar qué declaración tiene preferencia sobre la otra o determinar aquella que tiene la apariencia de ser más veraz.

Se trata de un medio de prueba que se utiliza muy poco en la práctica habitual. Tiene una naturaleza subsidiaria pues solo se utiliza cuando no fuere conocido otro modo de comprobar la existencia del delito o la culpabilidad de algunos de los acusados. En cualquier caso, no está demás que el Abogado lo tenga en cuenta por si dicha prueba fuera necesaria para defender correctamente los intereses de su cliente.

El Presidente del Tribunal o el Juez debe velar para que los testigos y/o los acusados no se crucen insultos o amenazas. Si el abogado advierte que están sucediendo hechos de este calibre y el Juez no interviene, deberá hacérselo saber y no permitir que se falte ni menosprecie a nadie de los presentes en la Sala. La obligación de guardar la compostura requiere la colaboración de todos los asistentes, incluido el público.

No podrán practicarse careos con testigos que sean menores de edad, salvo que el Juez o Tribunal lo considere imprescindible y no lesivo para el interés de dichos testigos, previo informe pericial.

4. VALOR PROBATORIO

En el proceso penal rige el principio de la libre valoración de la prueba. En este sentido, el artículo 741 LECR establece que el Tribunal dictará sentencia valorando «según su conciencia las pruebas practicadas en el juicio».

La jurisprudencia ha declarado que ello supone que la prueba se debe valorar sin sujeción a tasa, pauta o regla de ninguna clase. A fin de evitar cualquier tipo de arbitrariedad por los poderes públicos —en este caso, por los Juzgados y Tribunales—, es necesario que en la sentencia se desarrolle la argumentación que sostiene la valoración de la prueba que, en todo caso, deberá ajustarse a las reglas de la lógica, la racionalidad y la coherencia.

En consecuencia, la declaración de los testigos se valora por el Tribunal según las reglas de la sana crítica atendiendo al resto de medios de prueba que se hayan practicado en las sesiones de juicio oral.

En este apartado, sin embargo, vamos a mencionar algunas cuestiones relevantes relacionadas con la valoración de este medio de prueba:

- **Elementos para la valoración del testimonio.**

El Tribunal o el Juez podrá tener en cuenta para valorar esta prueba las características personales del testigo y las relaciones que éste mantiene con la persona sobre la que declara, así como su actitud personal durante el juicio oral. De igual manera, podrá valorar las circunstancias en las que se produjo la percepción por el testigo que afecten a la fidelidad de su testimonio. Asimismo, el juzgador puede ponderar las declaraciones del testigo con las efectuadas por otros intervinientes en las sesiones de juicio oral y, en general, con los restantes medios de prueba.

• **Declaración de la víctima como prueba de cargo.**

En determinados casos, la declaración de la víctima puede enervar la presunción de inocencia aun cuando sea la única prueba de cargo. En efecto, la víctima tiene aptitud para declarar como testigo en el proceso penal, incluso aunque actúe ejerciendo la acusación, a diferencia de lo que ocurre en el proceso civil en que ninguna parte puede actuar como testigo.

La *jurisprudencia del Tribunal Supremo* considera que para dotar de credibilidad a la declaración de la víctima y que se pueda erigir en prueba de cargo el juzgador tiene que valorar los siguientes elementos:

— Ausencia de incredibilidad subjetiva derivada de las relaciones entre el acusado y la víctima que puedan conducir a un posible móvil espurio de resentimiento, enemistad, venganza, enfrentamiento o interés que enturbie la sinceridad de su testimonio. Si en la declaración de la víctima no concurre ninguno de los móviles mencionados, se puede considerar que su testimonio está impulsado por el ánimo de decir la verdad.

— Verosimilitud del testimonio que se valora mediante la constatación de algunas corroboraciones periféricas de carácter objetivo, obrantes en el proceso, que la doten de aptitud probatoria. Así, por ejemplo, en un delito de lesiones la declaración de la víctima se puede corroborar con un parte médico en el que se afirma la existencia de las mismas, así como la fecha en la que se atendió a la víctima.

— Persistencia en la incriminación que debe ser prolongada en el tiempo, plural, sin ambigüedades ni contradicciones. Este requisito supone que la declaración de la víctima es concreta, coherente y guarda la necesaria conexión lógica con el resto de las deposiciones efectuadas en el proceso (ante la Policía y ante el Juzgado de Violencia sobre la Mujer).

— Es necesario, además, que no existan contradicciones internas entre las diversas declaraciones y que, por otro lado, exista una coherencia extrínseca con las manifestaciones efectuadas por los testigos.

- **Declaración de las víctimas de violencia de género.**

Cuando se trate de víctimas de violencia de género, el Tribunal Supremo ha detallado una serie de factores a tener en cuenta en el proceso valorativo y que son los siguientes:

— Seguridad en la declaración ante el Tribunal por el interrogatorio del Ministerio Fiscal, Letrado de la acusación particular y de la defensa.

— Concreción en el relato de los hechos ocurridos objeto de la causa.

— Claridad expositiva ante el Tribunal.

— «Lenguaje gestual» de convicción.

— Seriedad expositiva que aleja la creencia del Tribunal de un relato figurado, con fabulaciones, o poco creíble.

— Expresividad descriptiva en el relato de los hechos ocurridos.

— Ausencia de contradicciones y concordancia del *iter* relatado de los hechos.

— Ausencia de lagunas en el relato de exposición que pueda llevar a dudas de su credibilidad.

— La declaración no debe ser fragmentada.

— Debe desprenderse un relato íntegro de los hechos y no fraccionado acerca de lo que le interese declarar y ocultar lo que le beneficie acerca de lo ocurrido.

— Debe contar tanto lo que a ella y su posición beneficia como lo que le perjudica.

• **Declaraciones de testigos prestadas en instrucción**.

Por último, debemos mencionar el valor probatorio de la declaración ofrecida por el testigo en la fase de instrucción. Es posible que el testigo propuesto por las partes haya fallecido o se encuentre en paradero desconocido cuando deba declarar en el juicio oral. En este caso, la ley permite incorporar al plenario su declaración a efectos de que el Tribunal pueda valorarla cuando dicte sentencia. Sin embargo, debemos recordar que, por regla general, las únicas pruebas que vinculan a los órganos de la justicia penal son aquéllas que se practican en el juicio oral.

El fundamento de esta posibilidad se encuentra en el artículo 730 LECR al señalar que «podrán también leerse a instancia de cualquiera de las partes las diligencias practicadas en el sumario que, por causas independientes de la voluntad de aquéllas, no puedan ser reproducidas en el juicio oral».

La *doctrina del Tribunal Constitucional* exige que se cumplan los siguientes requisitos:

— La testifical no pueda realizarse en el juicio oral por motivos independientes a la voluntad de las partes.

— La testifical debe versar sobre hechos que, por su fugacidad, no pueden ser reproducidos en el día de la práctica de la prueba.

— Solo se puede solicitar la lectura de la declaración prestado por el testigo ante el Juzgado de Violencia sobre la Mujer.

— Se debe garantizar la contradicción y, por tanto, siempre que hubiera sido posible, las partes debieron intervenir en la práctica de dicha diligencia de investigación sumarial.

— Es necesario proceder a su lectura sin que baste el mero hecho de dar por reproducida la declaración.

— Se debe garantizar el debate y contradicción de las partes en el juicio oral.

5. LEGISLACIÓN

Artículos 701 a 722 de la Ley de Enjuiciamiento Criminal:

SECCIÓN SEGUNDA. Del examen de los testigos

Artículo 701. Cuando el juicio deba continuar, ya por falta de conformidad de los acusados con la acusación, ya por tratarse de delito para cuyo castigo se haya pedido pena aflictiva, se procederá del modo siguiente:

Se dará cuenta del hecho que haya motivado la formación del sumario y del día en que éste se comenzó a instruir, expresando además si el procesado está en prisión o en libertad provisional, con o sin fianza.

Se dará lectura a los escritos de calificación y a las listas de peritos y testigos que se hubiesen presentado oportunamente, haciendo relación de las pruebas propuestas y admitidas.

Acto continuo se pasará a la práctica de las diligencias de prueba y al examen de los testigos, empezando por la que hubiere ofrecido el Ministerio Fiscal, continuando con la propuesta por los demás actores, y, por último, con la de los procesados.

Las pruebas de cada parte se practicarán según el orden con que hayan sido propuestas en el escrito correspondiente. Los testigos serán examinados también por el orden con que figuren sus nombres en las listas.

El Presidente, sin embargo, podrá alterar este orden a instancia de parte, y aun de oficio, cuando así lo considere conveniente para el mayor esclarecimiento de los hechos o para el más seguro descubrimiento de la verdad.

Artículo 702. Todos los que, con arreglo a lo dispuesto en los artículos 410 a 412 inclusive, están obligados a declarar, lo harán concurriendo ante el Tribunal, sin otra excepción que las personas mencionadas en el apartado 1 del artículo 412, los cuales podrán hacerlo por escrito.

Artículo 703. Sin embargo de lo dispuesto en el artículo anterior, si las personas mencionadas en el apartado 2 del artículo 412 hubieren tenido conocimiento por razón de su cargo de los hechos de que se trate, podrán consignarlo por medio de informe escrito, de que se dará lectura inmediatamente antes de proceder al examen de los demás testigos.

No obstante lo anterior, tratándose de los supuestos previstos en los apartados 3 y 5 del artículo 412, la citación como testigos de las personas a que los mismos se refieren se hará de manera que no perturbe el adecuado ejercicio de su cargo.

Artículo 704. Los testigos que hayan de declarar en el juicio oral permanecerán, hasta que sean llamados a prestar sus declaraciones, en un local a propósito, sin comunicación con los que ya hubiesen declarado, ni con otra persona.

Artículo 705. El Presidente mandará que entren a declarar uno a uno, por el orden mencionado en el artículo 701.

Artículo 706. Hallándose presente el testigo mayor de catorce años ante el Tribunal, el Presidente le recibirá juramento en la forma establecida en el artículo 434.

Artículo 707. Todos los testigos están obligados a declarar lo que supieren sobre lo que les fuere preguntado, con excepción de las personas expresadas en los artículos 416, 417 y 418, en sus respectivos casos.

La declaración de los testigos menores de edad o con discapacidad necesitados de especial protección, se llevará a cabo, cuando resulte necesario para impedir o reducir los perjuicios que para ellos puedan derivar del desarrollo del proceso o de la práctica de la diligencia, evitando la confrontación visual de los mismos con el inculpado. Con este fin podrá ser utilizado cualquier medio técnico que haga posible la práctica de esta prueba, incluyéndose la posibilidad de que los testigos puedan ser oídos sin estar presentes en la sala mediante la utilización de tecnologías de la comunicación.

Estas medidas serán igualmente aplicables a las declaraciones de las víctimas cuando de su evaluación inicial o posterior derive la necesidad de estas medidas de protección.

Artículo 708. El Presidente preguntará al testigo acerca de las circunstancias expresadas en el primer párrafo del artículo 436, después de lo cual la parte que le haya presentado podrá hacerle las preguntas que tenga por conveniente. Las demás partes podrán dirigirle también las preguntas que consideren oportunas y fueren pertinentes en vista de sus contestaciones.

El Presidente, por sí o a excitación de cualquiera de los miembros del Tribunal, podrá dirigir a los testigos las preguntas que estime conducentes para depurar los hechos sobre los que declaren.

Artículo 709. El Presidente no permitirá que el testigo conteste a preguntas o repreguntas capciosas, sugestivas o impertinentes.

El Presidente podrá adoptar medidas para evitar que se formulen a la víctima preguntas innecesarias relativas a la vida privada que no tengan relevancia para el hecho delictivo enjuiciado, salvo que el Juez o Tribunal consideren excepcionalmente que deben ser contestadas para valorar adecuadamente los hechos o la credibilidad de la declaración de la víctima. Si esas preguntas fueran formuladas, el Presidente no permitirá que sean contestadas.

Contra la resolución que sobre este extremo adopte podrá interponerse en su día el recurso de casación, si se hiciere en el acto la correspondiente protesta.

En este caso, constará en el acta la pregunta o repregunta a que el Presidente haya prohibido contestar.

Artículo 710. Los testigos expresarán la razón de su dicho y, si fueren de referencia, precisarán el origen de la noticia, designando con su nombre y apellido, o con las señas con que fuere conocida, a la persona que se la hubiere comunicado.

Artículo 711. Los testigos sordomudos o que no conozcan el idioma español serán examinados del modo prescrito en los artículos 440, párrafo primero del 441 y 442.

Artículo 712. Podrán las partes pedir que el testigo reconozca los instrumentos o efectos del delito o cualquiera otra pieza de convicción.

Artículo 713. En los careos del testigo con los procesados o de los testigos entre sí no permitirá el Presidente que medien insultos ni amenazas, limitándose la diligencia a dirigirse los careados los cargos y hacerse las observaciones que creyeren convenientes para ponerse de acuerdo y llegar a descubrir la verdad.

No se practicarán careos con testigos que sean menores de edad salvo que el Juez o Tribunal lo considere imprescindible y no lesivo para el interés de dichos testigos, previo informe pericial.

Artículo 714. Cuando la declaración del testigo en el juicio oral no sea conforme en lo sustancial con la prestada en el sumario podrá pedirse la lectura de ésta por cualquiera de las partes.

Después de leída, el Presidente invitará al testigo a que explique la diferencia o contradicción que entre sus declaraciones se observe.

Artículo 715. Siempre que los testigos que hayan declarado en el sumario comparezcan a declarar también sobre los mismos hechos en el juicio oral, sólo habrá lugar a mandar proceder contra ellos como presuntos autores del delito de falso testimonio y cuando éste sea dado en dicho juicio.

Fuera del caso previsto en el párrafo anterior, en los demás podrá exigirse a los testigos la responsabilidad en que incurran, con arreglo a las disposiciones del Código Penal.

Artículo 716. El testigo que se niegue a declarar incurrirá en la multa de 200 a 5.000 euros, que se impondrá en el acto.

Si a pesar de esto persiste en su negativa, se procederá contra él como autor del delito de desobediencia grave a la autoridad.

Artículo 717. Las declaraciones de las autoridades y funcionarios de policía judicial tendrán el valor de declaraciones testificadas, apreciables como éstas según las reglas del criterio racional.

Artículo 718. Cuando el testigo no hubiere comparecido por imposibilidad y el Tribunal considere de importancia su declaración para el éxito del juicio, el Presidente designará a uno de los individuos del mismo para que, constituyéndose en la residencia del testigo, si la tuviere en el lugar del juicio, puedan las partes hacerle las preguntas que consideren oportunas.

El Letrado de la Administración de Justicia extenderá diligencia, haciendo constar las preguntas y repreguntas que se hayan hecho al testigo, las contestaciones de éste y los incidentes que hubieran ocurrido en el acto.

Artículo 719. Si el testigo imposibilitado de concurrir a la sesión no residiere en el punto en que la misma se celebre, el Letrado de la Administración de Justicia librará exhorto o mandamiento para que sea examinado ante el Juez correspondiente, con sujeción a las prescripciones contenidas en esta sección.

Cuando la parte o las partes prefieran que en el exhorto o mandamiento se consignen por escrito las preguntas o repreguntas, el Presidente accederá a ello si no fueren capciosas, sugestivas o impertinentes.

Artículo 720. Lo dispuesto en los artículos anteriores tendrá también aplicación al caso en que el Tribunal ordene que el testigo declare o practique cualquier reconocimiento en un lugar determinado fuera de aquél en que se celebre la audiencia.

Artículo 721. Cuando se desestime cualquiera pregunta por capciosa, sugestiva o impertinente en los casos de los tres artículos anteriores, podrá prepararse el recurso de casación del modo prescrito en el artículo 709.

Artículo 722. Los testigos que comparezcan a declarar ante el Tribunal tendrán derecho a una indemnización, si la reclamaren.

El Letrado de la Administración de Justicia la fijará el mediante decreto, teniendo en cuenta únicamente los gastos del viaje y el importe de los jornales perdidos por el testigo con motivo de su comparecencia para declarar.

6. JURISPRUDENCIA

1) STS 503/2012, Sala de lo Penal, 5 de junio. Ponente: Excmo. Sr. D. Antonio del Moral García (LA LEY 92632/2012).

No puede pretenderse la nulidad del proceso por la denegación de preguntas que no han sido impugnadas.

«El art. 709 LECr tras establecer la necesidad de denegar las preguntas o repreguntas capciosas, sugestivas o impertinentes, consagra la posibilidad de un recurso de casación contra tal decisión: "Contra la resolución que sobre este extremo se adopte podrá interponerse en su día recurso de casación, si se hiciere en el acto la correspondiente protesta". (Vid., también, arts. 721, 855, último párrafo, 874 n.° 3 y 884 n.° 5). El párrafo 3° finalmente dispone: "En este caso, constará en el acta la pregunta o repregunta a que el Presidente haya prohibido contestar".

La lectura del acta demuestra que no se produjo incidencia de ese tipo... Ni constan esas preguntas, ni consta que se efectuase protesta alguna. La STS de 26 de febrero de 1994 recuerda que las preguntas que no constan en el acta no pueden fundamentar el recurso de casación».

2) STS 470/2003, Sala de lo Penal, 2 de abril. Ponente: Excmo. Sr. D. Cándido Conde-Pumpido Tourón (LA LEY 1620/2003).

El Presidente del Tribunal o el Juez debe evitar que se formulen a los testigos preguntas sugestivas, capciosas o impertinentes.

«El motivo es temerario. Basta la lectura de la pregunta, ¿prefería verle a mojarse bajo la lluvia?, y de las afirmaciones anteriores con las que se prepara, para advertir que en ella concurren, no ya una, sino todas las causas legales de prohibición de preguntas previstas en el art. 709 de la LECrim., ya que es capciosa, sugestiva e impertinente, además de atentatoria al derecho a la dignidad y a la intimidad de la víctima de abuso sexual a la que se dirigió.

La pregunta es capciosa porque en la forma en la que está planteada resulta engañosa, tiende a confundir al testigo, y a provocarle una respuesta sobre sus razones íntimas para actuar como actuó que resulta contradictoria con su testimonio como víctima profundamente afectada por el hecho delictivo sobre el que declara.

La pregunta es sugestiva porque indica o provoca una respuesta afirmativa como única conclusión racional de las afirmaciones previas que le sirven de sustento. No se pregunta sobre determinados hechos, que se presentan como incontestables, sino que el interrogador plantea la pregunta como una consecuencia necesaria de los hechos previamente afirmados sugiriendo el asentimiento como única respuesta racional, de modo que prácticamente elimina la opción de una contestación diferente a la que se desea obtener.

Y, en fin, la pregunta es impertinente, como determinó con acierto el Presidente del Tribunal, porque no se refiere a la cuestión enjuiciada, sino a un hecho ocurrido meses después, que puede tener plurales lecturas y que por tanto no puede aportar nada para el conocimiento de la cuestión enjuiciada. Es impertinente todo lo que queda extramuros de la teleología del proceso, de lo que en él se persigue (TS S 25 Jun. 1990), y en el caso actual las razones íntimas de la víctima a la hora de decidir enfrentarse a la posibilidad de reencontrarse con su agresor varios meses después de los hechos, resultan innecesarias para la prueba del delito de abuso sexual que se juzga».

3) STS 96/2009, Sala de lo Penal, 10 de marzo. Ponente: Excmo. Sr. D. Adolfo Prego de Oliver Tolivar (LA LEY 30375/2009).

La declaración de la víctima puede enervar la presunción de inocencia a pesar de ser la única prueba de cargo.

«Según reiterada doctrina jurisprudencial constantemente repetida en innumerables sentencias, las declaraciones de la víctima o perjudicado tienen valor de prueba testifical siempre que se practiquen con las debidas garantías, y son hábiles, por sí solas, para desvirtuar la presunción constitucional de inocencia; y de manera específica en los delitos contra la libertad sexual en los que por las circunstancias en que se cometen no suele concurrir la presencia de otros testigos.

Ahora bien, la declaración de la víctima, cuando es la única prueba de cargo, exige una cuidada y prudente valoración por el Tribunal sentenciador, ponderando su credibilidad en relación con todos los factores subjetivos y objetivos que concurren en la causa. Ponderación que debe hacerse por la Sala de instancia, sin limitarse a trasladar, sin más, al hecho probado las declaraciones de la víctima, sino contrastando su contenido con los elementos probatorios concurrentes para confirmar su verosimilitud y credibilidad, obteniendo una conclusión razonable sobre la realidad de lo acontecido en ejercicio de la valoración en conciencia de la prueba practicada (art. 741 LECr). Para ello las notas necesarias que el testimonio de la víctima debe reunir para dotarla de plena credibilidad como prueba de cargo, son las siguientes:

A) Ausencia de incredibilidad subjetiva derivada de las previas relaciones acusado-víctima que pongan de relieve un posible móvil espurio, de resentimiento, venganza o enemistad, que pueda enturbiar la sinceridad del testimonio, generando un estado de incertidumbre incompatible con la formación de una convicción inculpatoria asentada sobre bases firmes. Y aunque todo denunciante tiene por regla general interés en la condena del denunciado, no por ello se elimina en forma categórica el valor de sus afirmaciones (Sentencia de 11 de mayo de 1994).

B) Verosimilitud del testimonio que ha de estar rodeado de algunas corroboraciones periféricas de carácter objetivo obrantes en el proceso; lo que supone que el propio hecho de la existencia del delito esté apoyado en algún dato añadido a la pura manifestación subjetiva de la víctima. Exigencia que habrá de ponderarse adecuadamente en delitos que no dejan huellas o vestigios materiales de su perpetración (art. 330 LECr); puesto que el hecho de que en ocasiones el dato corroborante no pueda ser contrastado no desvirtúa el testimonio si la imposibilidad de la comprobación se justifica en virtud de las circunstancias concurrentes en el hecho.

C) Persistencia en la incriminación que debe ser prolongada en el tiempo, reiteradamente expresada, y expuesta sin ambigüedades ni contradicciones. Esto significa que la declaración ha de ser: concreta y precisa narrando los hechos con las particularidades y detalles que cualquier persona en sus mismas circunstancias sería capaz de relatar; coherente y sin contradicciones, manteniendo el relato la necesaria conexión lógica entre sus distintas partes; y persistente en un sentido material y no meramente formal, es decir constante en lo sustancial de las diversas declaraciones».

4) STS 119/2019, Sala de lo Penal, 6 de marzo. Ponente: Excmo. Sr. D. Vicente Magro Servet (LA LEY 11405/2019).

En los casos de declaración de las víctimas de delitos de violencia de género se destaca la percepción de la seguridad en su declaración ante el Tribunal, la concreción en el relato de los hechos ocurridos objeto de la causa, la claridad expositiva ante el Tribunal o el «lenguaje gestual» de convicción.

«Pero recordemos que es posible que el Tribunal avale su convicción en la versión de la víctima, ya que la credibilidad y verosimilitud de su declaración se enmarca en la apreciación de una serie de factores a tener en cuenta en el proceso valorativo del Tribunal. Y así podemos citar los siguientes:

1. Seguridad en la declaración ante el Tribunal por el interrogatorio del Ministerio Fiscal, letrado/a de la acusación particular y de la defensa.

2. Concreción en el relato de los hechos ocurridos objeto de la causa.

3. Claridad expositiva ante el Tribunal.

4. "Lenguaje gestual" de convicción. Este elemento es de gran importancia y se caracteriza por la forma en que la víctima se expresa

desde el punto de vista de los "gestos" con los que se acompaña en su declaración ante el Tribunal.

5. Seriedad expositiva que aleja la creencia del Tribunal de un relato figurado, con fabulaciones, o poco creíble.

6. Expresividad descriptiva en el relato de los hechos ocurridos.

7. Ausencia de contradicciones y concordancia del iter relatado de los hechos.

8. Ausencia de lagunas en el relato de exposición que pueda llevar a dudas de su credibilidad.

9. La declaración no debe ser fragmentada.

10. Debe desprenderse un relato íntegro de los hechos y no fraccionado acerca de lo que le interese declarar y ocultar lo que le beneficie acerca de lo ocurrido.

11. Debe contar tanto lo que a ella y su posición beneficia como lo que le perjudica.

Por otro lado, ante las líneas generales anteriores a tener en cuenta sí que es cierto, también, que la víctima puede padecer una situación de temor o "revictimización" por volver a revivir lo sucedido al contarlo de nuevo al Tribunal, y tras haberlo hecho en dependencias policiales y en sede sumarial, lo que junto con los factores que citamos a continuación pueden ser tenidos en cuenta a la hora de llevar a cabo el proceso de valoración de esta declaración, como son los siguientes:

1. Dificultades que puede expresar la víctima ante el Tribunal por estar en un escenario que le recuerda los hechos de que ha sido víctima y que puede llevarle a signos o expresiones de temor ante lo sucedido que trasluce en su declaración.

2. Temor evidente al acusado por la comisión del hecho dependiendo de la gravedad de lo ocurrido.

3. Temor a la familia del acusado ante posibles represalias, aunque estas no se hayan producido u objetivado, pero que quedan en el obvio y asumible temor de las víctimas.

4. Deseo de terminar cuanto antes la declaración.

5. Deseo al olvido de los hechos.

6. Posibles presiones de su entorno o externas sobre su declaración».

5) STS 366/2016, Sala de lo Penal, 28 de abril. Ponente: Excmo. Sr. D. Juan Saavedra Ruiz (LA LEY 39221/2016).

No se puede valorar el testigo de referencia como prueba indiciaria cuando ha sido invalidado el testigo directo.

«En este caso si el testimonio directo ha sido invalidado no es posible recurrir al de referencia como prueba subsidiaria puesto que ello entrañaría un atajo inadmisible puesto que no se trata de un supuesto de imposibilidad del testimonio directo sino de nulidad del mismo por vulneración de las garantías procesales (artículo 11.1 LOPJ)».

6) STS 161/2007, Sala de lo Penal, de 27 de febrero. Ponente: Excmo. Sr. D. Miguel Colmenero Menéndez de Luarca (LA LEY 6622/2007).

Criterios para la valoración del testigo de referencia.

«*La prueba testifical de referencia constituye, desde luego, uno de los* actos de prueba que los Tribunales de la Jurisdicción Penal pueden tener en consideración en orden a fundar su condena, pues la Ley no excluye su validez y eficacia, pero no puede desplazar o sustituir totalmente a la prueba testifical directa salvo en el caso de prueba sumarial anticipada o de imposibilidad material de comparecencia del testigo presencial a la llamada al juicio oral. Producida la prueba corresponderá a la libre valoración de los Tribunales la determinación de su convicción o credibilidad, pues en el fondo su problemática no es distinta a las demás pruebas.

En el mismo sentido se ha pronunciado la jurisprudencia de esta Sala al declarar la validez de los testigos de referencia cuando se haya acreditado la imposibilidad de acudir al testimonio del testigo directo (STS de 12 de julio de 1996 y STS de 10 de febrero de 1997). Esta clase de prueba, por lo tanto, no es rechazable de plano, porque, no excluida su validez por la Ley salvo en los casos referidos, no siempre es posible obtener la prueba original y directa.

[...]

La presunción de inocencia puede resultar enervada por la declaración de testigos de referencia. El artículo 710 de la Ley de Enjuiciamiento Criminal autoriza esta clase de testimonio, si bien exigiendo al testigo que precise el origen de la noticia. Y solo queda excluido expresamente en el artículo 813 de la misma ley en las causas por injuria o calumnia vertidas de palabra. Esta posibilidad ha sido aceptada por la doctrina del Tribunal Constitucional y de esta Sala, aunque con algunas reservas derivadas de su propia naturaleza, pues el recurso al testigo de referencia imposibilita a la defensa el interrogatorio directo al testigo de cargo e impide al Tribunal la inmediación sobre la declaración de éste.

Es claro que la fiabilidad o la credibilidad del testigo directo se proyecta sobre el hecho que relata al Tribunal y que según dice ha presenciado. Esto permite tener por acreditado ese hecho, dentro de los límites de la valoración del testimonio, si el Tribunal considera suficientemente fiable la declaración del testigo dentro del conjunto de evidencias disponibles. Por el contrario, en el caso del testigo de referencia su fiabilidad se proyecta solamente sobre su afirmación respecto a haber oído de otro el relato acerca de un determinado hecho, pero nada aporta respecto a la realidad de este último, que es precisamente el que interesa a efectos del enjuiciamiento. De esta forma, el Tribunal puede tener por acreditado que el testigo de referencia dice la verdad cuando afirma que tal suceso le ha sido relatado por un tercero. Pero no puede ignorar que dicho testigo no responde con su palabra, diríamos con su fiabilidad, de la misma realidad de aquel hecho. Ni tampoco de la credibilidad de quien se lo ha relatado. Y esto dificulta la declaración como hecho probado de aquel hecho relatado al testigo que depone ante el Tribunal, cuando solo se puede operar sobre la base del testimonio de referencia, hasta el extremo de hacer siempre aconsejable, y necesario en ocasiones, algún elemento de corroboración (STS n.º 24/2003, de 17 de enero) que refuerce objetivamente la versión inculpatoria».

CAPÍTULO XIV

PRUEBA PERICIAL

1. ESQUEMA

La LECR no contiene una reglamentación detallada sobre la forma de practicar el examen de peritos en el acto del juicio oral y, por tanto, debe acudirse a las indicaciones de la jurisprudencia y a la práctica forense.

1º El Presidente del Tribunal o el Juez deberá exigirles nuevamente a los peritos que presten juramento o promesa de imparcialidad y objetividad.

Si son varios peritos los que tienen que informar sobre un mismo objeto, serán examinados juntos.

2º Se concede la palabra a la parte que propuso esta prueba para que formule preguntas.

3º Se concede la palabra al resto de partes.

Las preguntas que se formulen por el Ministerio Fiscal y las demás partes o, incluso, por el Presidente del Tribunal o Juez deben dirigirse a todos.

4º Pueden retirarse a deliberar entre ellos si fuere preciso para contestar a la pregunta.

5º Los peritos responderán a las cuestiones planteadas.

Las contestaciones han de ser únicas y responder a la opinión común de todos los peritos.

Si hay discrepancias entre los peritos, habrán de expresar la opinión mayoritaria y la disidente dejando claro cuál es una y otra, cuántos apoyan cada una y los argumentos sostenidos a favor de una y otra.

2. ANÁLISIS

La prueba pericial se puede definir como aquel medio de prueba a través del cual una persona emite una declaración de conocimiento sobre unos hechos, circunstancias o condiciones relacionados con el hecho punible y para los que es necesario poseer determinados conocimientos científicos, artísticos o prácticos.

Se trata de una prueba de auxilio judicial pues ayuda al Juez a constatar una realidad no captable directamente por los sentidos.

Su regulación se encuentra en los artículos 723 a 725 LECR bajo el epígrafe «del informe pericial».

Dicha normativa debe completarse con los artículos 456 a 485 LECR que regulan el desarrollo del informe pericial durante la fase de instrucción.

Las principales características de la prueba pericial son las siguientes:

• **Condiciones y número de peritos.**

El perito debe poseer los conocimientos científicos o artísticos que sean necesarios para conocer o apreciar alguna circunstancia durante la instrucción de la causa (artículo 456 LECR). No es necesario que ostenten una concreta titulación académica pues, a tal efecto, puede ser:

1) titulares, cuando tengan un título oficial de una ciencia o arte cuyo ejercicio esté reglamentado por la Administración; y

2) no titulares, cuando carezcan de título oficial, pero tienen conocimiento o práctica en alguna ciencia o arte (artículo 457 LECR).

El informe pericial debe ser emitido por dos peritos (artículo 459 LECR), salvo en el Procedimiento Abreviado que podrá ser emitido por solo uno de ellos cuando el Juez lo considere suficiente (artículo 778.1 LECR).

• **Juramento o promesa.**

Los peritos deben prestar juramento o promesa de proceder bien y fielmente en sus operaciones y de no proponerse otro fin más que el de descubrir y declarar la verdad (artículo 474 CP).

El incumplimiento de esta obligación puede dar lugar a responsabilidad penal. A tal efecto, el Código Penal castiga dos tipos de conductas:

— El perito que faltare a la verdad maliciosamente en su dictamen (artículo 459 CP).

— El perito que, sin faltar sustancialmente a la verdad, la altere con reticencias, inexactitudes o silenciando hechos o datos relevantes que le sean conocidos (artículo 460 CP).

Si el Juez tiene indicios de que se ha cometido cualquiera de estas falsedades, debería de oficio dar cuenta al Ministerio Fiscal para que, en su caso, proceda a investigar tales hechos. Si el Tribunal no lo hace, el abogado deberá solicitar que se deduzca testimonio contra el perito.

- **Recusación de peritos en la fase de instrucción.**

Los peritos nombrados por el Juez de Violencia sobre la Mujer pueden ser recusados por las partes cuando el reconocimiento e informe pericial no pudiera reproducirse en el juicio oral (artículo 467 LECR).

Las causas de recusación son las siguientes (artículo 468 LECR):

— El parentesco de consanguinidad o de afinidad dentro del cuarto grado con el querellante o con el acusado.
— El interés directo o indirecto en la causa o en otra semejante.
— La amistad íntima o la enemistad manifiesta.

La parte que pretenda formular la recusación del perito deberá hacerlo por escrito antes de dar comienzo a la diligencia pericial, expresando la causa y aportando la prueba documental y testifical que la justifica.

Acto seguido, el Juez de Violencia sobre la Mujer, examinando los documentos aportados y los testigos propuestos, dicta auto resolviendo lo que estime oportuno respecto de la recusación (artículo 470 LECR).

• **Recusación de peritos antes de que comiencen las sesiones de juicio oral.**

Los peritos pueden ser recusados antes de que comiencen las sesiones de juicio oral. Este incidente debe ser tramitado en el tiempo que media desde la admisión de dicha prueba hasta la apertura de las sesiones de juicio oral (723 LECR).

La tramitación de este incidente se realiza de la siguiente manera:

— Las partes deberán promover la recusación en el plazo de los tres días siguientes al de la entrega al recusante de la lista que contenga el nombre del recusado. En la práctica habitual, desde que se notifica el auto del Juez o del Tribunal por el que se acuerda la admisión de las pruebas propuestas por las partes (artículo 659 LECR para el Proceso Ordinario y artículo 785.1 LECR para el Procedimiento Abreviado).

— Se trata de un plazo preclusivo pues el perito que no sea recusado en el mismo no podrá serlo después, salvo que incurriera con posterioridad en alguna de las causas de recusación (artículo 663 LECR).

— Una vez alegada la causa, el Letrado de la Administración de Justicia da traslado del escrito por plazo de tres días a la parte que pretenda valerse del perito recusado.

— Posteriormente, se abre un período probatorio por un plazo de seis días.

— Practicada, en su caso, la prueba propuesta por las partes, el Letrado de la Administración de Justicia señala día para la vista a la que pueden asistir las partes y sus defensores.

— Finalmente, el Tribunal dicta auto resolviendo el incidente contra el que no cabe recurso alguno (artículo 662 LECR).

- **Contenido del dictamen pericial.**

El informe pericial debe contener los siguientes extremos (artículo 478 LECR):

1) la descripción de la persona o cosa que sea objeto del mismo, en el estado o modo en que se halle.

2) la relación detallada de todas las operaciones practicadas por los peritos y de su resultado.

3) las conclusiones que en vista de tales datos formulan los peritos, conforme a los principios y reglas de su ciencia o arte.

En la práctica forense, además, también se incluye en el encabezamiento un breve currículo académico y profesional del perito a fin de valorar la experiencia que tiene en la cuestión objeto del dictamen.

- **Derecho a los honorarios.**

Los peritos tienen derecho a los honorarios que se deriven de la emisión del informe pericial y, en su caso, de los gastos que le haya supuesto la asistencia del juicio oral (artículo 465 LECR). Se trata de un concepto que se incluye dentro de las costas procesales que, por ministerio de la ley, se imponen a los criminalmente responsables de todo delito o falta (artículo 241.3 LECR y 123 CP).

3. DESARROLLO DE LA PRUEBA

A diferencia de la declaración de los testigos, la LECR no ha previsto una reglamentación detallada sobre la forma de practicar el examen de los peritos en el acto del juicio oral.

Si atendemos a la jurisprudencia y a la práctica forense podemos afirmar que el modo de desarrollar esta prueba en el juicio oral será el siguiente:

1º El Presidente del Tribunal o el Juez deberá exigirles nuevamente a los peritos que presten juramento o promesa de imparcialidad y objetividad.

Cuando aportaron sus informes periciales ya debieron hacer constar en los mismos el juramento o promesa. Sin embargo, es necesario que ese juramento o promesa se reitere en la sala delante del Tribunal quien deberá efectuar los apercibimientos de los delitos previstos en los artículos 459 y 460 CP.

Si son varios peritos los que tienen que informar sobre un mismo objeto, serán examinados juntos.

2º Se concede la palabra a la parte que propuesto dicha prueba.

Es probable que dicha parte —ya sea el Fiscal, cualquiera de las partes acusadoras o la defensa no tenga preguntas para los peritos pues con la sola lectura del informe le sea suficiente para emitir sus conclusiones y realizar su solicitud.

3º Se concede la palabra al resto de las partes.

Las preguntas que se formulen por el Ministerio Fiscal y las demás partes o, incluso, por el Presidente del Tribunal o Juez deben dirigirse a todos los peritos.

4º Pueden retirarse a deliberar entre ellos si fuere preciso para contestar a la pregunta.

En ese caso, cualquiera de los peritos deberá dirigirse al Juez y comunicarle la necesidad de deliberación y fundamentar brevemente el motivo de esa petición. El Juez deberá valorar esta solicitud y, en caso de acceder a la misma, les concederá un tiempo prudencial para consensuar la respuesta y ofrecerla posteriormente en la sala de vistas.

5º Los peritos responderán a las cuestiones planteadas.

Las contestaciones han de ser únicas y responder a la opinión común de todos los peritos.

Si hay discrepancias entre los peritos, habrán de expresar la opinión mayoritaria y la disidente dejando claro cuál es una y otra, cuántos apoyan cada una y los argumentos sostenidos a favor de una y otra.

4. VALOR PROBATORIO

En el proceso penal rige el principio de la libre valoración de la prueba. En este sentido, el artículo 741 LECR establece que el Tribunal dictará sentencia valorando «según su conciencia las pruebas practicadas en el juicio».

La jurisprudencia ha declarado que ello supone que la prueba se debe valorar sin sujeción a tasa, pauta o regla de ninguna clase. A fin de evitar cualquier tipo de arbitrariedad por los poderes públicos —en este caso, por los Juzgados y Tribunales—, es necesario que en la sentencia se desarrolle la argumentación que sostiene la valoración de la prueba que, en todo caso, deberá ajustarse a las reglas de la lógica, la racionalidad y la coherencia.

En consecuencia, la prueba pericial se valora por el Tribunal según las reglas de la sana crítica atendiendo al resto de medios de prueba que se hayan practicado en las sesiones de juicio oral.

5. LEGISLACIÓN

Artículos 723 a 725 de la Ley de Enjuiciamiento Criminal:

SECCIÓN TERCERA. Del informe pericial

Artículo 723. Los peritos podrán ser recusados por las causas y en la forma prescritas en los artículos 468, 469 y 470.

La sustanciación de los incidentes de recusación tendrá lugar precisamente en el tiempo que media desde la admisión de las pruebas propuestas por las partes hasta la apertura de las sesiones.

Artículo 724. Los peritos que no hayan sido recusados serán examinados juntos cuando deban declarar sobre unos mismos hechos y contestarán a las preguntas y repreguntas que las partes les dirijan.

Artículo 725. Si para contestarlas considerasen necesaria la práctica de cualquier reconocimiento harán este acto continuo, en el local de la misma audiencia si fuere posible.

En otro caso se suspenderá la sesión por el tiempo necesario, a no ser que puedan continuar practicándose otras diligencias de prueba entre tanto que los peritos verifican el reconocimiento.

6. JURISPRUDENCIA

1) STS 700/2016, Sala de lo Penal, 9 de septiembre. Ponente: Excmo. Sr. D. Manuel Marchena Gómez (LA LEY 112858/2016).

No resulta admisible la prueba pericial cuyo contenido sea resolver cuestiones estrictamente jurídicas.

«En efecto, cuando de lo que se trata es de determinar si lo pactado en el año 2010 implicó o no una mejora retributiva respecto de los contratos de 4 de enero de 1999 y de 13 de enero de 2005, lo que se pide del órgano jurisdiccional es su valoración acerca de un fenómeno estrictamente jurídico, que no es otro que la novación contractual. El Tribunal a quo incurre en el extendido error de valerse de peritajes jurídicos para resolver aquello que tenía que haber resuelto por sí solo. El análisis comparativo de dos o tres modelos contractuales que se suceden en el tiempo no es nada distinto a un análisis estrictamente jurídico. No debería exigir el apoyo de peritos. La prueba pericial —cfr. art. 456 LECrim. — resulta procedente cuando para conocer o apreciar algún hecho o circunstancia importante en el proceso, fueran necesarios o convenientes conocimientos científicos o artísticos. Y, desde luego, el contraste entre los distintos negocios jurídicos otorgados por los recurrentes debería ser apreciado por quien ha de interpretar si aquéllos implicaron o no una mejora sustancial, pactada ante la incertidumbre que ofrecía el inmediato futuro».

2) STS 96/2018, Sala de lo Penal, 27 de febrero. Ponente: Excmo. Sr. D. Andrés Palomo del Arco (LA LEY 6957/2018).

Los informes periciales sobre credibilidad de los menores en ningún caso pueden determinar si las declaraciones por ellos emitidas se ajustan a la realidad.

«Tiene establecido la jurisprudencia de esta Sala que los dictámenes periciales psicológicos sobre credibilidad de los menores, como reconoce el Tribunal "a quo", pueden pronunciarse sobre el estado físico y psicológico del menor antes y después de suceder los hechos, pueden incluso contrastar sus declaraciones con los datos empíricos elaborados por la ciencia y expresar si existen o no elementos que permitan dudar de su fiabilidad, pero en ningún caso pueden determinar si las declaraciones se ajustan a la realidad, tarea que incumbe exclusivamente al órgano de enjuiciamiento; pero, a sensu contrario, sí pueden ser valorados por el mismo Tribunal para reforzar aquella convicción condenatoria deducida de otras pruebas (SSTS 10/2012, de 18 de enero; 381/2014, de 23 de mayo; 517/2016, de 14 de junio; 789/2016, de 20 de enero; y 468/2017, de 22 de junio)».

3) STS 492/2016, Sala de lo Penal, 8 de junio. Ponente: Excmo. Sr. D. Andrés Palomo del Arco.

Los informes periciales pueden ser valorados como prueba si ninguna de las partes propuso su ratificación para el acto del juicio por estimarse que hubo aceptación tácita.

«Criterio avalado por el Tribunal Constitucional (SSTC 127/90, de 5 de julio o 24/1991, de 11 de febrero) al declarar la validez como elemento probatorio de los informes practicados en la fase previa al juicio, basados en conocimientos especializados y que aparezcan documentados en las actuaciones que permitan su valoración y contradicción, sin que sea necesaria la presencia de sus emisores; y ha sido seguido en multitud de sentencias de esta Sala que, indica que si nadie propusiera su ratificación para el acto del juicio, por estimarse que hubo una aceptación tácita, ha de reconocerse aptitud a esas diligencias periciales para ser valoradas como verdaderas pruebas, máxime si han sido realizadas por un órgano de carácter público u oficial.

Sin que, por otra parte, la impugnación de la pericial practicada, que conllevaría la necesidad de su práctica en la vista, baste su mera formalidad, debiendo concretarse los motivos de impugnación, pues la indefensión que tiene transcendencia es la que responde a un contenido materia».

4) STS 113/2019, Sala de lo Penal, 5 de febrero. Ponente: Excma. Sra. D.ª Carmen Lamela Díaz (LA LEY 15685/2019).

El informe pericial realizado por un solo perito en un Sumario ordinario no es nulo, sino que puede ser valorado con las debidas cautelas.

«En todo caso, reiterada doctrina de esta Sala señala, con carácter general, que la práctica de la pericia en el sumario por un solo perito, cuando el artículo 459 de la Ley de Enjuiciamiento Criminal exige dos, no es causa de nulidad, y ello porque la exigencia de dos peritos solo constituye un refuerzo garantista que no impide valorar con las cautelas precisas el informe hecho por uno solo (sentencias 935/2006,

2 de octubre, 151/2007, de 28 de febrero, 364/2007, de 25 de abril, 704/2009, de 29 de junio etc.).

En el mismo sentido señala la sentencia número 807/2008, de 25 de noviembre, que, no obstante, el tenor del artículo 459 de la ley Criminal, la duplicidad de informantes no es esencial y en todo caso el requisito debe estimarse cumplido si el informe concernido está emitido por un equipo y un centro oficial. La propia Ley de Enjuiciamiento Criminal permite el informe por un solo perito en el artículo 788.2 y por el principio de unidad del ordenamiento jurídico y de estándar de garantías entre los distintos procesos, no puede aceptarse que es posible este actuar en el procedimiento abreviado sea contrario a derecho en el sumario».

5) STS 397/2011, Sala de lo Penal, 24 de mayo. Ponente: Excmo. Sr. D. Juan Ramón Berdugo Gómez de la Torre (LA LEY 62839/2011).

El informe pericial puede valorarse como prueba a pesar de que el perito no comparezca en juicio cuando, aportado durante la fase de instrucción, ha sido aceptado tácitamente por las partes.

«Este criterio ha sido avalado por el Tribunal Constitucional (SS. 127/90, 24/91 al declarar la validez como elemento probatorio de los informes practicados en la fase previa al juicio, basados en conocimientos especializados y que aparezcan documentados en las actuaciones que permitan su valoración y contradicción, sin que sea necesaria la presencia de sus emisores, y ha sido seguido en multitud de sentencias de esta Sala que, al abordar el mismo problema suscitado ahora, ha dejado dicho que si bien la prueba pericial y cuasipericial en principio, como es norma general en toda clase de prueba, ha de ser practicada en el juicio oral, quedando así sometida a las garantías propias de la oralidad, publicidad, contradicción e inmediación que rigen tal acto, puede ocurrir que, practicada en trámite de instrucción, nadie propusiera al respecto prueba alguna para el acto del juicio, en cuyo caso, por estimarse que hubo una aceptación tácita, ha de reconocerse aptitud a esas diligencias periciales o "cuasi periciales" para ser valoradas como verdaderas pruebas, máxime si han sido realizadas por un órgano de carácter público u oficial».

6) SAP Cáceres 467/2013, Sección 2ª, 14 de octubre. Ponente: Ilmo. Sr. D. Pedro Vicente Cano-Maíllo Rey (LA LEY 156883/2013).

La prueba pericial debe valorarse en conciencia por el Tribunal sentenciador y, por tanto, si existen varios dictámenes sobre un mismo objeto, puede decantarse por las conclusiones de uno u otro siempre que lo justifique en la sentencia.

«... no se trata de ningún error en la apreciación de la prueba, sino de que la Juzgadora ha explicado el por qué se decanta por esos informes y por qué no acoge el presentado por la acusada, que es lo que la normativa exige, sin orillar que los otros peritos matizaron hasta el detalle el porqué de sus conclusiones, ya se ha explicado, lo que nos lleva a entender que la acusada ha sido la persona que ha escrito el anónimo recibido por Everardo, y que por ello es la autora responsable de un ilícito por el que debe de ser condenada (ya se verá en que cualidad)...».

7) SAP Burgos 40/2010, Sección 1ª, 8 de febrero. Ponente: Ilma. Sra. D.ª. María Teresa Muñoz Quintana (LA LEY 21625/2010).

La prueba pericial se valora por el Juez según las reglas de la sana crítica y sin estar sometido necesariamente a las conclusiones del dictamen.

«Los Jueces y Tribunales apreciarán la prueba pericial según las reglas de la sana crítica sin estar obligados a sujetarse al dictamen de los peritos. Desde el punto de vista doctrinal, algunos autores llaman la atención sobre la aparente contradicción que supone el principio de libre valoración de la prueba respecto de la pericia, cuyo objeto es, precisamente, facilitar al Tribunal unos conocimientos científicos o unas máximas de experiencia de los que habitualmente carecer por ser ajenos al ámbito propiamente jurídico. Sería lógico pensar, desde esta perspectiva, en una vinculación del Juez al valorar estos informes, sin embargo, tal vinculación difícilmente será posible cuando existan dictámenes contradictorios; solo cuando concurren informes coincidentes entre sí el Juzgador quedaría de facto vinculado por su contenido, salvo que razonadamente exprese los motivos por los que se aparta de las conclusiones técnicas, posibilitando así la vía de un hipotético recurso. Por el contrario, cuando el resultado de las periciales sea entre sí contradictorias o colisionen con el arrojado por otras pruebas, puede el Tribunal, haciendo uso de la facultad de libre apreciación, otorgar mayor o menor credibilidad de forma razonada a cualquiera de ellos.

Y la jurisprudencia de nuestro alto Tribunal —en todos los órdenes jurisdiccionales— se encarga de manifestar que ante dictámenes médicos contradictorios el Juez es soberano para acoger el que le merezca más crédito por la autoridad o prestigio de quien lo suscriba, sin estar sujeto a una concreta pericia, pudiendo optar por la que, a su juicio, ofrezca mayores garantías de objetividad, imparcialidad e identificación con los hechos. Que los informes puedan no ser coincidentes "trae como consecuencia, si es que ya no lo fuera como fruto de su misión colaboradora, que los Tribunales no queden sometidos al dictamen o dictámenes periciales, sino, que los contemplan, de acuerdo con las reglas de la sana crítica a que alude el art. 632 de dicha Ley, y así escogen lo útil que en ellos exista, dando incluso preferencia a unos sobre otros, o abandonándolos por resultar aconsejada esta actitud bajo el influjo de otros medios de prueba».

TERCERA PARTE

ACTUACIONES EN SALA CIVIL

CAPÍTULO XV

COMPETENCIA CIVIL DE LOS JUZGADOS DE VIOLENCIA SOBRE LA MUJER

1. INTRODUCCIÓN

Los Juzgados de Violencia sobre la Mujer conocen en determinados supuestos de determinados procesos civiles relacionados con el Derecho de Familia.

La finalidad de esta atribución competencial es efectuar un tratamiento unitario en el mismo órgano judicial de las cuestiones penales y civiles derivadas de un acto de violencia de género.

El objetivo de este Capítulo comprende tres cuestiones:

— Conocer qué procesos civiles puede tramitar el Juzgado de Violencia sobre la Mujer.
— Saber cuáles son los requisitos que deben cumplirse para que el Juzgado asuma tales procedimientos.
— Conocer en qué supuestos un Juzgado de Familia o un Juzgado de Primera Instancia pierde competencia para tra-

mitar un proceso civil cuando tiene constancia de un presunto delito de violencia de género.

2. COMPETENCIA OBJETIVA

La competencia objetiva de los Juzgados de Violencia sobre la Mujer se extiende, de forma exclusiva y excluyente, a los siguientes tipos de procedimientos:

- **Procesos de filiación, maternidad y paternidad**.

Estos procesos, que se regulan en los artículos 764 a 768 LEC, tienen por objeto, bien la determinación legal de la filiación, bien la impugnación de la que se encuentre determinada legalmente.

El Código Civil establece una prolija regulación de las acciones de reclamación (artículos 131 a 134 CC) y de las acciones de impugnación (artículos 136 a 141 CC).

El Ministerio Fiscal siempre es parte en estos procesos (artículo 749.1 LEC).

La normativa establece algunas especialidades relevantes en esta materia, entre ellas, la necesidad de aportar un principio de prueba para que se admita a trámite la demanda (artículo 767.1 LEC); la posibilidad de practicar cualquier tipo de pruebas para investigar la paternidad o maternidad (artículo 767.2 LEC y artículo 39.2 CE); o la posibilidad de acordar medidas cautelares durante la tramitación del proceso (artículo 768 LEC).

- **Procesos de nulidad, separación y divorcio**.

Estos procesos se regulan en los artículos 769 a 777 LEC.

El Código Civil establece una regulación detallada de las causas de nulidad (artículos 73 a 80 CC), así como de la separación (artículos 81 a 84 CC) y divorcio (artículos 85 a 89 CC).

El Ministerio Fiscal siempre es parte en los procesos de nulidad. En cambio, en los procesos de separación o divorcio solo interviene cuando alguno de los interesados en el procedimiento sea menor, incapacitado o esté en situación de ausencia legal (artículo 749.2 LEC).

Dada la importancia de estos procesos en el ámbito de la violencia de género, serán objeto de estudio pormenorizado en el Módulo Civil de este Manual.

- **Procesos que versen sobre relaciones paterno-filiales**.

Dentro de este apartado, pueden incluirse un elenco variado de procesos como los juicios verbales de reclamación de alimentos (artículos 142 a 153 CC) o los relativos a la privación de la patria potestad (artículo 170 CC).

- **Procesos que tengan por objeto la adopción o modificación de medidas de trascendencia familiar**.

El artículo 87 ter, apartado 1, letra d, LOPJ no especifica qué tipo de procedimientos se podrían incluir dentro del concepto "medidas de trascendencia familiar".

La doctrina considera que esta denominación extiende considerablemente la competencia de los Juzgados de Violencia sobre la Mujer a los siguientes procesos:

— Proceso para la disolución de la sociedad de gananciales a instancia de uno de los cónyuges (artículo 1393 CC).
— Juicio verbal para la fijación de un régimen de visitas a favor de los abuelos (artículo 160 CC).

— Proceso para el reconocimiento de la eficacia de una sentencia matrimonial extranjera (Reglamento 2201/2003, relativo a la competencia, el reconocimiento y la ejecución de resoluciones judiciales en materia matrimonial y de responsabilidad parental; y artículos 42 y siguientes de la Ley de 30 de julio, de cooperación jurídica internacional en materia civil).

— Procedimiento para la restitución o retorno de menores en los supuestos de sustracción internacional (artículos 778 quáter a 778 sexies LEC).

— Expediente de jurisdicción voluntaria sobre autorización o aprobación judicial del reconocimiento de la filiación no matrimonial (artículos 23 a 26 LJV).

— Expediente de jurisdicción voluntaria de habilitación para comparecer en juicio y nombramiento de defensor judicial (artículos 27 a 32 LJV).

— Expediente de adopción (artículo 33 a 42 LJV).

— Expedientes de jurisdicción voluntaria en materia de tutela, curatela y guarda de hecho (artículos 43 a 52 LJV).

— Expedientes para la concesión judicial de la emancipación y del beneficio de la mayaría de edad (artículos 53 a 55 LJV).

— Expediente de jurisdicción voluntaria para la autorización o aprobación judicial de la realización de actos de disposición, gravamen u otros que se refieran a los bienes y derechos de menores y personas con capacidad judicialmente modificada (artículo 61 a 66 LJV).

— Expedientes en caso intervención en relación con la patria potestad (artículos 85 a 89 LJV).

— Expediente de intervención judicial en los casos de desacuerdo conyugal y en la administración de bienes gananciales (artículo 90 LJV).

• **Procesos que versen exclusivamente sobre la guarda y custodia de los hijos menores de edad.**

Este apartado del artículo 87 ter, apartado 1, LOPJ estaría haciendo referencia a aquellos procedimientos en los que la pareja no está casada y tienen hijos menores o incapacitados. En este caso, se aplican por analogía los procedimientos matrimoniales contenciosos (artículo 770 LEC) o de mutuo acuerdo (artículo 777 LEC).

• **Procesos sobre alimentos reclamados por un progenitor contra el otro en nombre de los hijos menores de edad.**

Estos procesos también se podrían incluir dentro de los que versan sobre relaciones paterno-filiales lo que, supone, una reiteración innecesaria del artículo 87 ter LOPJ.

• **Procesos sobre la necesidad de asentimiento en la adopción.**

Este proceso, que se regula en el artículo 781 LEC, tiene por objeto recabar el asentimiento de las personas que deben prestarlo en caso de una adopción (artículo 177.2 CC).

Los progenitores que pretenden que se reconozca la necesidad de su asentimiento para la adopción puede comparecer ante el Tribunal que esté conociendo de la adopción y así manifestarlo.

El Letrado de la Administración de Justicia suspende el curso de dicho expediente y emplaza por 15 días a los progenitores para que presenten la demanda.

Si no la presentan, el Letrado de la Administración de Justicia dicta Decreto y alza la suspensión del expediente de adopción que continuará por sus trámites.

En caso contrario, el Letrado de la Administración de Justicia abre una pieza separada para tramitar este procedimiento y cita ante el Tribunal a las personas reseñadas en el artículo 177 CC para que presenten el asentimiento.

El procedimiento finaliza por medio de Auto que será susceptible de recurso de apelación con efectos suspensivos.

- **Procesos que tengan por objeto la oposición a resoluciones administrativas en materia de protección de menores.**

Este procedimiento, que se regula en los artículos 779 y 780 LEC, se inicia mediante la presentación de un escrito inicial en el que el actor sucintamente exprese la pretensión y la resolución administrativa a la que se opone.

En estos procesos siempre es parte el Ministerio Fiscal dado que afectan a menores de edad (artículo 749.2 LEC).

Acto seguido, el Letrado de la Administración de Justicia reclama a la entidad administrativa correspondiente testimonio completo del expediente que deberá remitirse en el plazo de 20 días.

Una vez recibido el expediente, el Letrado de la Administración de Justicia emplaza al actor para que presente demanda en el plazo de 20 días.

Posteriormente, el proceso continúa su tramitación como si un juicio verbal (artículo 753 LEC) con las especialidades propias de estos procesos especiales como, por ejemplo, la posibilidad de acordar prueba de oficio (artículo 752 LEC).

3. REQUISITOS PARA LA ATRIBUCIÓN DE COMPETENCIA CIVIL

Para que el Juzgado de Violencia sobre la Mujer tenga competencia objetiva para la tramitación de los asuntos antes analizados deben cumplirse simultáneamente **cuatro requisitos** (artículo 87 ter, apartado 3, LOPJ):

— Que se trate de un proceso civil que tenga por objeto alguna de las materias indicadas analizadas anteriormente.
— Que alguna de las partes del proceso civil sea víctima de los actos de violencia de género.
— Que alguna de las partes del proceso civil sea investigado como autor, inductor o cooperador necesario en la realización de actos de violencia de género.
— Que se hayan iniciado ante el Juez de Violencia sobre la Mujer actuaciones penales por delito o falta a consecuencia de un acto de violencia sobre la mujer, o se haya adoptado una orden de protección a una víctima de violencia de género.

En caso de que no concurran los citados requisitos, el procedimiento civil deberá tramitarse ante el Juzgado de Primera Instancia o, en caso de especialización, ante el Juzgado de Familia (artículo 98 LOPJ).

El artículo 87 ter LOPJ, sin embargo, no establece un límite temporal máximo para la asunción de competencia por el Juzgado de Violencia sobre la Mujer. Por tanto, se pueden plantear dudas de hasta qué punto dichos órganos judiciales deben tramitar los citados procedimientos civiles.

En este sentido, la jurisprudencia considera que la **pérdida de la «*vis atractiva*» a favor de los Juzgados de Violencia sobre la Mujer** se producirá en los siguientes supuestos:

— Cuando se acuerde el sobreseimiento del proceso penal, ya sea de forma libre (artículo 637 LECR), ya provisional (artículo 641 LECR).

— Cuando se haya dictado sentencia absolutoria del encausado.

— Cuando se haya extinguido la responsabilidad penal por cualquiera de las causas del artículo 130 CP (cumplimiento de la pena, remisión definitiva, indulto, prescripción, etc.).

Esta situación se produciría si, por ejemplo, el condenado ha cumplido la totalidad de las penas impuestas y se ha acordado por el órgano judicial competente el archivo de la ejecutoria.

Si el proceso civil no se ha iniciado, las partes deberán formular demanda ante el Juzgado de Primera Instancia o, en su caso, Juzgado de Familia que correspondan según las normas de atribución de competencia en cada uno de dichos procedimientos.

Por el contrario, si el proceso civil se ha iniciado, en principio, el Juzgado de Violencia sobre la Mujer perdería su competencia y debería inhibirse al Juzgado civil competente. Sin embargo, en la práctica y a fin de evitar dilaciones, el Juzgado de Violencia sobre la Mujer sigue conociendo de dicho asunto siempre que no se hubiera citado a las partes para la celebración de juicio o comparecencia.

4. PÉRDIDA DE COMPETENCIA DE LOS JUZGADOS DE FAMILIA O DE PRIMERA INSTANCIA EN LOS CASOS DE VIOLENCIA DE GÉNERO

El artículo 49 bis LEC establece una regulación detallada de tres supuestos en los que el Juzgado de Primera Instancia o, en su caso, el Juzgado de Familia pierden competencia para tramitar un determinado proceso civil por aplicación de la «*vis atractiva*» a favor del Juzgado de Violencia sobre la Mujer.

A tal efecto, la normativa distingue tres supuestos:

- **Iniciado un proceso penal o adoptado una orden de protección por un delito de violencia de género.**

Se trataría del supuesto en el que un Juzgado de Primera Instancia o, en su caso, un Juzgado de Familia está conociendo de un determinado proceso civil (separación, divorcio, medidas paterno-filiales, etc.).

En el curso de dicho procedimiento, el Juez tiene conocimiento de que se ha producido un acto de violencia de género que ha dado lugar a la incoación de un proceso penal o a la adopción de una orden de protección.

En este caso, tras verificar los cuatro requisitos anteriormente analizados, el Tribunal civil dicta Auto y se inhibir a favor del Juzgado de Violencia sobre la Mujer competente sin necesidad de dar traslado para alegaciones al Ministerio Fiscal y demás partes personadas.

La única excepción es que el Tribunal civil haya iniciado la «fase de juicio oral». Ante las diferentes interpretaciones sobre este concepto, el Tribunal Supremo clarificó que debía entenderse referida al juicio civil (Acuerdo del Pleno No Jurisdiccional de la Sala de lo Civil del Tribunal Supremo de 16 de diciembre de 2008).

Por tanto, si el Tribunal civil puede inhibirse al Juzgado de Violencia sobre la Mujer hasta el momento procesal de celebración de la vista de medidas provisionalísimas (artículo 771 LEC), medidas coetáneas a la demanda (artículo 773 LEC) o vista del procedimiento principal (artículo 774 LEC).

• **No se ha iniciado ningún procedimiento penal o adoptado una orden de protección.**

En este caso, el Tribunal civil tiene conocimiento de la comisión de un acto de violencia de género, debe citar a las partes a una comparecencia con el Ministerio Fiscal que se celebrará en las siguientes 24 horas a fin de que éste tome conocimiento de cuantos datos sean relevantes sobre los hechos acaecidos.

Tras ella, el Fiscal, de manera inmediata, habrá de decidir si procede, en las 24 horas siguientes, a denunciar los actos de violencia de género o a solicitar orden de protección ante el Juzgado de Violencia sobre la Mujer.

Si se interpone denuncia o se solicita la orden de protección, el Fiscal tiene que entregar copia de la denuncia o solicitud en el Juzgado de Primera Instancia, el cual continuará conociendo del asunto hasta que sea requerido de inhibición por el Juez de Violencia sobre la Mujer.

En este caso, el Tribunal civil tampoco confiere traslado al Ministerio Fiscal y a las partes personadas para que formulen alegaciones antes de dictar el Auto de inhibición a favor del Juzgado de Violencia sobre la Mujer.

• **Juzgado de Violencia sobre la Mujer está tramitando un proceso penal y tiene conocimiento de la existencia de un procedimiento civil de las materias anteriormente analizadas.**

En este caso, el Juzgado de Violencia sobre la Mujer debe dictar un Auto y requerir de inhibición al Tribunal civil. Para justificar este requerimiento, deberá acompañar testimonio de los particulares que acrediten la existencia del proceso penal (Auto de incoación, Auto de admisión de la querella o Auto adoptando orden de protección).

Una vez recibido el requerimiento, el Tribunal civil debe acordar de inmediato su inhibición y remitir los autos al Juzgado de Violencia sobre la Mujer.

5. LEGISLACIÓN

Artículo 87 ter de la Ley Orgánica 6/1985, de 1 de julio, del Poder Judicial.

Artículo 49 bis de la Ley de Enjuiciamiento Civil.

6. JURISPRUDENCIA

1) Acuerdo del Pleno no Jurisdiccional de la Sala de lo Civil del Tribunal Supremo de 16 de diciembre de 2008.

La expresión «juicio oral» contenida en el artículo 443 LEC se refiere a la vista del artículo 443 LEC.

> «El conflicto planteado en relación con la pérdida de la competencia del Juez civil a favor del Juzgado de Violencia sobre la Mujer, en aplicación del art. 49 bis LEC, en relación con el art. 87 ter LOPJ, tras la reforma operada por la Ley Orgánica de Medidas de Protección integral contra la Violencia de Género, se resuelve interpretando que la limitación temporal para la inhibición del Juez civil a favor del Juzgado de Violencia sobre la Mujer, cuando se haya iniciado la fase de juicio oral, debe entenderse referida al juicio civil, esto es, la vista del art. 443 LEC».

2) ATS, Sala de lo Civil, 14 de junio de 2017. Ponente: Excmo. Sr. D. Francisco Javier Arroyo Fiestas (LA LEY 86316/2017).

El Juzgado de Violencia sobre la Mujer carece de competencia objetiva para conocer de un proceso de modificación de medidas si la causa penal se encuentra sobreseída.

«Esta sala debe declarar que de acuerdo con el art. 87 ter de la LOPJ no corresponde, en el caso analizado, la competencia al juzgado de violencia sobre la mujer, aun cuando en su día dictase las medidas definitivas que se pretenden modificar, pues para ello sería necesario, además: "Que alguna de las partes del proceso civil sea imputado como autor, inductor o cooperador necesario en la realización de actos de violencia de género". En el caso de autos, el procedimiento estaba sobreseído antes de la interposición de la demanda de modificación de medidas, por lo que ya no concurría imputado alguno, y siendo este uno de los requisitos para atribuir la competencia exclusiva y excluyente a los juzgados de violencia contra la mujer, debemos concluir que no era el competente cuando se interpuso la demanda de modificación de medidas. No procede extender la competencia del juzgado de violencia contra la mujer para la modificación de medidas a los casos en los que se haya sobreseído provisional o libremente, o archivado el proceso antes de la interposición de la demanda, por el simple hecho de que dictara en su día las medidas definitivas (art. 775 LEC), dado que el legislador solo consideró necesario atribuirle competencia exclusiva y excluyente en tanto concurrieran simultáneamente las circunstancias que establece el art. 87 ter de la LOPJ. En este caso, como hemos dicho, no concurría imputado ni causa penal abierta, dado que se habían sobreseído las diligencias, razón por la cual el juzgado de violencia contra la mujer carecía de competencia para conocer de la demanda de modificación de medidas».

3) ATS, Sala de lo Civil, 27 de marzo de 2012. Ponente: Excmo. Sr. D. José Antonio Seijas Quintana (LA LEY 39665/2012).

El Juzgado de Violencia sobre la Mujer carece de competencia para tramitar un proceso civil cuando se haya acordado la extinción de la responsabilidad penal por prescripción.

«En el caso de autos, el Juez de Primera Instancia n.º 1 de Requena conoció de la existencia de un procedimiento penal incoado por delito de violencia de género, que no se encontraba ya en trámite ante el Juzgado de Primera Instancia e Instrucción n.º 1 de Motilla del Palancar (Juzgado de Violencia sobre la Mujer), pues el Juzgado de lo Penal n.º 1 de Cuenca el 13 de julio de 2010, había dictado Auto declarando la prescripción del presunto delito, y con esto la extinción de la responsabilidad penal del imputado, y en consecuencia no procede la aplicación de lo previsto en el art. 49 bis 1 de la LEC 2000, pues lo contrario iría contra el espíritu y finalidad de este precepto, al encontrarse ya archivado el proceso penal, antes incluso de la fecha de presentación de la demanda de modificación de medidas, presentada ente el Juzgado de Requena, por lo que no es procedente la inhibición acordada por el referido Juzgado n.º 1 de Requena a favor del Juzgado de Primera Instancia e Instrucción n.º 1 de Motilla del Palancar (Juzgado de Violencia sobre la Mujer), conforme dictamina el Ministerio Fiscal».

4) SAP Murcia 84/2007, Sección 1ª, 28 de mayo. Ponente: Ilmo. Sr. Álvaro Castaño Penalva (LA LEY 144007/2007).

Los Juzgados de Familia o, en su caso, los Juzgados de Primera Instancia son los competentes para ejecutar todas las resoluciones civiles dictadas, aun cuando en el transcurso de la ejecución se cometa un acto de violencia de género.

«*A la misma consecuencia se llegó en el II Encuentro Institucional de* Jueces y Magistrados de Familia, Fiscales y Secretarios Judiciales, con Abogados, celebrado en Madrid, también organizado por el Consejo del Poder Judicial, los días 23, 24 y 25 de noviembre de 2.005, donde como conclusión 11.6 se establece:

"11.6. Por lo que se refiere a la ejecución de las sentencias y autos dictados por los Juzgados de Familia y de Primera Instancia, en todo caso serán estos competentes para ejecutar todas las resoluciones civiles dictadas en los procedimientos tramitados ante dichos juzgados. En consecuencia, los JVM, carecen de competencia para conocer de las ejecuciones de autos y sentencias dictadas por los juzgados referidos, aun cuando en el transcurso de la ejecución pueda cometerse algún acto de violencia contra la mujer".

En el mismo sentido se pronunciaba la Circular de la Fiscalía General del Estado 4/2005, de 18 de julio, que en su apartado VI, B, 3, estableciendo:

"3. En cuanto a la fase del proceso civil es preciso que no haya iniciado la fase del juicio oral. En el Proyecto de Ley se introdujo una limitación, no prevista inicialmente en el Anteproyecto y que se ha mantenido en la redacción final, por la que el deber de inhibición del Juez Civil se supedita a que el procedimiento civil no haya iniciado la fase del juicio oral, acogiendo las sugerencias recogidas en los informes consultivos previos, ya que los principios de oralidad, concentración e inmediación que lo rigen, tras la LEC 1/2000, imponen que sea el mismo Juez que está conociendo del juicio el que dicte sentencia y quien, por tanto, sea el funcionalmente competente para la ejecución. Por la misma razón los procedimientos civiles que se encuentren en ejecución en el momento de entrada en vigor de la Ley continuarán siendo competencia de los órganos que vinieran conociendo de los mismos (D.T. 1ª)".

Por lo tanto, partiendo de que el procedimiento civil en el que se ha dictado la sentencia cuya ejecución se pretende ya está concluido, queda claro que ya se ha superado la fase propia del juicio oral, supuesto en que la existencia de un procedimiento penal posterior no le afecta, debiendo aplicarse como norma preferente la del art. 545. 1 de la Ley de Enjuiciamiento Civil».

CAPÍTULO XVI

MEDIDAS PROVISIONALES

1. INTRODUCCIÓN

Dado que la violencia de género suscita manifestaciones que tienen repercusión penal (comisión de un delito) como en el ámbito civil (divorcio, régimen de visitas, alimentos, pensión compensatoria, etc.), se consideró adecuado atribuir a estos órganos judiciales competencias en el Orden Civil para efectuar un tratamiento integral de la cuestión a fin de garantizar la protección de la víctima.

El objetivo de este Capítulo es analizar el procedimiento para la adopción de medidas previas a la demanda (también llamadas «provisionalísimas») y las medidas coetáneas a la demanda.

2. MEDIDAS PREVIAS A LA DEMANDA

En muchas ocasiones, tras la comisión de un delito de violencia de género, la mujer o al agresor toman la decisión de divorciarse o separarse de su pareja.

Antes de interponer la demanda de divorcio o de medidas paterno-filiales (en caso de que la pareja no esté casada), se puede solicitar la adopción de medidas previas que, en la práctica forense, se denominan «provisionalísimas».

El procedimiento para adoptar estas medidas «provisionalísimas» se contempla en el artículo 771 LEC y se ajusta a las siguientes reglas:

- **Solicitud inicial.**

Para formular esta solicitud de medidas «provisionalísimas» no será precisa la intervención de procurador y abogado. En cambio, sí será necesaria dicha intervención para todo escrito y actuación posterior.

Las medidas que se pueden solicitar son las siguientes:

— *Régimen de guarda y custodia de los hijos menores de edad.*

En este punto, debe tenerse en cuenta que, en supuestos de violencia de género, está prohibida la custodia compartida en tanto el agresor está incurso en un proceso penal iniciado por atentar contra la vida, la integridad física, la libertad, la integridad moral o la libertad e indemnidad sexual del otro cónyuge o de los hijos que convivan con ambos (artículo 92.7 CP).

Por tanto, solo podrá acordarse un sistema de guarda unilateral de los hijos a favor de la madre salvo que el proceso penal por violencia de género se archive o se dicte sentencia absolutoria.

También se podrá acordar, en su caso, que los hijos menores sean encomendados a los abuelos, parientes u otras personas que así lo consintieren y, de no haberlos, a una institución idónea, confiriéndoseles las funciones tutelares que ejercerán bajo la autoridad del Juez.

— *Régimen de visitas a favor del progenitor no custodio.*

Para la fijación de este régimen, deberá tenerse en cuenta si existe una orden de protección que deba ser respetada por el investigado. En tal caso, las entregas y recogidas del menor de edad se deberán realizar a través de una tercera persona o, en su caso, de un Punto de Encuentro Familia.

— *Medidas para evitar la sustracción de los menores.*

Dentro de estas medidas se podría solicitar la prohibición de salida del territorio nacional, salvo autorización judicial previa; prohibición de expedición del pasaporte al menor o retirada del mismo si ya se hubiere expedido; y sometimiento a autorización judicial previa de cualquier cambio de domicilio del menor.

— *Uso y disfrute de la vivienda y ajuar familiar.*

— *Pensión de alimentos a favor de los hijos comunes.*

Para la fijación de la cuantía de la pensión, deberá tenerse en cuenta los medios de quien los da y las necesidades de los menores (artículo 146 CC).

— *Medidas en relación con los bienes gananciales o comunes.*

La solicitud podrá comprende los bienes gananciales o comunes que se hayan de entregar a uno u otro cónyuge y las reglas que deban observar en la administración y disposición, así como en la obligatoria rendición de cuentas sobre los bienes comunes o parte de ellos que reciban y los que adquieran en lo sucesivo.

— *Medidas en relación con el régimen de administración y disposición de aquellos bienes privativos.*

Debe tratarse de bienes que, por capitulaciones o escritura pública, estuvieran especialmente afectados a las cargas del matrimonio.

• **Citación a una comparecencia.**

Una vez recibida la solicitud, el Letrado de la Administración de Justicia cita a una comparecencia a los cónyuges, a los hijos menores o incapacitados y al Ministerio Fiscal en el plazo de los 10 días siguientes.

Los cónyuges deben acudir a la vista señalada. Si no vienen y no alegan justa causa, se pueden tener por admitidos hechos alegados por el otro cónyuge o pareja respecto de la fijación de medidas patrimoniales.

Si el caso presenta urgencia, el Letrado de la Administración de Justicia da cuenta al Tribunal para que, antes de la vista, acuerde lo que estime oportuno sobre la custodia de los hijos menores, el uso de la vivienda y el ajuar familiar. Contra este auto no cabe recurso alguno.

Las dos partes deben acudir a la vista asistidas por Abogado y representadas por Procurador.

• **Celebración de la comparecencia.**

En la comparecencia ante el Tribunal, se intenta que las partes alcancen un acuerdo.

A partir de entonces, hay dos opciones:

— *Que alcancen un acuerdo.*

En este caso, el Tribunal dicta auto por el que homologa dicho acuerdo.

— *Que no alcancen un acuerdo.*

En tal caso, se debe celebrar una vista siguiendo los trámites del juicio verbal:

1º) Se escuchan las alegaciones de las partes y del Ministerio Fiscal.

En este sentido, el letrado de la parte demandada contestará oralmente a la solicitud formulada por la parte actora debiendo indicar los motivos de disconformidad y, en su caso, las medidas que consideraría más ajustadas para la protección de los intereses de su patrocinado.

2º) Las partes y el Ministerio Fiscal propondrán las pruebas de las que intenten valerse (interrogatorio de partes, testigos, peritos, etc.)

3º) El Juez admite o deniega de forma oral las pruebas propuestas por las partes.

Si las partes no están de acuerdo, pueden formular oralmente recurso de reposición y, si éste fuera desestimado, protesta (artículo 446 LEC).

La normativa permite en estos tipos de procesos especiales que el Juez puede acordar prueba de oficio que estime pertinente para salvaguardar el interés de los menores (ejemplo: consulta a la Seguridad Social para saber si los cónyuges trabajan).

4º) Se practica la prueba que puede consistir en interrogatorio de los progenitores (ver página xx), testigos (ver página xx), peritos (ver página xx), etc.). Si alguna prueba no se puede practicar en la comparecencia, la normativa permite que se practique en los 10 días siguientes.

5º) Acto seguido, el Juez concede la palabra al abogado de la parte actora para que formule conclusiones.

6º) El abogado de la parte demandada expone sus conclusiones.

7º) El Ministerio Fiscal emite sus conclusiones sobre las medidas que consideran más idóneas para proteger el interés superior de los menores de edad.

- **Auto.**

El Juzgado debe dictar Auto en el plazo de 3 días.

Contra este Auto no cabe recurso alguno.

Debe indicarse que las medidas «provisionalísimas» tienen una vigencia limitada de 30 días. En dicho plazo, la parte actora, deberá presentar la demanda de nulidad, separación o divorcio.

Por tanto, en función del comportamiento procesal de la parte actora, existen dos posibilidades:

— *Que la demanda no se presente en el plazo indicado.*

En tal caso, las medidas civiles quedarán automáticamente sin eficacia.

— *Que la demanda se presente en el plazo indicado.*

En este supuesto, se debe unir el procedimiento seguido para la adopción de las medidas provisionales al proceso principal de separación/divorcio (en caso de matrimonio) o de medidas paterno-filiales (si la pareja no está casada).

El auto de admisión de la demanda ratifica las medidas «provisionalísimas» adoptadas. No obstante, cuando el Tribunal considere que debe completarse o modificarse acordará convocar a las partes a una comparecencia que se desarrollará en la forma indicada anteriormente.

Contra el Auto que se dicte en tal caso no cabrá recurso alguno.

3. MEDIDAS DERIVADAS DE LA DEMANDA

Cuando se presenta la demanda de separación o divorcio, los cónyuges o los progenitores (si no están casados) pueden solicitar que, mientras se tramita el proceso principal, se adopten unas medidas provisionales relacionadas con el régimen de guarda y custodia, visitas y comunicación, pensión de alimentos, pago de gastos extraordinarios, etc.

El supuesto más habitual es que estas medidas provisionales se solicitan por la parte actora en el escrito de demanda por medio de un otrosí.

No obstante, el demandado también puede solicitar al Tribunal la adopción de medidas provisionales en el escrito de contestación a la demanda. Esta posibilidad está limitada al supuesto de que las medidas no se hayan adoptado con anterioridad o la parte actora no las haya solicitado junto con la demanda (artículo 773.4 LEC).

Existe una tercera posibilidad: que las partes soliciten al Tribunal que apruebe las medidas provisionales que hayan alcanzado de mutuo acuerdo (artículo 771.1 LEC). Se trata de un supuesto muy poco habitual en la práctica forense dado que, si los cónyuges o pareja están de acuerdo con las medidas que deben regir tras la ruptura de la relación sentimental, lo normal es que promuevan un procedimiento principal de separación o divorcio de mutuo acuerdo (artículo 777 LEC). En cualquier caso, el acuerdo alcanzado entre los progenitores no será vinculante para las pretensiones respectivas de las partes ni para la decisión que pueda adoptar el Tribunal cuando dicte sentencia y establezca las medidas definitivas.

El **procedimiento para adoptar las medidas provisionales coetáneas a la demanda o contestación** es el mismo que el analizado anteriormente (artículo 773.3 LEC).

1º) El Letrado de la Administración de Justicia debe citar a los cónyuges y, en su caso, al Ministerio Fiscal en el plazo de los 10 días siguientes.

2º) Las dos partes deben acudir a la vista asistidas por Abogado y representadas por Procurador.

3º) Si las partes alcanzan un acuerdo, el Tribunal, previo informe del Ministerio Fiscal, procederá a homologarlo por Auto.

4º) Si las partes no alcanzan un acuerdo, se escuchan las alegaciones de las partes, se practican las pruebas que se consideren pertinentes y útiles y, finalmente, se da la palabra a los abogados para que formulen conclusiones.

5º) Tras ello, el Tribunal debe resolver por medio de Auto en el plazo de 3 días.

Contra el Auto que adopte las medidas provisionales **no cabe la interposición de recurso alguno** (artículo 773.3 LEC).

Estas medidas mantienen su vigencia cuando sean sustituidas por las que establezca definitivamente la sentencia o cuando se ponga fin al procedimiento de otro modo (artículo 773.5 LEC).

Por tanto, a diferencia de las medidas «provisionalísimas» que tienen una vigencia temporal de 30 días, estas medidas provisionales permanecen en vigor hasta que dicte sentencia en el procedimiento principal.

4. LEGISLACIÓN

Artículos 91 a 103 del Código Civil.

Artículo 771 a 773 de la Ley de Enjuiciamiento Civil.

5. JURISPRUDENCIA

1) AAP Sevilla 169/2004, Sección 8ª, 17 de octubre. Ponente: Ilmo. Sr. José María Fragoso Bravo (LA LEY 224135/2004).

Distinción entre las medidas provisionalísimas, coetáneas y definitivas.

> «A) En primer término, se pueden solicitar y acordar medidas provisionales previas a la interposición de la demanda de separación, nulidad o divorcio (procedimiento regulado en el art. 771 de la LEC).
>
> Dichas medidas se acordarán mediante auto que será firme y ejecutivo desde el mismo momento que se dicte. Su vigencia temporal dependerá si se presenta la demanda o no:
>
> a) Si no se presenta la demanda principal de separación, nulidad o divorcio, su vigencia y eficacia se limitará a 30 días (. 5 del art. 771 de la LEC), pero en esos treinta días surtirá todos sus efectos, siendo ejecutivo dentro de esos 30 días.
>
> b) Si se presenta la demanda principal, pueden pasar dos cosas:
>
> 1) Si se confirma dicho auto como medida provisional tendrá eficacia durante todo el procedimiento de primera instancia hasta dictar la sentencia en primera instancia o se ponga termino al procedimiento de otra manera, en la cual será necesario establecer las

medidas reguladoras de los efectos de la separación, nulidad o divorcio, que pueden ser las mismas de dicho auto o variar, pero que en todo caso sustituyen a las acordadas en dicho auto, desplegando su entera eficacia la sentencia en cuanto a las medidas, ya sea firme la sentencia o ya este recurrida en apelación. Así que dicho auto tendrá una vigencia temporal hasta que se dicte la sentencia de primera instancia o se termine el procedimiento de algún otro modo (. 5 del art. 773 de la LEC).

2) Si el Juez de la primera instancia hace uso de la prerrogativa establecida en el 2 del art. 772 de la LEC, el auto dictado como medidas previas, se sustituirá por un auto de medidas provisionales, por lo que a partir del nuevo auto carecerá de vigencia y eficacia el primero, pero sólo a partir del nuevo auto, que no tendrá eficacia retroactiva.

B) En segundo lugar, en caso de no haberse solicitado medidas previas, se podrán solicitar junto con la demanda principal de separación, nulidad y divorcio, medidas provisionales, las cuales se acordarán por auto firme (procedimiento regulado en el art. 773 de la LEC). Este auto será ejecutivo desde luego y tendrá eficacia ejecutiva hasta que se dicte la sentencia principal en primera instancia, que necesariamente deberá contener las medidas reguladoras de los efectos de la separación nulidad o divorcio, que podrán ser o no las mismas acordadas en el auto de medidas provisionales, pero en todo caso, estas medidas acordadas en sentencia sustituyen, desde la fecha de la sentencia, a las acordadas en el auto de medidas provisionales (. 5 del art. 773 de la LEC).

C) Por último, nos encontramos con las medidas reguladoras de los efectos de la separación, nulidad y divorcio acordadas en sentencia dictada en primera instancia, las cuales, como hemos dicho, sustituyen, desde que se dicta la sentencia, a las acordadas provisionalmente ya sea como previas a la demanda y ratificadas a la presentación o como provisionales propiamente dichas, siendo eficaces y ejecutivas desde el momento mismo que se dicte la sentencia de primera instancia con independencia de que se recurra o no dicha sentencia en apelación (. 5 del art. 774 de la LEC). Si no se recurre en apelación, las medidas seguirán surtiendo su eficacia indefinidamente, y si se recurre en apelación surtirá efecto hasta que se dicte la sentencia en el recurso de apelación, que en su caso modificaran o no las acordadas con efectos ejecutivos solo a partir de que se dicte por la Audiencia respectiva».

2) AAP Girona 144/2008, Sección 2ª, 15 de julio. Ponente: Ilmo. Sr. José Isidro Rey Huidobro (LA LEY 144278/2008).

La LEC no contempla un incidente de modificación de las medidas provisionales previas a la demanda.

«La LEC 1/2000 no contempla un procedimiento de modificación de las medidas provisionales, salvo en el supuesto de modificación de medidas provisionales previas a la demanda al admitirse esta y dejando su iniciativa en manos del tribunal ["solo cuando el tribunal considera que procede complementar o modificar las medidas previamente acordados (...)" art. 772.2 LEC] (...) Por lo tanto, no hay motivo alguno que avale la admisión a trámite de un incidente de modificación de medidas provisionales que el órgano "a quo" basa en el art. 772.2 LEC, relativo a la modificación de las medidas provisionales previas a la demanda, aludiendo a la facultad que al tribunal confiere dicho precepto, porque aunque la jurisprudencia del Tribunal Constitucional ha patrocinado un criterio más flexible al interpretar las normas procesales...ese criterio de flexibilidad no puede llegar al extremo de habilitar un procedimiento no previsto por la ley porque el derecho al proceso lo es a utilizar los expresamente previstos en ella y no a crear uno inexistente defraudando las expectativas de la norma que no ha contemplado la posibilidad de recurso contra el auto que las acuerda, ni tampoco el incidente de modificación de dichas medidas provisionales».

3) AAP Sevilla, Sección 5ª, 18 de abril de 2005. Ponente: Ilmo. Sr. Fernando Sanz Talayero (LA LEY 1725/2005).

Las medidas provisionales de los procedimientos de familia son diferentes a las medidas adoptadas al amparo del artículo 158 CC.

«De lo anterior se colige que las disposiciones que el Juez adopta de oficio al amparo del artículo 158 del Código Civil, son de naturaleza totalmente distinta a las medidas provisionales que se pueden adoptar en los procesos de separación, nulidad o divorcio, porque mientras éstas han de ser pedidas por las partes, aquellas pueden decretarse de oficio, mientras aquellas están limitadas a las previstas en los artículos 102 y 103 del Código Civil, estas son mucho más amplias, el Juez puede adoptar todas las que considere "convenientes" o "apropiadas" o "necesarias" u "oportunas", sin limitación, para cumplir las finalidades que en el artículo 158 del Código Civil se indican, finalidades que tienen como fundamento situaciones de desamparo del menor por incumplimiento del deber de alimentos por ambos padres, no solo por uno de ellos, en cuyo caso el otro puede pedir medidas provisionales para obligarle a contribuir junto con el progenitor solicitante al mantenimiento del menor, el cual no está desasistido; o situaciones de perturbación por cambio de titular de la potestad de guarda; o situaciones de riesgo de sustracción de los hijos por alguno de las progenitores o por terceras personas; o situaciones de peligro para los menores.

(...), en definitiva, el hecho de tener que aplicarse para su adopción las normas de la jurisdicción voluntaria, determina necesariamente la posibilidad de interponer contra las medidas previstas en el artículo 158 del Código Civil recurso de apelación, a tenor de lo que establecen los artículos 1819 y siguientes de la Ley de Enjuiciamiento Civil de 1881 y el penúltimo párrafo de la Disposición adicional primera de la Ley Orgánica 1/1996 de 15 de enero».

4) AAP Bizkaia 566/2005, Sección 4ª, 14 de julio. Ponente: Ilma. Sra. María de los Reyes Castresana García (LA LEY 157397/2005).

Los acuerdos adoptados en medidas provisionales sobre la pensión de alimentos no vinculan la decisión que pueda adoptar el Tribunal respecto de las medidas definitivas.

«Señalar que la fijación y cuantía de pensión de alimentos del art. 93 del Código Civil es materia de derecho imperativo, no sujeta al principio dispositivo de las partes litigantes, y, que, de conformidad con el art. 773 de la LECrim., los acuerdos adoptados en las medidas provisionales no serán vinculantes para las pretensiones respectivas de las partes ni para la decisión que pueda adoptar el tribunal en lo que respecta a las medidas definitivas».

5) AAP Girona 117/2007, Sección 2ª, 6 de julio. Ponente: Ilmo. Sr. Alberto Guilaña Foix (LA LEY 136593/2007).

El procedimiento de medidas provisionales no puede aplicarse en los casos de ruptura de una pareja no casada que carece de descendencia común.

«Por ello, en los supuestos de parejas no casadas, y no existiendo hijos menores, devienen inaplicables los referidos trámites procesales, al no existir deberes recíprocos de socorro, fidelidad y convivencia legalmente impuestos, sino asumidos libremente y sin cobertura jurídica. De ello dimana la posible ruptura convivencial por la libre voluntad de cualquiera de los integrantes de la pareja, sin las consecuencias sancionadoras previstas en caso de un matrimonio, por lo que, en tal ámbito, no se llega, ni puede llegarse, a una plena equiparación, respecto de quienes, por una decisión libre y perfectamente legítima, han decidido no asumir los derechos y deberes inherentes al estado civil matrimonial. Pero ese, no es el caso de autos, en que sí existe descendencia común y en que lo que se solicita por esa vía es precisamente la adopción de medidas urgentes tendentes a resolver sobre la guarda y custodia de los hijos menores y sobre sus alimentos, sin olvidar que dentro del amplio ámbito de alimentos, hay que incluir la vivienda por la alusión que el artículo 142 del Código Civil efectúa a "habitación"».

CAPÍTULO XVII

PROCEDIMIENTO CONTENCIOSO DE NULIDAD, SEPARACIÓN O DIVORCIO

1. INTRODUCCIÓN

Cuando los cónyuges o progenitores no alcanzan un acuerdo sobre las medidas que deben regir tras la ruptura de la relación sentimental, debe tramitarse un proceso contencioso de nulidad, separación o divorcio o para la adopción de medidas paterno-filiales.

Este proceso debe tramitarse ante el Juzgado de Violencia sobre la Mujer cuando se cumplen los requisitos establecidos en el artículo 87, ter, apartado 3, LOPJ y que hemos explicado en el Capítulo XV.

El procedimiento contencioso se contempla en el artículo 770 LEC y se aplica a los siguientes supuestos:

• **Procesos de nulidad matrimonial.**

Las causas de nulidad civil se encuentran en el artículo 73 CC y son las siguientes:

— El matrimonio celebrado sin consentimiento matrimonial.
— El matrimonio celebrado entre las personas a que se refieren los artículos 46 y 47 CC, salvo los casos de dispensa conforme al artículo 48 CC.
— El que se contraiga sin la intervención del Juez de Paz, Alcalde o Concejal, Letrado de la Administración de Justicia, Notario o funcionario ante quien deba celebrarse, o sin la de los testigos.
— El celebrado por error en la identidad de la persona del otro contrayente o en aquellas cualidades personales que, por su entidad, hubieren sido determinantes de la prestación del consentimiento.
— El contraído por coacción o miedo grave.

La legitimación para instar este procedimiento corresponde a los cónyuges, al Ministerio Fiscal y a cualquier persona que tenga interés directo y legítimo en ella (artículo 74 CC).

No obstante, existen algunas reglas especiales:

— Si la causa de nulidad fuere que uno de los contrayentes no hubiera alcanzado la edad necesaria, mientras el contrayente sea menor sólo podrá ejercitar la acción cualquiera de sus padres, tutores o guardadores y, en todo caso, el Ministerio Fiscal. Al llegar a la mayoría de edad sólo podrá ejercitar la acción el contrayente menor, salvo que los cónyuges hubieren vivido juntos durante un año después de alcanzada aquélla (artículo 75 CC).

— Si la causa de nulidad fuese el *error, coacción o miedo grave* solamente podrá ejercitar la acción de nulidad el cónyuge que hubiera sufrido el vicio. Sin embargo, esta acción caduca y se convalida el matrimonio si los cónyuges hubieran vivido juntos durante un año después de desvanecido el error o de haber cesado la fuerza o la causa del miedo (artículo 76 CC).

- **Procesos contenciosos de separación matrimonial**.

La separación produce la suspensión de la vida en común de los casados y cesa la posibilidad de vincular bienes del otro cónyuge en el ejercicio de la potestad doméstica (artículo 83 CC). También produce otra serie de efectos jurídicos como, por ejemplo, la interrupción de la presunción de paternidad (artículo 116 CC); la pérdida de derechos hereditarios (artículos 834 y 945 CC); o la disolución de la sociedad de gananciales (artículo 1392.3 y 1393.3 CC).

La normativa vigente permite solicitar la separación judicial cuando han transcurrido 3 meses desde la celebración del matrimonio. Sin embargo, no será necesario esperar el transcurso de dicho plazo cuando se acredite la existencia de un riesgo para la vida, la integridad física, la libertad, la integridad moral o libertad e indemnidad sexual del cónyuge demandante o de los hijos de ambos o de cualquiera de los miembros del matrimonio.

Si la separación se solicita por uno solo de los cónyuges (es decir, es contenciosa), la demanda deberá especificar las medidas que hayan de regular los efectos derivados de la separación.

- **Procesos contenciosos de divorcio**.

El divorcio constituye una de las causas de disolución del vínculo matrimonial (artículo 85 CC).

Los cónyuges pueden solicitar el divorcio en los mismos plazos y supuestos que los previstos en la separación judicial (artículo 81 y 86 CC).

En el proceso de divorcio, también se permite la reconciliación de los cónyuges. No obstante, deberá ser expresa cuando se produzca después de interpuesta la demanda. La reconciliación posterior al divorcio no produce efectos legales, si bien los divorciados podrán contraer entre sí nuevo matrimonio (artículo 88 CC).

- **Procesos contenciosos para la adopción de medidas paterno-filiales de parejas no casadas.**

Este procedimiento se aplica también en caso de que pareja no se encuentra casada y tengan hijos menores no emancipados o con la capacidad judicialmente modificada que dependan de sus progenitores y no alcancen un acuerdo sobre el contenido de las medidas tras la ruptura de la relación sentimental. (artículo 769.3 LEC).

2. PROCEDIMIENTO

El procedimiento contencioso de nulidad, separación o divorcio o para la adopción de medidas paterno-filiales si la pareja no está casada se encuentra regulado en el artículo 770 LEC.

La tramitación debe ajustarse a las disposiciones del Juicio Verbal (artículos 437 a 447 LEC) con las especialidades establecidas en los procesos de familia (artículos 748 a 755 LEC) y, específicamente, en los procedimientos contenciosos (artículo 770 LEC).

Aunque las partes hayan iniciado un proceso contencioso, en cualquier momento pueden solicitar que se transforme a mutuo acuerdo cuando presenten un convenio regulador (artículo 770 5ª y 777 LEC) o que se suspenda el curso de las actuaciones por 60 días porque desean someterse a mediación con la finalidad de alcanzar un acuerdo (artículo 19.4 y artículo 770 7ª LEC).

El procedimiento consta de las siguientes fases:

- **Demanda.**

El proceso comienza con la presentación de demanda que deberá redactarse en la forma establecida para el juicio ordinario (artículo 399 LEC).

Aparte de los datos de identificación del demandante, del demandado y sus respectivos domicilios, la demanda debe contener tres elementos claramente diferenciados.

— Los hechos que fundamentan la demanda y los documentos en los que se basan dichas alegaciones.

— Los fundamentos de derecho que comprenden, no solo los relativos al fondo del asunto, sino también los relativos a la capacidad, representación, jurisdicción, competencia y clase de juicio.

— El suplico de la demanda, deberá expresar la concreta tutela judicial que se pretende del Tribunal y que, en este tipo de procedimientos, versará sobre la guardia y custodia de los hijos menores de edad, régimen de visitas, pensión de alimentos, gastos extraordinarios, pensión compensatoria y, en su caso, medidas relativas a la división de los bienes comunes.

Una de las particulares de este procedimiento radica en que, junto con las pretensiones de nulidad, separación o divorcio, en la demanda se puede ejercitar también la acción de división de la cosa común respecto de los bienes que tengan en comunidad ordinaria indivisa. Si hubiere diversos bienes en régimen de comunidad ordinaria indivisa y uno de los cónyuges lo solicitare, el tribunal puede considerarlos en conjunto a los efectos de formar lotes o adjudicarlos (artículo 437.4. 4º LEC).

Aparte de los documentos procesales (artículo 264 LEC), la demanda deberá acompañar los siguientes documentos:

— Certificación del Registro Civil de la inscripción del matrimonio.
— Certificación del Registro Civil de la inscripción de nacimiento de los hijos.
— Documentos que fundamenten las pretensiones ejercitadas en la demanda.
— Documentos que permitan evaluar la situación económica de los cónyuges y, en su caso, de los hijos como declaraciones tributarias, nóminas, certificaciones bancarias, títulos de propiedad o certificaciones registrales.

- **Admisión o inadmisión de la demanda.**

El Letrado de la Administración de Justicia debe examinar la demanda para comprobar que se cumple los requisitos tanto formales (presentación por Lexnet, formato de los documentos, copias para las partes, etc.) como materiales (competencia, jurisdicción, etc.).

Existen dos posibilidades:

— *Que la demanda cumpla todos los requisitos.*

En este caso, el Letrado de la Administración de Justicia dictará Decreto de admisión de la demanda y emplazará al demandado para que la conteste en el plazo de 10 días (artículo 438.1 LEC).

— *Que la demanda no cumpla todos los requisitos.*

En este caso, el Letrado de la Administración de Justicia debe dar cuenta al Tribunal para que éste resuelva sobre la admisión.

Esta dación de cuenta podría venir motivada, bien porque se aprecia falta de jurisdicción o de competencia del Tribunal, bien porque la demanda adolece de defectos formales y no se han subsanado en el plazo concedido por el Letrado de la Administración de Justicia (artículo 404.2 LEC).

A continuación, el Tribunal debe dictar Auto y resolver sobre la admisión de la demanda.

Contra el Auto que acuerde la admisión cabe recurso de reposición (artículo 451.2 LEC).

Contra el Auto que acuerde la inadmisión cabe recurso de apelación (artículo 455.1 LEC).

- **Comportamientos procesales del demandado.**

El demandado, una vez emplazado, puede desarrollar cualquiera de los siguientes comportamientos procesales.

— *Contestación a la demanda.*

Este acto procesal debe ajustarse a las normas establecidas para el juicio ordinario (artículo 405 LEC).

El demandado deberá admitir o negar los hechos aducidos por el actor en la demanda. Aunque en principio la parte demandada podría alegar la concurrencia de excepciones procesales, en la práctica forense no resulta frecuente dada la naturaleza de estos procesos.

— *Formular reconvención.*

Es posible que el demandado, aparte de contestar a la demanda, formule reconvención contra el actor, es decir, ejercite determinadas pretensiones contra la parte demandante.

Esta reconvención deberá también ajustarse a las normas del juicio ordinario (artículo 406 LEC) y solo se admite por un conjunto tasado de causas que son las siguientes (artículo 770 2ª LEC):

- Cuando se funde en alguna de las causas que puedan dar lugar a la nulidad del matrimonio.
- Cuando el cónyuge demandado de separación o de nulidad pretenda el divorcio.
- Cuando el cónyuge demandado de nulidad pretenda la separación.
- Cuando el cónyuge demandado pretenda la adopción de medidas definitivas, que no hubieran sido solicitadas en la demanda, y sobre las que el tribunal no deba pronunciarse de oficio. El caso más frecuente en la práctica sería cuando el cónyuge demandado solicita a través de la reconvención una pensión compensatoria (artículo 97 CC) o una compensación por el trabajo para el hogar en el régimen de separación de bienes (artículo 1438 CC).

En el caso de que el Tribunal admita la reconvención, se da traslado de la misma a la parte actora para que la conteste en el plazo de 10 días en la forma establecida para la contestación de la demanda (artículo 405 y 407.2 LEC).

— *No comparecer en el proceso.*

En este caso, el Letrado de la Administración de Justicia declarará a la parte demandada en situación de rebeldía procesal (artículo 496.1 LEC).

La resolución que declara la rebeldía procesal debe ser notificada al demandado por correo si su domicilio fuere conocido. En caso contrario, se notificará por medio de edictos. Hecha esta notificación, no se llevará a cabo ninguna otra, excepto la de la resolución que ponga fin al proceso.

- **Citación a vista.**

El Letrado de la Administración de Justicia citará a las partes y al Ministerio Fiscal a la celebración de vista.

En la citación a las partes deberán hacer constar las siguientes advertencias:

— En caso de las *partes no concurran sin causa justificada,* se podrá considerar admitidos los hechos alegados por la parte que comparezca para fundamentar sus peticiones sobre medidas definitivas de carácter patrimonial.

Esta regla solo se aplica a cuestiones patrimoniales (por ejemplo, los ingresos de las partes, propiedades, gastos, etc.), pero no a las restantes cuestiones que se discuten en el procedimiento (por ejemplo, las relacionadas con el régimen de visitas o la custodia de los menores de edad).

— Si *no comparece el demandante,* se le tiene por desistido de la demanda, se le imponen las costas procesales y se le condena a indemnizar al demandado comparecido, si éste lo solicita y acreditar daños y perjuicios.

Para que pueda acordarse el desistimiento, será necesaria la conformidad del Ministerio Fiscal (artículo 751.2 LEC).

No obstante, si el demandado que ha comparecido interesa la continuación de la vista o el Ministerio Fiscal no está conforme con el desistimiento, el Tribunal acordará la continuación de la vista para dictar sentencia sobre el fondo del asunto.

— Si *no comparece el demandado*, el Tribunal ordena la celebración de la vista.

— Las partes deben acudir con los *medios de prueba* de los intenten valerse.

— En el plazo de los 5 días siguientes a la recepción de la citación, las *partes podrán solicitar al Letrado de la Administración de Justicia que cite a aquellas personas* que, por no poderlas presentar ellos mismos, deben declarar en el proceso como parte, testigos o peritos. También pueden pedir respuestas escritas a cargo de las personas jurídicas o entidades públicas (artículo 381 LEC).

• **Celebración de vista.**

Acto seguido, se procede a la celebración de vista ante el Tribunal. Dada la trascendencia de las cuestiones tratadas en estos procesos que afectan a la vida íntima de los litigantes, el Tribunal puede acordar mediante providencia, de oficio o a instancia de parte, que la vista se celebre a puerta cerrada (artículo 754 LEC).

1º) El Tribunal debe comprobar si subsiste controversia entre las partes.

En ocasiones, desde que se acuerda la citación hasta que se celebra la vista transcurre bastante tiempo lo que permite a las partes, junto con los abogados, desarrollar una negociación para intentar alcanzar un acuerdo. En la práctica forense, estos acuerdos, a veces, se logran instantes antes de entrar en Sala. En este caso, los letrados de las partes deberán exponer al Tribunal los términos del acuerdo alcanzado y, previo informe del Ministerio

Fiscal, se recogerá en sentencia siempre que no sea contrario al orden público y comprenda la totalidad de las cuestiones que deben resolverse en este tipo de procedimientos.

2º) Si no existe acuerdo entre los progenitores, el Tribunal acuerda la celebración de la vista.

3º) Se dará la palabra al letrado de la parte actora.

4º) Se dará la palabra al letrado de la parte demandada y, finalmente, al Ministerio Fiscal.

Por regla general, los letrados se limitan a ratificarse en el escrito de demanda y contestación. No obstante, en ocasiones, alegan *hechos nuevos* que pueden tener una influencia decisiva en la resolución final del procedimiento (por ejemplo, uno de los progenitores ha dejado de trabajar; el hijo menor de edad debe someterse a un tratamiento médico no cubierto por la Seguridad Social; existe un comprador para la vivienda familiar, etc.). Debe recordarse que, en estos procesos especiales, no rigen las normas de preclusión de alegación de hechos dado su marcado interés público lo que permite introducir hechos nuevos después de la demanda y/o contestación (artículo 752.1 LEC).

5º) Las partes podrán proponer las pruebas que consideren pertinentes y útiles para acreditar sus alegaciones.

Los medios de prueba más frecuentes en estos procedimientos son, básicamente, el interrogatorio de las partes (ver página XXX), la declaración de testigos (ver página XXX) y, en su caso, el dictamen de peritos (ver página XXX) que, normalmente, versará sobre la capacidad de los progenitores para hacerse cargo de los menores de edad.

Aparte de estas pruebas, las partes también pueden solicitar la *exploración de menores* de edad si tienen suficiente juicio y, en todo caso, si son mayores de 12 años (artículo 92.6 CC, artículo 770.4ª LEC y artículo 9 de la Ley 1/1996, de 5 de enero, de Protección Jurídica del Menor). Resulta conveniente que esta exploración se realice en condiciones idóneas para la salvaguarda de sus intereses y sin interferencias de otras personas. El resultado de dicha exploración se deberá documentar por medio de acta que recogerá las significativas del menor y que guardan estrecha relación con el objeto de controversia. El acta deberá entregarse a las partes para que tengan conocimiento de la misma sin que ello vulnere el derecho a la intimidad del menor de edad (STC 64/2019, de 9 de mayo).

También es frecuente que se acuerde, de oficio o a instancia de parte, la aportación de un *dictamen del Equipo Psico-Social* adscrito al Juzgado (ver página XXX) para que valore la idoneidad de los progenitores para asumir el cuidado de los menores de edad, así como las medidas que, en su caso, considere más aconsejables para la protección de su superior interés (artículo 92.6 CC).

El Tribunal, en todo caso, puede acordar de oficio las pruebas que estime necesarias para resolver sobre las medidas que resulten aplicables a los menores de edad o incapacitados (artículo 752.1 y 770.4º LEC).

6º) El Tribunal deberá admitir o denegar las pruebas propuestas por las partes.

Si el Ministerio Fiscal o las partes no están conformes con dicha decisión, deberán formular oralmente recurso de reposición y, si éste resulta desestimado, protesta a los efectos de hacerla valer en segunda instancia (artículo 446 LEC).

7º) Se practican en la vista las pruebas que haya admitido el Tribunal.

Si alguna de ellas no puede practicarse en dicho momento (por ejemplo, un testigo que no podía acudir a la sede judicial), el Tribunal dispondrá que se practique otro día dentro de un plazo que no podrá exceder de 30 días.

8º) El Tribunal dará traslado a las partes y al Ministerio Fiscal para que formulen sus conclusiones.

En este trámite, los Abogados expondrán oralmente sus conclusiones sobre los hechos controvertidos y las pruebas practicadas en el acto de la vista. No se trata de reproducir los argumentos de la demanda o la contestación. La finalidad de este trámite oral es captar la atención del Tribunal mediante un discurso ordenado y coherente que destaque los aspectos más relevantes para que se estime la pretensión formulada por dicho litigante.

En la práctica forense, es habitual que el letrado apoye su argumentación en jurisprudencia. En este caso, resulta fundamental citar bien la referencia de la sentencia para que el Tribunal pueda revisarla y extractar aquellos pasajes que resulten de interés para el caso analizado.

Al tratarse de un trámite oral, el Abogado debe evitar leer las conclusiones. En tal caso, estaría transmitiendo al Tribunal la idea de que las pruebas practicadas no han tenido transcendencia para fundamentar sus alegaciones o rebatir las del contrario.

9º) El Tribunal declarará los autos vistos para sentencia.

Deberá dictar resolución en el plazo de los 10 días siguientes (artículo 447.1 LEC).

3. RÉGIMEN DE RECURSOS

El Tribunal deberá dictar sentencia en el plazo de los 10 días siguientes a la finalización de la vista.

Dicha sentencia contendrá las medidas definitivas en relación con los hijos, la vivienda familiar, las cargas del matrimonio, la disolución del régimen económico y las cautelas y garantías respectivas.

Contra esta sentencia que dicte el Tribunal cabe interponer **recurso de apelación** en el plazo de 20 días desde la notificación de aquélla y se resolverá por la Audiencia Provincial (artículo 455.2.2 LEC y 458.1 LEC).

Contra la sentencia dictada por la Audiencia Provincial en segunda instancia cabe interponer **recurso extraordinario por infracción procesal** (artículo 469 LEC) y **recurso de casación** (artículo 477 LEC) en los términos contemplados en la Disposición Final 16ª de la LEC sobre régimen transitorio en materia de recursos extraordinarios.

Este recurso se resolverá, normalmente, por la Sala de lo Civil del Tribunal Supremo. Sin embargo, si el recurso se fundamenta en la infracción de normas del Derecho Civil, foral o especial propio de la Comunidad Autónoma, la competencia para resolver el recurso corresponderá a la Sala de lo Civil y Penal del Tribunal Superior de Justicia respectiva cuando el Estatuto de Autonomía haya previsto esa atribución (artículo 478.1 LEC).

Finalmente, debe indicarse que los recursos contra la sentencia no tienen efectos suspensivos de las medidas acordadas y, por tanto, son directamente ejecutables (artículo 774.5 LEC).

4. LEGISLACIÓN

Artículos 73 a 89 del Código Civil.

Artículos 437, 438, 440, 442, 443, 445, 446, 447, 748 a 755, 769, 770 y 774 de la Ley de Enjuiciamiento Civil.

5. JURISPRUDENCIA

1) STS 203/2015, Sala de lo Civil, 16 de abril. Ponente: Excmo. Sr. D. Antonio Salas Carceller (LA LEY 37421/2015).

El dictado de la sentencia de primera instancia, estando ambos cónyuges de acuerdo en cuanto a la petición de divorcio, determina la disolución del vínculo por dicha causa. No produce efecto distinto el fallecimiento de uno de los cónyuges en fecha posterior a dicha sentencia, aunque aún no hubiera sido notificada.

«En consecuencia no se ha extinguido en este caso la acción de divorcio por la muerte del esposo, porque dicha acción ya había producido sus efectos propios al haber recaído sentencia que así lo declaró a petición de ambos cónyuges. En cuanto a que la producción de los efectos propios del divorcio tiene lugar a partir de la firmeza de la sentencia (artículo 89 Código Civil) es preciso tener en cuenta lo dispuesto en el artículo 774.5 de la Ley de Enjuiciamiento Civil del que se desprende que la firmeza sobre el pronunciamiento de divorcio se produce con la sentencia de primera instancia cuando ha sido solicitado por ambos cónyuges y, en consecuencia, no resulta recurrible al responder tal pronunciamiento a lo pedido por ambos litigantes.

La sentencia de esta Sala núm. 15/2004, de 30 enero, precisa que "el legislador ha querido desligar la firmeza del pronunciamiento principal en los procesos matrimoniales, de la impugnación de las medias acordadas, ha establecido un precepto claro y preciso en el art. 774.5 de la Ley 1/2000, de 7 de enero, diciendo que "si la impugnación afectara únicamente a los pronunciamientos sobre medidas, se declarará la firmeza del pronunciamiento sobre la nulidad, separación o divorcio", prueba de que en el régimen legal precedente la sentencia no adquiría firmeza hasta que no se resolvían los recursos interpuestos o era consentida por las partes, cualquiera que fuera el contenido del recurso interpuesto, es decir que fuesen impugnados todos o sólo algunos de los pronunciamientos de la sentencia y hubiesen quedado firmes los consentidos y no impugnados.

El legislador ha pretendido con ello dar seguridad a la situación de ruptura del vínculo matrimonial ya declarada —y necesariamente consentida por ambos cónyuges, que la solicitaron— para que desde la sentencia inicial produzca sus efectos propios, lo que —aplicado al presente caso— supone que la disolución matrimonial tuvo lugar por el divorcio y que tal disolución era efectiva antes del fallecimiento del esposo».

2) STS 402/2011, Sala de lo Civil, 14 de junio. Ponente: Excma. Sra. D.ª Encarnación Roca Trías (LA LEY 83083/2011).

Se debe abonar la pensión de alimentos establecida en sentencia en situaciones de crisis del matrimonio o de la pareja no casada desde el momento de presentación de la demanda.

«Los alimentos debidos a los hijos menores de edad en casos de separación de sus progenitores participan de la naturaleza de los que deben prestarse como consecuencia de la patria potestad y de los alimentos entre parientes en general, aunque tienen características propias, como consecuencia de las circunstancias en que se declara la obligación de prestarlos. Es cierto también que la regla general en los temas de disolución del matrimonio por divorcio es que la sentencia produce efectos desde la firmeza, porque se trata de constituir una situación nueva y por ello, el Art. 89 CC establece que la sentencia en que se declare el divorcio "producirá efectos a partir de su firmeza", lo que se confirma en el Art. 95 CC, en relación al momento en que tiene lugar la liquidación del régimen económico matrimonial.

Sin embargo, en materia de alimentos, el Art. 148 CC contiene una norma distinta, que si bien evita los efectos retroactivos de la obligación de prestar alimentos al momento en que se produce la necesidad, establece que los alimentos "no se abonarán sino desde la fecha en que se interponga la demanda". Esta regla se refiere únicamente a la petición de los alimentos, puesto que como afirma la STS 328/1995, de 8 abril, una cosa es que se haya reconocido la relación jurídica de que derivan los alimentos y otra que estos se soliciten en tiempo y forma con fijación de la pensión, los plazos de abono de los mismos y la forma de hacerlos efectivos.

La cuestión que se plantea en este recurso es si existe una diferencia total y absoluta entre los alimentos debidos en casos de procedimientos por causa de la crisis familiar y los debidos de acuerdo con los arts. 142 y ss. CC. La citada STS 328/1995 de 5 octubre dijo ya que "no es sostenible absolutamente que la totalidad de lo dispuesto en el Título VI del Libro I del Código civil, sobre alimentos entre parientes, no es aplicable a los debidos a los hijos menores como un deber comprendido en la patria potestad", doctrina repetida en la STS 917/2008, de 3 octubre, que declara aplicable el art. 148.1 CC, cuyo contenido ha sido ya reproducido.

Por ello debe declararse la siguiente doctrina: Debe aplicarse a la reclamación de alimentos por hijos menores de edad en situaciones de crisis del matrimonio o de la pareja no casada la regla contenida en el Art. 148.1 CC, de modo que, en caso de reclamación judicial, dichos alimentos deben prestarse por el progenitor deudor desde el momento de la interposición de la demanda».

3) STS 162/2014, Sala de lo Civil, 26 de marzo. Ponente: Excmo. Sr. D. José Antonio Seijas Quintana (LA LEY 31488/2014).

La resolución judicial que modifica la cuantía de la pensión de alimentos produce sus efectos desde la fecha en la que se dicta y, por tanto, no se retrotrae al momento de interposición de la demanda.

«Por las anteriores razones, no se pueden conceder a los alimentos efectos desde la sentencia de 1ª Instancia, ya que los hijos estaban recibiendo los alimentos en virtud de las medidas provisionales acordadas, como se sostiene en el recurso y se argumenta en el informe del Ministerio Fiscal; razón por la cual se casa la sentencia y se establece como doctrina la siguiente: "cada resolución desplegará su eficacia desde la fecha en que se dicte y será solo la primera resolución que fije la pensión de alimentos la que podrá imponer el pago desde la fecha de la interposición de la demanda, porque hasta esa fecha no estaba determinada la obligación, y las restantes resoluciones serán eficaces desde que se dicten, momento en que sustituyen a las citadas anteriormente"».

4) STS 104/2019, Sala de lo Civil, 19 de febrero. Ponente: Excmo. Sr. D. Eduardo Baena Ruiz (LA LEY 9270/2019).

Se puede acordar la supresión de la pensión de alimentos a favor de hijos mayores de edad cuando el progenitor ha perdido todo contacto con los hijos por causa imputable de forma principal y relevante al hijo.

«La sentencia 184/2001, de 1 de marzo, que también cita la recurrente, ya había dicho que "la obligación de prestar alimentos se basa en el principio de solidaridad familiar y que tiene su fundamento constitucional en el artículo 39-1 de la Constitución Española", así como que, a tenor de lo dispuesto en el art. 3-1 CC, las normas se interpretarán atendiendo a la realidad social del tiempo en que han de ser aplicadas.

Por ello sería razonable acudir a ese primer plano a que hacíamos referencia, sobre interpretación flexible a efectos de la extinción de la pensión alimenticia, conforme a la realidad social, al signo cultural y a los valores del momento en que se producen, en tanto en cuanto el legislador nacional no la prevea expresamente, como así ha sido prevista en el CC Cat.

Como algún tribunal provincial ha afirmado "cuando la solidaridad intergeneracional ha desaparecido por haber incurrido el legitimario en alguna de las conductas reprobables previstas en la ley es lícita su privación. No resultaría equitativo que quien renuncia a las relaciones familiares y al respaldo y ayuda de todo tipo que éstas comportan, pueda verse beneficiado después por una institución jurídica que encuentra su fundamento, precisamente, en los vínculos parentales".

Esta argumentación, que se hace al aplicar la normativa del CC Cat., es perfectamente extrapolable al derecho común, en la interpretación flexible de la causa de extinción de pensión alimenticia que propugnamos, porque la solidaridad familiar e intergeneracional es la que late como fundamento de la pensión a favor de los hijos mayores de edad, según la doctrina de la sala ya mencionada.

Ahora bien, admitida esta causa, por vía de interpretación flexible de las causas de desheredación, a efectos de extinción de la pensión alimenticia, entraría en consideración el segundo plano a que hacíamos mención.

Sería de interpretación rigurosa y restrictiva valorar la concurrencia y prueba de la causa, esto es, la falta de relación manifiesta y que esa falta sea imputable, de forma principal y relevante al hijo».

5) STS 641/2018, Sala de lo Civil, 20 de noviembre. Ponente: Excmo. Sr. D. José Antonio Seijas Quintana (LA LEY 168092/2018).

La convivencia de la progenitora, que tiene atribuido el uso de la vivienda familiar, junto a los hijos menores, con una nueva pareja, extingue dicho uso.

«(i) El derecho de uso de la vivienda familiar existe y deja de existir en función de las circunstancias que concurren en el caso. Se confiere y se mantiene en tanto que conserve este carácter familiar. La vivienda sobre la que se establece el uso no es otra que aquella en que la familia haya convivido como tal, con una voluntad de permanencia (sentencia 726/2013, de 19 de noviembre). En el presente caso, este carácter ha desaparecido, no porque la madre e hijos hayan dejado de vivir en ella, sino por la entrada de un tercero, dejando de servir a los fines del matrimonio. La introducción de una tercera persona hace perder a la vivienda su antigua naturaleza "por servir en su uso a una familia distinta y diferente", como dice la sentencia recurrida.

(ii) La medida no priva a los menores de su derecho a una vivienda, ni cambia la custodia, que se mantiene en favor de su madre. La atribución del uso a los hijos menores y al progenitor custodio se produce para salvaguardar los derechos de aquellos. Pero más allá de que se les proporcione una vivienda que cubra las necesidades de alojamiento en condiciones de dignidad y decoro, no es posible mantenerlos en el uso de un inmueble que no tiene el carácter de domicilio familiar, puesto que dejó de servir a los fines que determinaron la atribución del uso en el momento de la ruptura matrimonial, más allá del tiempo necesario para liquidar la sociedad legal de gananciales existente entre ambos progenitores.

El interés de los hijos no puede desvincularse absolutamente del de sus padres, cuando es posible conciliarlos. El interés en abstracto o simplemente especulativo no es suficiente y la misma decisión adoptada en su día por los progenitores para poner fin al matrimonio, la deben tener ahora para actuar en beneficio e interés de sus hijos respecto de la vivienda, una vez que se ha extinguido la medida inicial de uso, y que en el caso se ve favorecida por el carácter ganancial del inmueble y por la posibilidad real de poder seguir ocupándolo si la madre adquiere la mitad o se produce su venta y adquiere otra vivienda».

6) STS 910/2008, Sala de lo Civil, 2 de octubre de 2008. Ponente: Excmo. Sr. D. Ignacio Sierra Gil de la Cuesta (LA LEY 137753/2008).

La situación de quien ocupa una vivienda cedida sin contraprestación y sin fijación de plazo por su titular para ser utilizada por el cesionario y su familia como domicilio conyugal o familiar es la propia de un precarista, una vez rota la convivencia, con independencia de que le hubiera sido atribuido el derecho de uso y disfrute de la vivienda, como vivienda familiar, por resolución judicial.

«B) En concreto, en los casos en que la vivienda se ha cedido a título gratuito y sin limitación temporal alguna, para determinar si la relación jurídica es la correspondiente a un contrato de comodato, se ha de comprobar si fue cedida para un uso concreto y determinado, que, ciertamente, puede consistir en la utilización por el cónyuge y la familia del hijo del concedente como hogar conyugal o familiar, si bien con la precisión de que dicho uso ha de ser siempre y en todo caso específico, y no simplemente el genérico y propio de la cosa según su destino, y de que la relación jurídica ha de constar de forma clara, con independencia de que pueda deducirse o resulte implícitamente de los actos de las partes.

C) Cuando cesa el uso, lo que puede suceder cuando se rompe la convivencia conyugal, y el concedente no reclama la devolución del inmueble, la situación del usuario es la de un precarista.

D) El derecho de uso y disfrute de la vivienda, como vivienda familiar, atribuido por resolución judicial a uno de los cónyuges, es oponible en el seno de las relaciones entre ellos, mas no puede afectar a terceros ajenos al matrimonio cuya convivencia se ha roto o cuyo vínculo se ha disuelto, que no son parte —porque no pueden serlo— en el procedimiento matrimonial, pues no genera por sí mismo un derecho antes inexistente, ni permite reconocer a quienes ocupan la vivienda en precario una protección posesoria de vigor jurídico superior al que la situación de precario proporciona a la familia, ya que ello entrañaría subvenir necesidades familiares, desde luego muy dignas de protección, con cargo a extraños al vínculo matrimonial y titulares de un derecho que posibilita la cesión del uso de la vivienda».

CAPÍTULO XVIII

PROCESO DE SEPARACIÓN O DIVORCIO DE MUTUO ACUERDO

1. INTRODUCCIÓN

Los cónyuges o, en su caso, la pareja puede alcanzar un acuerdo sobre las medidas que deben regir tras la ruptura de la relación sentimental.

Dicho acuerdo debe plasmarse en un convenio regulador que podrá ser homologado de la siguiente manera:

- **Por Notario o Letrado de la Administración de Justicia.**

Esta posibilidad se reserva al supuesto de que el matrimonio o la pareja no haya tenido hijos, éstos sean mayores de edad o, siendo menores, se encuentren emancipados (artículo 314 CC).

En tal caso, el acuerdo se homologará por Decreto del Letrado de la Administración de Justicia (artículo 777.10 LEC) o por medio de escritura pública autorizada ante Notario (artículo 54 de la Ley del Notariado).

- **Por el Tribunal.**

En el caso de que existen hijos menores de edad o con la capacidad judicialmente modificada, la competencia para aprobar el convenio regulador corresponde al Tribunal competente (es decir, el Juzgado de Violencia sobre la Mujer cuando se ha cometido un delito de violencia de género), previo informe del Ministerio Fiscal (artículo 777.5 LEC).

2. DEFENSA Y REPRESENTACIÓN DE LAS PARTES

El procedimiento de mutuo acuerdo se regula en el artículo 777 LEC.

Los cónyuges o la pareja pueden estar defendidos y representados por el mismo Abogado y Procurador.

En el caso de que **alguno de los pactos propuestos no sea aprobado por el Tribunal** (por ejemplo, se ha fijado una pensión de alimentos claramente insuficiente para atender las necesidades de los menores de edad), el Letrado de la Administración de Justicia debe requerir a las partes para que, en el plazo de 5 días, manifiesten si desean seguir con la misma defensa o representación o, en su caso, de forma separada.

En todo caso, si **una de las partes incumple alguno de los pactos homologados y se presenta demanda ejecutiva** para su complimiento forzoso, el Letrado de la Administración de Justicia requerirá a la otra parte para que designe abogado y procurador que le defienda y represente (artículo 750.2 LEC).

3. PROCEDIMIENTO DE MUTUO ACUERDO ANTE EL TRIBUNAL

El procedimiento de mutuo acuerdo se resolverá por el Tribunal cuando existan menores de edad o personas con la capacidad judicialmente modificada.

La tramitación consta de las siguientes fases:

• **Demanda.**

En primer lugar, se debe presentar una demanda por ambos cónyuges o por uno con el consentimiento del otro (artículos 81.1 y 86 CC).

A la demanda se debe acompañar certificados del Registro Civil del matrimonio y, en su caso, del nacimiento de los hijos.

Si las partes han acudido a un proceso de mediación familiar y éste ha finalizado con un acuerdo, deberá acompañarse a la demanda.

La demanda debe acompañar también una propuesta de convenio regulador (artículo 90 CC) que debe contener, al menos y siempre que fuera aplicable, los siguientes extremos:

— El cuidado de los hijos sujetos a la patria potestad de ambos, el ejercicio de ésta y, en su caso, el régimen de comunicación y estancia de los hijos con el progenitor que no viva habitualmente con ellos.

— Si se considera necesario, el régimen de visitas y comunicación de los nietos con sus abuelos, teniendo en cuenta, siempre, el interés de aquéllos.

— La atribución del uso de la vivienda y ajuar familiar.

— La contribución a las cargas del matrimonio y alimentos, así como sus bases de actualización y garantías en su caso.

— La liquidación, cuando proceda, del régimen económico del matrimonio.

— La pensión compensatoria que, en su caso, correspondiere satisfacer a uno de los cónyuges.

- **Admisión o inadmisión de la demanda.**

El Letrado de la Administración de Justicia debe examinar la demanda para comprobar que cumple los requisitos tanto formales (presentación por Lexnet, formato de los documentos, copias para las partes, etc.) como materiales (competencia, jurisdicción, etc.).

Existen dos posibilidades:

— *Que la demanda cumpla todos los requisitos.*

En este caso, el Letrado de la Administración de Justicia dictará Decreto de admisión de la demanda y continuará la tramitación que expondremos en el siguiente apartado.

— *Que la demanda no cumpla todos los requisitos.*

En este caso, el Letrado de la Administración de Justicia debe dar cuenta al Tribunal para que éste resuelva sobre la admisión.

Esta dación de cuenta podría venir motivada, bien porque se aprecia falta de jurisdicción o de competencia del Tribunal, bien porque la demanda adolece de defectos formales que no se han subsanado en el plazo concedido por el Letrado de la Administración de Justicia (artículo 404.2 LEC).

A continuación, el Tribunal debe dictar Auto y resolver sobre la admisión de la demanda.

Contra el Auto que acuerde la admisión cabe recurso de reposición (artículo 451.2 LEC).

Contra el Auto que acuerde la inadmisión cabe recurso de apelación (artículo 455.1 LEC).

- **Ratificación del convenio regulador.**

A continuación, el Letrado de la Administración de Justicia acuerda citar a los cónyuges o progenitores, dentro de los tres días siguientes, para que ratifiquen por separado su petición.

A partir de entonces existen dos posibilidades:

— *Que los cónyuges o progenitores no ratifiquen la solicitud.*

En este caso, el Letrado de la Administración de Justicia dicta Decreto que acuerda el archivo de las actuaciones.

Las partes podrán promover la separación, divorcio o la adopción de medidas paterno-filiales a través del proceso contencioso (artículo 770 LEC) que hemos explicado en el Capítulo anterior.

Contra este Decreto se podrá interponer recurso directo de revisión ante el Tribunal (artículo 777.3 LEC).

— *Que los cónyuges o progenitores ratifiquen la solicitud.*

En este caso, el Tribunal dará traslado al Ministerio Fiscal para que presente informe sobre los términos del convenio en relación con los hijos y manifieste si las medidas pactadas por los cónyuges o progenitores son beneficiosas para los menores.

Aunque no es frecuente en práctica, se podría dar audiencia a los menores cuando así lo disponga del Tribunal de oficio o a instancia del Fiscal, partes, miembros del Equipo Técnico o del propio menor.

Una vez recabado el informe del Ministerio Fiscal y examinado el convenio por el Tribunal, existen dos posibilidades:

• Que las medidas respeten el interés superior de los menores de edad o incapaces.

En este caso, el Tribunal dicta sentencia concediendo la separación o el divorcio y aprobando el convenio regulador propuesto por las partes.

Esta sentencia solo podrá ser recurrida, en interés de los hijos o incapacitados, por el Ministerio Fiscal (artículo 777.8 LEC).

• Que las medidas sean insuficientes o no sean adecuadas para la protección de los menores o incapaces.

En este caso, el Tribunal les requiere para que aporten documentación adicional y presenten un nuevo convenio en el plazo de 10 días que subsane las deficiencias advertidas.

Esta situación podría darse, por ejemplo, cuando no se haya pactado una pensión de alimentos a favor de los menores o ésta sea de cuantía insuficiente. También en el supuesto de que se hayan restringido, sin causa justificada, los contactos y visitas con el progenitor no custodio.

Durante este plazo, se podrán practicar las pruebas propuestas por las partes y las que el Tribunal considere necesarias para valorar el convenio regulador propuesto por las partes.

Normalmente, en esos supuestos, los cónyuges o progenitores reformulan el convenio para adaptarse a las exigencias mencionadas por el Ministerio Fiscal o el Tribunal. En tal caso, se dicta sentencia concediendo la separación o el divorcio y aprobando el convenio regulador propuesto por las partes. Esta sentencia solo podrá ser recurrida en interés de los hijos o incapacitados, por el Ministerio Fiscal (artículo 777.8 LEC).

No obstante, si la sentencia no aprueba en todo o en parte el convenio regulador, se concede un plazo de 10 días a las partes para proponer nuevo convenio. Acto seguido, el Tribunal dicta Auto en el plazo de 3 días y resuelve lo que considere procedente. Este supuesto se da muy poco en la práctica porque se requiere previamente a las partes para que ajusten el convenio y corrijan las deficiencias detectadas.

Contra el Auto que acuerde alguna medida que se aparte de los términos del convenio propuesto por los cónyuges se puede interponer recurso de apelación (artículo 777.8 LEC).

4. PROCEDIMIENTO DE MUTUO ACUERDO ANTE EL LETRADO DE LA ADMINISTRACIÓN DE JUSTICIA

El procedimiento de mutuo acuerdo se resuelve por el Letrado de la Administración de Justicia cuando el matrimonio o la pareja no haya tenido hijos, éstos sean mayores de edad o, siendo menores, se encuentren emancipados (artículo 314 CC).

Este procedimiento se inicia mediante la presentación de demanda de mutuo acuerdo.

Una vez admitida a trámite, el Letrado de la Administración de Justicia cita a los cónyuges o pareja para que ratifiquen por separado su petición en el plazo de los 3 días siguientes.

A continuación, existen tres posibilidades:

- **Que los cónyuges o pareja no ratifiquen la solicitud.**

En este caso, el Letrado de la Administración de Justicia dicta Decreto que acuerda el archivo de las actuaciones.

Las partes podrán promover la separación, divorcio o la adopción de medidas paterno-filiales a través del proceso contencioso (artículo 770 LEC) que hemos explicado en el Capítulo XVII.

Contra este Decreto se podrá interponer recurso directo de revisión ante el Tribunal (artículo 777.3 LEC).

- **Que los cónyuges o pareja ratifiquen la solicitud.**

En este caso, el Letrado de la Administración de Justicia dicta Decreto en el que acuerda la separación o divorcio y aprueba el convenio regulador presentado por las partes.

En este caso, no se recaba informe del Ministerio Fiscal por cuanto no existen menores de edad o personas con la capacidad judicialmente modificada.

- **Que el Letrado de la Administración de Justicia considere que el convenio sea dañoso o gravemente perjudicial.**

Aunque se trata de un supuesto poco frecuente en la práctica, se permite al Letrado de la Administración de Justicia denegar la aprobación del convenio cuando entienda que las medidas pactadas son perjudiciales para los cónyuges, hijos mayores o menores emancipados.

En este caso, el Letrado de la Administración de Justicia advierte tal circunstancia a los cónyuges y dicta Decreto por el que archiva el procedimiento. En este caso, los cónyuges solo podrán acudir ante el Juez para la aprobación de la propuesta de convenio regulador.

Contra dicho Decreto no puede interponerse recurso alguno (artículo 777.10 LEC).

5. LEGISLACIÓN

Artículo 90 del Código Civil.

Artículo 777 de la Ley de Enjuiciamiento Civil.

6. JURISPRUDENCIA

1) SAP Valencia 755/2019, Sección 10ª, 13 de noviembre. Ponente: Ilmo. Sr. D. Carlos Esparza Olcina (LA LEY 180857/2019).

El procedimiento de mutuo acuerdo del artículo 777 LEC puede aplicarse por analogía en los supuestos de parejas no casadas.

> «Para resolver los recursos de apelación coincidentes presentados por las partes, se tiene en cuenta que esta sala, en sus autos 231/2018, y 265/2017, al pronunciarse sobre la competencia para conocer de un procedimiento de homologación de un convenio suscrito por una pareja no casada en el que estaba involucrado un hijo mayor de edad, declaró que: "La semejanza del supuesto planteado en esta litis en el que la pareja solicita la homologación de un acuerdo sobre su hijo dependiente, a los resueltos por los Juzgados de familia por la vía del mutuo acuerdo del art. 777 de la LEC, con la única diferencia de haber estado o no previamente casados los solicitantes, exige una interpretación acorde a la realidad del tiempo en que ha de ser aplicada la norma, y por tanto, utilizar por vía analógica el mismo trámite existente para las parejas casadas, es decir, el dispuesto en el art. 777 de la LEC".
>
> En consecuencia, por las mismas razones expuestas en dichos autos, procede revocar el auto recurrido para declarar que el Juzgado de instancia debe tramitar el presente procedimiento por el trámite previsto en el artículo 777 de la Ley de Enjuiciamiento Civil, y dictar la resolución que procede aprobando o no aprobando el convenio que le ha sido presentado».

2) SAP Cádiz 373/2019, Sección 5ª, 16 de mayo. Ponente: Ilmo. Sr. D. Óscar Alcalá Mata (LA LEY 87494/2019).

Las partes no pueden recurrir la sentencia que homologa el convenio regulador, sin perjuicio de que, si han modificado las circunstancias que se tuvieron en aquel momento, inicien un proceso de modificación de medidas.

«Se alza la dirección jurídica de la Sra. Custodia contra la sentencia que homologaba el acuerdo alcanzado por las partes, al entender han sobrevenido nuevas circunstancias que exigen modular en esta segunda instancia sus términos, y en particular el régimen de visitas de la menor Inés con su padre y progenitor no custodio. Se aducía y presentaba prueba documental de una crisis de ansiedad de la menor, en un aislado episodio que tuviera lugar a finales del mes de septiembre de 2018, motivado por el deseo contrario de la menor a llevar a efecto el régimen de visitas con su progenitor.

Con carácter previo a entrar a valorar el fondo del asunto, procede determinar si la apelación ha sido debidamente admitida en la instancia, pues tal y como reiteradamente ha manifestado el Tribunal Supremo, entre otras, en la Sentencia de 14 de junio de 2002 Pte.: O'Callaghan Muñoz, Xavier "Una causa de inadmisión del recurso no tenida en cuenta, deviene, en el momento de resolución, causa de desestimación: sentencias, entre otras muchas, de 26 de enero de 1996, 22 de febrero de 1999, 5 de julio de 2000 y 28 de mayo de 2002" añadiendo que "La normativa sobre la recurribilidad del proceso es de ius cogens, indisponible y debe ser aplicada por el órgano jurisdiccional, incluso de oficio: así lo dice expresamente la sentencia de 13 de junio de 2002".

Pues bien, la Sala, como pone de manifiesto el Ministerio Público, no puede soslayar las normas que nuestra Ley de Ritos Civiles, establece en el apartado 8º párrafo segundo del artículo 777, según el cual: La sentencia o el auto que aprueben en su totalidad la propuesta de convenio sólo podrán ser recurridos, en interés de los hijos menores o incapacitados, por el Ministerio Fiscal.

En el supuesto sometido a revisión nos hallamos ante una sentencia dictada con el mutuo acuerdo de las partes; lo que por disposición legal limita la legitimación para recurrir al Ministerio Público en interés de la menor. Por lo que siendo evidente que la Sra. Custodia carece de legitimación para plantear la presente alzada, la causa de inadmisión citada deviene en causa de desestimación del recurso interpuesto. Ello debe entenderse sin perjuicio de que pueda utilizar los diversos cauces procesales que disciplina nuestra Ley de Enjuiciamiento Civil para instar la modificación del régimen de visitas ahora debatido y así acomodarlo a las necesidades y problemática vigente bajo el prisma del superior interés de la menor (art. 2 LOPJM y concordantes de dicho cuerpo legal)».

3) SAP Barcelona 413/2019, Sección 18ª, 5 de junio. Ponente: Ilmo. Sr. D. María José Pérez Tormo (LA LEY 79725/2019).

Se puede homologar un convenio regulador presentado por las partes ante la Audiencia Provincial mientras se sustanciaba el recurso de apelación.

«El artículo 770 apartado 5º de la Ley de Enjuiciamiento Civil establece que «En cualquier momento del proceso, concurriendo los requisitos señalados en el artículo 777, las partes podrán solicitar que continúe el procedimiento por los trámites que se establecen en dicho artículo».

En el presente caso, ambas partes han aportado una propuesta de convenio regulador, en el que se han ratificado, y han solicitado que se apruebe en esta alzada procedimental, en el presente trámite de apelación.

Procede la homologación y aprobación del referido convenio suscrito y ratificado por ambas partes, en esta segunda instancia, que se considera en cuanto a las medidas relativas a los hijos comunes, beneficiosas para éstos, sin que lesione sus intereses».

4) SAP Ciudad Real 56/2019, Sección 1ª, 4 de febrero. Ponente: Ilma. Sra. D.ª Mónica Céspedes Cano (LA LEY 16040/2019).

No cabe alegar vicio del consentimiento como causa de la nulidad del acuerdo alcanzado entre las partes, debidamente asesoradas por sus letrados, en el acto de la vista.

«Como tampoco se acredita el vicio que alega, siendo significativo que no pide formalmente, como debiera, la práctica de prueba en esta alzada, limitándose a aportar una documental sobre la que no interesa pronunciamiento alguno. En definitiva, estamos ante una retractación del apelante, legítima, pero no amparada en causa alguna que justifique adoptar una solución en contra de sus propios y concluyentes actos. La sentencia que se apela es el resultado del acuerdo alcanzado por las partes en el acto de la vista oral, como tal acuerdo representa una manifestación del libre ejercicio de la facultad de autorregulación de las relaciones privadas, se adopta en ejercicio del principio de autonomía de la voluntad (art. 1255 CC), y se califican de auténticos negocios jurídicos de derecho de familia (STS de 22 de abril de 1997). En el supuesto que se examina, se trata de un acuerdo alcanzado y expresamente ratificado a presencia judicial, homologado en la sentencia porque el juzgador, ante cuya presencia se ha desarrollado el juicio, no aprecia vicio alguno (art. 777.4 in fine LEC) [...]

Bajo este prisma, las alegaciones vertidas para sostener la incapacidad del apelante, en resumen, porque no estaba en condiciones para decidir por razón del reciente fallecimiento de su abuelo, devienen claramente insuficientes, y no puede afectar a la validez y eficacia de lo acordado en un acto formal como el juicio, con asistencia letrada, intervención del Ministerio Público, y sobre el que expresamente se ha mostrado acuerdo, directamente preguntado al efecto por la juzgadora y previa lectura de los concretos términos de lo convenido. Sobre si estaba o no bien aconsejado, es cuestión que excede del vicio que alega. Terminando, el motivo no puede prosperar, por lo que resulta el decaimiento del recurso».

5) STS 233/2012, Sala de lo Civil, 20 de abril. Ponente: Excma. Sra. D.ª Encarnación Roca Trías (LA LEY 56725/2012).

El convenio regulador es un negocio jurídico de Derecho de Familia.

«Los cónyuges pueden pactar lo que consideren más conveniente sobre la regulación de las relaciones que surgen como consecuencia del divorcio o la separación. La STS 217/2011, de 31 marzo, confirma esta

doctrina, recogiendo sentencias de esta Sala que ya habían admitido esta validez, a partir de la trascendental sentencia de 2 abril 1997.

El convenio es, por tanto, un negocio jurídico de derecho de familia que, de acuerdo con la autonomía de la voluntad de los afectados, puede contener tanto pactos típicos, como atípicos, como es el que ahora nos ocupa (en un supuesto parecido, STS 758/2011, de 4 noviembre), por lo que debe examinarse si se ha aplicado por parte de la sentencia recurrida el completo acuerdo de las partes».

6) SAP Madrid 1318/2012, Sección 24ª, 28 de noviembre. Ponente: Ilma. Sra. D.ª María José de la Vega Llanes (LA LEY 207301/2012).

Las partes pueden transigir en el convenio regulador sobre la situación económica del matrimonio dado que no afecta a materias indisponibles.

«Es doctrina del Tribunal Supremo en torno a la naturaleza jurídica del convenio regulador, en las situaciones de crisis matrimonial, contemplado y previsto su contenido mínimo en el artículo 90 del Código civil, que no ha obtenido la aprobación judicial que, en principio, debe ser considerado como un negocio jurídico de Derecho de Familia, expresión del principio de autonomía privada que, como tal convenio regulador, requiere la aprobación judicial, como "conditio iuris", determinante de su eficacia jurídica, mas la aprobación judicial del convenio regulador no despoja a éste del carácter de negocio jurídico que tiene, como manifestación del modo de autorregulación de sus intereses querido por las partes. En principio, si bien el artículo 1814 del Código Civil dispone que no se puede transigir sobre las cuestiones matrimoniales, la jurisprudencia ha matizado que no cabe incluir en tal prohibición la convención entre los cónyuges referente a la situación económica del matrimonio, que para nada afecta a la sustancia del vínculo ni a los derechos de filiación, que son indisponibles (sentencia de 31 Ene. 1985), y por ello no hay obstáculo a su validez como negocio jurídico en el que concurrió el consentimiento, el objeto y la causa, y si no hay motivo alguno de invalidez, no lo hay tampoco para su eficacia, pues si carece de aprobación judicial no la pierde como negocio jurídico ya que no se puede estimar que los efectos inter partes de un convenio carezcan de eficacia por falta de aprobación judicial, si éste se desenvuelve dentro de los límites lícitos del principio de autonomía de la voluntad».

CAPÍTULO XIX

PROCESO DE MODIFICACIÓN DE MEDIDAS DEFINITIVAS

1. INTRODUCCIÓN

Las medidas definitivas adoptadas en un proceso matrimonial pueden ser modificadas cuando se produzca una alteración sustancial de las circunstancias que se tuvieron en cuenta al tiempo de adoptarlas.

Esta posibilidad se contempla en los artículos 90 CC y 775 LEC.

Su finalidad es que lo acordado o impuesto en los procesos matrimoniales no esté destinado a perpetuarse, sino que pueda acomodarse a las sucesivas realidades que afecten a la familia tras la ruptura de la relación sentimental.

Esta modificación de las medidas definitivas puede llevarse a cabo de dos formas:

- **De mutuo acuerdo.**

Los cónyuges o pareja no casada deberán formular un convenio regulador donde estipulen los cambios que pretenden introducir en las medidas definitivas, ya se hubieran impuesto por el Tribunal, ya se hubieran consensuado previamente por las partes.

Esta modificación se podrá presentar por los cónyuges o progenitores de mutuo acuerdo o por uno de ellos con el consentimiento del otro.

En este caso, la tramitación se ajusta a lo establecido en el artículo 777 LEC y, por tanto, los cónyuges podrán actuar con la misma defensa y representación.

En caso de que la modificación afecte a cuestiones relacionadas con menores de edad o personas con capacidad judicialmente modificada (por ejemplo, cuantía de la pensión de alimentos, sistema de guarda, régimen de visitas, etc.), el Tribunal antes de dictar sentencia requerirá el previo informe del Ministerio Fiscal.

- **De forma contenciosa.**

Si los cónyuges o pareja no se ponen de acuerdo en el contenido de la modificación de las medidas, deberán instar un proceso contencioso que se sustanciará con arreglo a lo establecido en el artículo 770 LEC.

En caso de urgencia, las partes podrán pedir, en la demanda o en la contestación, que se proceda a la modificación provisional de las medidas establecidas en el pleito anterior. Dicha petición deberá seguir la tramitación establecida en el artículo 773 LEC para la adopción de medidas provisionales.

2. COMPETENCIA

El artículo 775 LEC, tras la reforma de la Ley 42/2015, atribuye competencia objetiva para conocer del proceso de modificación al Tribunal que adoptó las medidas definitivas.

La interpretación conjunta del artículo 775 LEC y el artículo 87.3 ter LOPJ (que detalla los requisitos para que el Juzgado de Violencia sobre la Mujer tenga competencia exclusiva en determinados procesos civiles de familia y que hemos analizado en el Capítulo XV) permite distinguir dos situaciones:

- **Que el proceso penal siga pendiente.**

Esta situación se producirá cuando el proceso penal por delito de violencia de género continúe su tramitación, bien porque todavía se encuentra en fase de investigación, bien porque se ha dictado sentencia condenatoria y todavía no se han cumplido totalmente la pena impuesta.

En esta situación, la competencia para tramitar el proceso de modificación de medidas definitivas corresponderá al Juzgado de Violencia sobre la Mujer con independencia del Tribunal que acordó las medidas definitivas.

Piénsese, por ejemplo, en el supuesto de un matrimonio que se divorció de mutuo acuerdo en el año 2011. En el año 2012, el ex marido agrede a la mujer y ésta presenta denuncia que da lugar a la incoación de un proceso penal en el que se adopta una orden de protección. En este caso, si cualquiera de las partes quiere modificar las medidas consensuadas en el año 2011 deberá presentar demanda ante el Juzgado de Violencia sobre la Mujer.

- **Que el proceso penal haya finalizado.**

Esta situación se producirá tanto en la fase de instrucción (cuando se acuerde el sobreseimiento del proceso) como en la fase de juicio oral (cuando se dicte sentencia absolutoria).

También se producirá cuando el encausado ha sido condenado por un delito de violencia de género y se haya extinguido la responsabilidad penal por cualquiera de las causas del artículo 130 CP (cumplimiento de la pena; remisión definitiva; prescripción; etc.)

En esta situación, el Juzgado de Violencia sobre la Mujer pierde la competencia objetiva para tramitar el proceso de modificación porque no se cumplen simultáneamente los requisitos establecidos en el artículo 87.3 ter LOPJ.

Por tanto, la demanda deberá presentarse ante el Juzgado que corresponda de acuerdo con las reglas ordinarias (Juzgado de Familia o Juzgado de Primera Instancia).

3. REQUISITOS PARA LA MODIFICACIÓN DE MEDIDAS

El proceso de modificación de medidas exige que se haya producido una **alteración sustancial de las circunstancias** que se tuvieron en cuenta cuando se adoptaron las medidas (en un proceso contencioso) o se aprobó el convenio regulador (en un proceso de mutuo acuerdo).

Una vez establecidas unas medidas definitivas, pueden surgir en la vida familiar numerosos acontecimientos que repercutan en su eficacia y modo de cumplimiento. Piénsese, por ejemplo, en el supuesto de que el obligado al pago de la pensión de alimentos pierda su puesto de trabajo o sufra una reducción considerable de sus retribuciones. O que uno de los progenitores se plantee un cambio de residencia por motivos laborales. También se podría plantear una modificación de medidas, entre otros supuestos, cuando uno de los progenitores está aquejado de algún tipo de enfermedad mental grave que le impide cumplir adecuadamente sus obligaciones parentales.

La jurisprudencia del Tribunal Supremo y de las Audiencias Provinciales han establecidos los **requisitos que deben cumplirse para que prospere una demanda de modificación de medidas** y serían los siguientes:

— Debe haberse producido, con posterioridad a dictarse la resolución judicial, un cambio en la situación fáctica que se tuvo en cuenta para adoptar la medida que se pretende modificar. Resulta indiferente que la situación anterior se haya acordado en un convenio regulador o resulte impuesta en sentencia pues de lo que se trata es de calibrar si se han producido variaciones o modificaciones sustanciales que hagan necesario un replanteamiento de las prestaciones y obligaciones de las partes.

— La modificación o alteración debe ser sustancial y, por tanto, afectar al núcleo de la medida y no a circunstancias meramente accesorias o periféricas. A este respecto, las simples fluctuaciones de ingresos de escasa importancia no pueden dar lugar a la pretensión modificativa.

— La alteración de la circunstancia debe ser de tal entidad que, si hubiera existido al momento de la separación o el divorcio, habría dado lugar a la adopción de otras medidas distintas.

— El cambio debe tener cierta estabilidad o permanencia en el tiempo y no ser meramente coyuntural.

— La alteración debe ser imprevista o imprevisible y, por tanto, ajena a la voluntad de quien entabla la acción de modificación. En efecto, la parte que pretenda la modificación no puede haber buscado una determinada situación con la finalidad de obtener unas medidas más beneficiosas. Si se admitiese este planteamiento, se estaría justificando un fraude de ley, abuso de derecho o un quebrantamiento de los principios de buena fe.

— La alteración sustancial debe probarse cumplidamente por la parte que pretende la modificación de las medidas definitivas.

4. RÉGIMEN DE RECURSOS

El régimen de recursos en los procesos de modificación de medidas difiere según que se haya adoptado de mutuo acuerdo o a través de un proceso contencioso.

- **Proceso de mutuo acuerdo.**

Contra la sentencia que apruebe en su totalidad la propuesta de convenio regulador por el que se modifican las medidas definitivas solo puede interponerse recurso de apelación, en interés de los hijos menores o incapacitados, por el Ministerio Fiscal en el plazo de 20 días (artículo 777.8 LEC).

En la práctica forense apenas se produce esta situación. Cuando el Ministerio Fiscal presenta un informe desfavorable a la aprobación del convenio, normalmente el Tribunal requiere a las partes para que lo reformulen y adapten el mismo a las deficiencias apreciadas.

- **Proceso contencioso.**

Contra la sentencia que dicte el Tribunal puede interponerse recurso de apelación en el plazo de 20 días desde la notificación de aquélla y se resolverá por la Audiencia Provincial (artículo 455.2.2 LEC y 458.1 LEC).

Contra la sentencia dictada por la Audiencia Provincial en segunda instancia cabe interponer recurso extraordinario por infracción procesal (artículo 469 LEC) y recurso de casación (artículo 477 LEC) en los términos contemplados en la Disposición Final 16ª de la LEC sobre régimen transitorio en materia de recursos extraordinarios.

Este recurso se resolverá, normalmente, por la Sala de lo Civil del Tribunal Supremo. Sin embargo, si el recurso se fundamenta en la infracción de normas del Derecho Civil, foral o especial propio de la Comunidad Autónoma, la competencia para resolver el recurso corresponderá a la Sala de lo Civil y Penal del Tribunal Superior de Justicia respectiva cuando el Estatuto de Autonomía haya previsto esa atribución (artículo 478.1 LEC).

5. LEGISLACIÓN

Artículo 90.3 del Código Civil.

Artículo 775 de la Ley de Enjuiciamiento Civil.

6. JURISPRUDENCIA

1) SAP Barcelona 71/2020, Sección 12ª, 30 de enero. Ponente: Ilma. Sra. D.ª María Gema Espinosa Conde (LA LEY 3404/2020).

Para que prospere la modificación de medidas definitivas debe haberse producido una alteración sustancial de las circunstancias que se tuvieron en cuenta cuando se dictó la anterior sentencia.

«Para que prospere la modificación de las medidas acordadas en un proceso matrimonial debe acreditarse, tal y como disponen los artículos 775 de la Ley de Enjuiciamiento Civil y 233.7 del CCCat, que han variado sustancialmente las circunstancias que se tuvieron en cuenta al aprobarlas o acordarlas. Ambos preceptos hablan de una modificación sustancial de las circunstancias concurrentes. Con ello el legislador ha dejado abierta la posibilidad de que lo acordado tras los procesos de separación o divorcio no esté destinado a perpetuarse, sino que pueda ser objeto de acomodo a las sucesivas realidades en las que se irán desenvolviendo los esposos; pero en ningún momento debe ser esta previsión legal cauce para que cualquier alteración nimia, suponga trastocar una situación consolidada. Todo ello indica que el término "sustancial" empleado por la ley debe interpretarse en el sentido de sólo deber ser las medidas acordadas objeto de modificación, cuando de no hacerlo se produciría una ostensible situación de injusticia de acuerdo con la realidad del momento».

2) SAP Madrid 1050/2019, Sección 22ª, 12 de diciembre. Ponente: Ilma. Sra. D.ª María José Alfaro Hoys (LA LEY 236088/2019).

Requisitos para la modificación de medidas definitivas.

«La Jurisprudencia de nuestro Alto Tribunal es pacífica (vid. STS de 27 de junio de 2011) respecto del acogimiento de la acción de modificación de medidas, indicado que para la procedencia judicial de tal modificación se requiere la concurrencia de los siguientes requisitos: a) Que se haya producido con posterioridad a dictarse la resolución judicial que la sancionó; b) que dicha modificación o alteración, sea sustancial, esto es que afecte al núcleo de la medida y no a circunstancias meramente accesorias o periféricas; c) que tal cambio sea estable o duradero con carácter de permanencia y que no sea meramente ocasional, coyuntural, o esporádico; d) que la repetida alteración sea imprevista o imprevisible y, por ende, ajena a la voluntad de quien entabla la acción de modificación, por lo que no puede ser buscado de propósito por quien interesa la modificación para obtener unas medidas que le resulten más beneficiosas.

En cuanto a la prueba del cambio de circunstancias, es criterio de esta Sección 22 de la Audiencia Provincial de Madrid que pueden dejarse sin efecto o modificar, cualitativa o cuantitativamente, las medidas complementarias establecidas en una sentencia firme de separación, divorcio, nulidad o de modificación de medidas, en aquellas hipótesis en que las circunstancias determinantes de la originaria adopción de los efectos complementarios hayan experimentado un cambio sustancial y siempre que dicho cambio para la modificación se pruebe por la parte demandante, de conformidad con lo dispuesto en el artículo 217 de la Ley de Enjuiciamiento Civil».

3) SAP Jaén 1181/2019, Sección 1ª, 10 de diciembre. Ponente: Ilma. Sra. D.ª Ana Manella González (LA LEY 223994/2019).

Requisitos y carga de la prueba en la acción de modificación de medidas definitivas.

«Por lo cual, y conforme a una reiterada y pacífica interpretación jurisprudencial de tales normas, se exige, en orden al acogimiento de la pretensión modificativa, la concurrencia de los siguientes requisitos:

1. Un cambio objetivo, —ha de estar al margen de la voluntad de quien insta el nuevo procedimiento— de la situación contemplada al tiempo de establecer la medida que se intenta modificar.

2. Que dicho cambio tenga suficiente y notable entidad y verdaderamente trascendente, en cuanto afectando a la esencia de la medida, y no a factores meramente periféricos o accesorios.

3. Que la expresada alteración no sea meramente coyuntural o episódica o transitoria, sino permanente o duradera, ofreciendo, por el contrario, unas características de cierta permanencia en el tiempo.

4. Que el repetido cambio sea posterior y no previsto por los cónyuges o el juzgador en el momento en el que las medidas cuya revisión se insta fueron establecidas, o imprevisible, lo que excluye aquellos supuestos en los que, al tiempo de establecerse la medida, ya fue tenida en cuenta una posible modificación de las circunstancias.

Asimismo, el éxito de la pretensión se encuentra condicionado a la demostración por quien demanda, por mor de lo prevenido en el artículo 217 de la LEC, de que la invocada alteración ha tenido lugar, es decir, que nuevas circunstancias han generado una variación de la precedente situación contemplada en la sentencia previamente dictada».

4) SAP Jaén 1203/2019, Sección 1ª, 12 de diciembre. Ponente: Ilma. Sra. Ana D.ª Manella González (LA LEY 224942/2019).

Cuando en un procedimiento de modificación de medidas se solicite el establecimiento de un sistema de custodia compartida se deberá acreditar un cambio sustancial, objetivo y relevante de las circunstancias que se tuvieron en cuenta anteriormente, máxime cuando el anterior sistema funciona de forma correcta y satisfactoria.

«Cuando se trate del divorcio o de la ruptura de una unión de hecho con hijos menores, la custodia compartida ha de ser contemplada como sistema parental normal y deseable, en atención a sus innegables ventajas y beneficios, por el que el Tribunal Supremo muestra, ante la desidia del legislador estatal, una indisimulada predilección, y debe ser implantada siempre que sea viable y beneficiosa para el menor, y se aprecie la concurrencia de las condiciones adecuadas.

Sin embargo, cuando se esté en presencia de un procedimiento de modificación de medidas, consensuadas o judicialmente acordadas, no bastará con invocar las ventajas y beneficios del sistema de custodia compartida para que sea instaurado, sino que además será necesaria la constatación, mediante la valoración ponderada de la actividad probatoria desarrollada, de un efectivo cambio sustancial, objetivo y relevante de las circunstancias tomadas en consideración al tiempo de adoptarse aquellas medidas, que exija un replanteamiento de las relaciones paterno-filiales, y que justifique la alteración del régimen de custodia inicialmente adoptado, especialmente cuando el sistema establecido venga funcionando correcta y satisfactoriamente».

5) SAP Almería 786/2019, Sección 1ª, 9 de noviembre. Ponente: Ilmo. Sr. D. Laureano Francisco Martínez Clemente (LA LEY 217114/2019).

El proceso de modificación de medidas definitivas exige una ponderación de las circunstancias concurrentes al tiempo en que fueron adoptadas las medidas cuya modificación se pretende y de las existentes en el momento actual.

«Como disponen los arts. 90 y 91 del Código Civil, cuando concurran circunstancias que supongan una alteración sustancial de aquellas otras que se tuvieron en cuenta a la hora de establecer las medidas reguladoras de los efectos de la separación o divorcio, tanto si fueron adoptadas por acuerdo de los cónyuges como judicialmente en defecto de convenio o en caso de no aprobación del mismo, pueden ser modificadas. Por consiguiente, al no gozar de la santidad de la cosa juzgada pueden ser alteradas, debiendo concurrir, reiteramos, una alteración sustancial de las circunstancias que se tuvieron en cuenta para su adopción. Así pues, se exige una ponderación de las circunstancias concurrentes al tiempo en que fueron adoptadas las medidas cuya modificación se pretende y de las existentes en el momento actual, siempre bajo el prisma del interés de los hijos, no sólo de los menores sometidos a patria potestad, sino también de los mayores de edad que aún no posean vida independiente, valorándose asimismo el perjuicio que para los cónyuges pueda derivarse de la adopción de las medidas pretendidas, correspondiendo a la parte demandante acreditar que efectivamente se ha producido una alteración sustancial de circunstancias que se tuvieron en cuenta para decretar las medidas cuya modificación se insta, conforme a las reglas distributivas de la carga de la prueba establecidas en el art. 217 LEC.

Se requiere para la viabilidad y éxito de la acción la concurrencia de un presupuesto cierto y fundamental que altere significativamente las bases en las que se asentaron las medidas y acuerdos cuya revisión se postula, de tal manera que su mantenimiento suponga un grave perjuicio para los interesados. También, para la prosperabilidad de la acción, además de que el cambio sea sustancial o esencial, y no meramente accidental, que tenga una cierta dosis de permanencia en el tiempo, lo que se opone a lo meramente temporal o transitorio; y que resulte de la comparación de la situación contemplada en la sentencia de separación o divorcio y la existente en el momento en que se propone la alteración de las medidas. De ahí que no se trata de aportar criterios meramente subjetivos o de complacencia, sino verdaderas razones, suficientemente probadas, que justifiquen la variación esencial de las circunstancias concretas sobre las que se asienta el pronunciamiento controvertido».

6) STS 250/2013, Sala de lo Civil, 30 de abril. Ponente: Excmo. Sr. D. José Antonio Seijas Quintana (LA LEY 36263/2013).

Requisitos para la modificación de la pensión de alimentos cuando el alimentante tiene nuevos hijos fruto de una relación posterior.

«Sin duda el nacimiento de nuevos hijos, tanto en sede matrimonial normalizada como en otra posterior tras la ruptura, determina una redistribución económica de los recursos económicos de quienes están obligados a alimentarlos para hacer frente a sus necesidades. No es lo mismo alimentar a uno que a más hijos, pero si es la misma la obligación que se impone en beneficio de todos ellos. El hecho de que el nacimiento se produzca por decisión voluntaria o involuntaria del deudor de una prestación de esta clase, no implica que la obligación no pueda modificarse en beneficio de todos, a partir de una distinción que no tiene ningún sustento entre unos y otros, por más que se produzca por la libre voluntad del obligado. El tratamiento jurídico es el mismo pues deriva de la relación paterno filial. Todos ellos son iguales ante la Ley y todos tienen el mismo derecho a percibir alimentos de sus progenitores, conforme al artículo 39 de la Constitución Española, sin que exista un crédito preferente a favor de los nacidos en la primitiva unión respecto de los habidos de otra posterior fruto de una nueva relación de matrimonio o de una unión de hecho del alimentante.

Es decir, el nacimiento de un nuevo hijo sí que puede suponer una modificación sustancial de las circunstancias que se tuvieron en cuenta en el momento de fijarlos a favor de los anteriores. Ahora bien, si el sustento del hijo es una carga del matrimonio, lo importante será conocer el caudal o medios con los que cuenta la nueva unidad familiar, para lo que se hace preciso probar si la esposa contribuía económicamente al sostenimiento de dicha carga o por el contrario el sustento del hijo quedaba a expensas exclusivamente del marido, —situación ésta que sí redundaría en una disminución de su fortuna—. Parece no reparar el recurrente en la importancia que tienen los ingresos de la esposa a la hora de dilucidar si la fortuna de aquel disminuyó, pues la ley determina el carácter ganancial de los rendimientos del trabajo constante matrimonio, y ello ha lugar a que la fortuna del mismo, lejos de disminuir, se viera incrementada a resultas de la convivencia con su nueva mujer (STS 3 de octubre de 2008).

En lo que aquí interesa supone que el nacimiento de un nuevo hijo no basta para reducir la pensión alimenticia del hijo o hijos habidos de una relación anterior, ya fijada previamente, sino que es preciso conocer si la capacidad patrimonial o medios económicos del alimentante es ciertamente insuficiente para hacer frente a esta obligación ya impuesta y a la que resulta de las necesidades de los hijos nacidos con posterioridad, sin merma de la atención de las suyas propias, y valorar si es o no procedente redistribuir la capacidad económica del obligado, sin comprometer la situación de ninguno de los menores, en cuyo interés se actúa, y ello exige ponderar no solo las posibilidades económicas del alimentante sino las del otro progenitor que tiene también la obligación de contribuir proporcionalmente a la atención de los alimentos de los descendientes, según sean sus recursos económicos, prueba que no se ha hecho. Y es que el cambio de medida se argumenta en la demanda exclusivamente sobre la base del nacimiento de estos dos nuevos hijos, sin que la misma contenga referencia alguna a si esta nueva situación supone una merma de su capacidad económica, que puede incluso haber mejorado en razón al patrimonio de su pareja y madre de los hijos, obligada también a su sostenimiento, cuyos recursos se ignoran, siendo así que, conforme a lo dispuesto en el artículo 145 del Código Civil, "cuando recaiga sobre dos o más personas la obligación de dar alimentos, se repartirá entre ellas el pago de la pensión en cantidad proporcional a su caudal respectivo"».

CAPÍTULO XX

INTERROGATORIO DE PARTE

1. INTRODUCCIÓN

El interrogatorio de parte constituye la primera prueba que se practica en la vista.

Se regula en los artículos 301 a 306 LEC.

El abogado solo puede proponer el interrogatorio de la parte contraria y no el de su propio cliente. Por tal motivo, conviene reflexionar acerca de si esta prueba resulta necesaria por cuanto la experiencia demuestra que, en muchas ocasiones, no beneficia a nuestros intereses, sino más bien sirve para reforzar los del contrario.

El Ministerio Fiscal, cuando intervenga en los procesos matrimoniales o de menores, puede proponer el interrogatorio de cualquiera de las partes.

2. CARACTERÍSTICAS DE LA CITACIÓN A JUICIO

La citación a juicio tiene que llevarse a cabo con el apercibimiento que señala el artículo 440.1 LEC, es decir, con la prevención de que si no asistiere la parte y se propusiere y admitiere su declaración, podrán considerarse como admitidos los hechos del interrogatorio. En caso contrario, a falta de citación en estos términos, no será posible aplicar la *ficta confessio*, que señala el referido artículo.

En los **procesos matrimoniales** en la citación se apercibirá a los litigantes del contenido del artículo 770.3ª LEC: «A la vista deberán concurrir las partes por sí mismas, con apercibimiento de que su incomparecencia sin causa justificada podrá determinar que se consideren admitidos los hechos alegados por la parte que comparezca para fundamentar sus peticiones sobre medidas de carácter patrimonial».

No debemos olvidar que el interrogatorio de parte es un acto personalísimo que no admite representación. Por tanto, nuestro cliente no puede otorgar poderes a ninguna persona para que declare en su nombre en la vista.

En cuanto a las consecuencias derivadas de la incomparecencia a juicio de la parte que deba ser interrogada, de la negativa a contestar y de las respuestas evasivas o inconcluyentes.

Con carácter general si no comparece la parte que debe ser interrogada a la vista, sin justa causa que se lo impida, la parte que propuso el interrogatorio puede leer las preguntas que iba a formularle con objeto de que pueda ser de aplicación lo prevenido en el artículo 304 LEC. También puede interesarse la aportación por escrito de las referidas preguntas.

Sin embargo, en la práctica generalmente se entiende que no es necesario hacerlo puesto que el legislador prevé de forma genérica cual es la consecuencia de la no comparecencia, por lo que cualquier hecho alegado que sea controvertido podrá el Tribunal considerarlo probado. Además, el precepto no menciona que deban hacerse dichas preguntas a diferencia de lo que ocurre en el artículo 307 para cuando el interrogado comparece y se niega a contestar o da respuestas evasivas.

En el caso de los procesos matrimoniales se establece que la incomparecencia de las partes sin causa justificada podrá determinar que se consideren admitidos los hechos alegados por la parte que comparezca para fundamentar sus pretensiones sobre medidas de carácter patrimonial (artículo 770.3 LEC).

La incomparecencia injustificada no implica una *ficta confessio* automática, sino que la norma confiere al Tribunal la facultad de poder considerar reconocidos los hechos en los que la parte haya intervenido personalmente. En todo caso, si el Juez no lo aplica, no podrá apreciarse vulneración procesal alguna, puesto que tal y como indica el propio artículo constituye una facultad para el Juzgador, pero no le vincula, máxime si se tiene en cuenta que en los procedimientos de familia el Juez no se encuentra vinculado por las disposiciones referidas a la fuerza probatoria del interrogatorio (artículo 752.2 LEC).

Además, aún para el caso que el Juez considere de aplicación la *ficta confessio* no podrá basar toda la prueba en esta única circunstancia, el Juez, por tanto, tendrá que ponderarla junto con el resultado del restante material probatorio.

Respecto a la **negativa a declarar**, el artículo 307.1 LEC señala que, si la persona llamada a declarar se negara a hacerlo, el Tribunal le apercibirá en el acto de que, salvo que concurra una obligación legal de guardar secreto, puede considerar reconocidos como ciertos los hechos a que se refieren las preguntas, siempre que el interrogado hubiese intervenido personalmente en ellos y su fijación como ciertos le resultare perjudicial en todo o en parte. En el caso de que el interrogado ofrezca respuestas evasivas o inconcluyentes se le hará el mismo apercibimiento (artículo 307.2 LEC).

3. CÓMO DEBEN FORMULARSE LAS PREGUNTAS

He aquí algunas pautas acerca del interrogatorio de la parte contraria:

1.ª Las preguntas se formularán oralmente.

2.ª Si queremos atraer la atención del juzgador deberemos realizar *pocas* preguntas, *claras y concisas. No se admitirán las preguntas vagas e imprecisas.*

Será la única forma de que las preguntas y respuestas no se conviertan en una repetición de la demanda y de la contestación, que se hace innecesaria y deberá provocar su declaración de improcedencia o inutilidad por parte del Juez.

3.ª Intentaremos formularlas en sentido afirmativo para que el interrogado pueda contestar sí o no.

4.ª No incluiremos en ellas valoraciones (apreciaciones subjetivas) ni calificaciones ni conceptos jurídicos (el Juez las deberá tener por no realizadas, en su caso).

5.ª Deben referirse a hechos objeto del procedimiento y se formularán dirigidas a un solo hecho o afirmación, sin que se incluyan varios en la misma pregunta.

6.ª No se podrán plantear al interrogado preguntas generales y técnicas acerca de determinados hechos que no sean los concretos de la controversia que estemos ventilando, y que, por otro lado, serían más propias de un perito.

El Tribunal deberá controlar qué preguntas se efectúan a la parte. Para ello, será imprescindible que el Juez atienda a los criterios generales de pertinencia y utilidad tanto en el momento de proponer la prueba (artículo 283 LEC), denegándola en su caso, como en el momento de su práctica. Para ello el Juez deberá haberse estudiado detenidamente el procedimiento y la documental incorporada, pues solo de este modo tendrá criterio suficiente para declarar improcedentes (no pertinentes ni útiles) aquellas preguntas que no sean relevantes para el esclarecimiento de los hechos o que no tengan relación directa con el objeto de la demanda.

Como ya hemos dicho, el artículo 302.1 LEC establece que las preguntas se formularán oralmente en sentido afirmativo, y así intentaremos hacerlas. Sin embargo, a pesar del tenor literal del precepto no parece que ello siempre sea posible, puesto que habrá hechos que difícilmente puedan ser preguntados en forma afirmativa sin considerar sugestiva la pregunta. La mayoría de los Jueces no son muy rigurosos en este extremo, aunque siempre deberemos cuidar que el interrogado pueda responder con un monosílabo y, si ello es imposible, que pueda hacerlo de forma clara, concreta y precisa (artículo 305.2 LEC).

La ley exige que las preguntas se formulen con ***claridad y precisión*** **y sin incluir valoraciones**. Cuando el Abogado no las realice de esta forma el contrario podrá impugnar en el acto la admisibilidad de las preguntas y hacer notar las valoraciones y calificaciones que, contenidas en las preguntas, sean, en su criterio, improcedentes y deban tenerse por no realizadas, pero no podrá recurrir, ya que no cabe interponer recurso ni contra la inadmisión ni contra la admisión de las preguntas.

Aplicando al interrogatorio lo establecido en el artículo 231 LEC, si el Abogado ha realizado una pregunta que ha sido declarada improcedente, la podrá subsanar y, por tanto, si el Juez no se lo permite, podrá alegar dicho artículo solicitando la posibilidad de formular la misma pregunta de forma distinta.

4. CÓMO DEBE RESPONDER EL INTERROGADO

1.º No podrá consultar documento alguno, a excepción de lo preceptuado en el artículo 305.1 (para auxiliar la memoria).

2.º Las respuestas serán afirmativas o negativas y, de no ser ello posible según el tenor de las preguntas, serán precisas y concretas. El declarante podrá agregar las explicaciones que estime convenientes y que guarden relación con las cuestiones planteadas (artículo 305.2 LEC).

3.º Si el interrogado se niega a declarar argumentando secreto por razón de estado o profesión, y el Juez resuelve admitirlo y consideramos que no está justificado, entiende la mayoría de la doctrina que se podrá recurrir en reposición.

4.º Las respuestas que evidencien un claro intento de evadir la pregunta o las que no establezcan una posición clara del declarante sobre el objeto de la cuestión formulada, podrán ser consideradas como evasivas o inconcluyentes. En este caso el Tribunal de oficio o a instancia de parte, le apercibirá que pueden considerarse reconocidos como ciertos los hechos a los que se refieran las preguntas (artículo 307 LEC).

Todo ello teniendo muy presente que al interrogado no se le va a tomar juramento o promesa de decir verdad (caso distinto de los testigos) y, por tanto, *le está permitido faltar a la verdad;* de ahí que cuestionemos en otro apartado de este capítulo la utilidad de la práctica de este medio probatorio en algunos casos.

El interrogatorio en ningún caso puede traspasar el límite de la intimidad personal ni familiar (artículo 18 de la CE).

Por último, indicar que generalmente el interrogatorio se efectúa en el acto del juicio y ante el Juez que va a dictar la Sentencia, si bien, con carácter excepcional se prevén dos supuestos en los que se altera lo anterior.

- **Interrogatorio de un litigante en su propio domicilio.**

En caso de que por enfermedad que lo impida o por otras circunstancias especiales de la persona que haya de contestar a las preguntas no pudiera ésta comparecer en la sede del Tribunal, de oficio o a instancia de parte, el interrogatorio se podrá prestar en el domicilio del declarante (artículo 311 LEC).

A dicho interrogatorio podrán acudir la contraparte y su Abogado siempre que las circunstancias lo permitan. Si ello no fuere posible se celebrará el interrogatorio a presencia del Tribunal asistido del Letrado de la Administración de Justicia pudiendo presentar la parte proponente de la prueba un pliego de preguntas para que, previa declaración de pertinencia, sean formuladas por el Tribunal.

- **Interrogatorio de un litigante que tiene su domicilio fuera del partido judicial del Tribunal.**

Aunque no es práctica frecuente en los procesos de familia que la declaración se practique fuera de la sede del Juzgado que está conociendo del asunto —porque ello impediría el intento de acuerdo y en consecuencia la imposibilidad de alcanzarlo— sin embargo en aquellos supuestos en los que en atención a la distancia, dificultad de desplazamiento, circunstancias personales de la parte o por cualquiera otra causa de análogas características resulte imposible o muy gravosa, la comparecencia de la persona a interrogar en la sede del Juzgado, se podrá solicitar el auxilio judicial para la práctica de dicha prueba (arts. 313 y 169.4 LEC).

En estos supuestos la parte proponente de la prueba presentará una relación de preguntas a fin de que el Juez que conoce del asunto declare, en su caso, la pertinencia.

Las partes, así como los letrados pueden estar presentes en la práctica del interrogatorio sin que pueda el proponente adicionar nuevas preguntas al ser el Juez que conoce del asunto el único competente para declarar su pertinencia (artículo 313 LEC).

Siempre que sea posible, cuando la parte a interrogar no pueda comparecer en la sede del Juzgado que conoce del procedimiento, se le recibirá declaración por video conferencia.

5. VALORACIÓN DEL INTERROGATORIO

En la Sentencia se deberán considerar como ciertos los hechos que la parte haya reconocido si en ellos intervino personalmente (artículo 316 LEC).

La valoración de esta prueba es una facultad de los Tribunales de instancia, sustraída a los litigantes, y que tan solo podrá ser revisada en instancia superior cuando las conclusiones que de ella se deriven devenguen claramente incongruentes, lo que es complicado apreciar en el interrogatorio de parte. Por consiguiente, dicha prueba será valorada por el Juez libremente, sujeto tan solo a las reglas de la sana crítica.

El Tribunal Supremo tiene declarado que el **interrogatorio de parte hace prueba contra su autor y que no puede ser considerada una prueba superior a las demás**. En este sentido no debemos olvidar el principio de indivisibilidad, es decir, la obligatoriedad de valorar la prueba de interrogatorio dentro del conjunto de toda la prueba practicada y no acudir a una respuesta concreta y precisa del interrogado para fundamentar la resolución, a no ser que, además, esta respuesta pueda sustentarse en otros medios de prueba.

No obstante, lo anterior, en los procesos matrimoniales en las cuestiones respecto de las que el Tribunal pueda pronunciarse de oficio por referirse a materias sobre las que las partes no pueden disponer no está vinculado por las disposiciones legales en materia de fuerza probatoria del interrogatorio de las partes ni de los documentos públicos y privados reconocidos (artículo 752 LEC). En cambio, sí se encuentra vinculado respecto de las materias sobre las que las partes pueden disponer libremente.

6. LEGISLACIÓN

Artículos 301 a 316 de la Ley de Enjuiciamiento Civil:

SECCIÓN 1. Del interrogatorio de las partes

Artículo 301. *Concepto y sujetos del interrogatorio de las partes.* —1. Cada parte podrá solicitar del tribunal el interrogatorio de las demás sobre hechos y circunstancias de los que tengan noticia y que guarden relación con el objeto del juicio. Un colitigante podrá solicitar el interrogatorio de otro colitigante siempre y cuando exista en el proceso oposición o conflicto de intereses entre ambos.

2. Cuando la parte legitimada, actuante en el juicio, no sea el sujeto de la relación jurídica controvertida o el titular del derecho en cuya virtud se acciona, se podrá solicitar el interrogatorio de dicho sujeto o titular.

Artículo 302. *Contenido del interrogatorio y admisión de las preguntas.*—1. Las preguntas del interrogatorio se formularán oralmente en sentido afirmativo, y con la debida claridad y precisión. No habrán de incluir valoraciones ni calificaciones, y si éstas se incorporaren se tendrán por no realizadas.

2. El tribunal comprobará que las preguntas corresponden a los hechos sobre los que el interrogatorio se hubiera admitido, y decidirá

sobre la admisibilidad de las preguntas en el mismo acto en que se lleve a cabo el interrogatorio.

Artículo 303. *Impugnación de las preguntas que se formulen.*— La parte que haya de responder al interrogatorio, así como su abogado, en su caso, podrán impugnar en el acto la admisibilidad de las preguntas y hacer notar las valoraciones y calificaciones que, contenidas en las preguntas, sean, en su criterio, improcedentes y deban tenerse por no realizadas.

Artículo 304. *Incomparecencia y admisión tácita de los hechos.*— Si la parte citada para el interrogatorio no compareciere al juicio, el tribunal podrá considerar reconocidos los hechos en que dicha parte hubiese intervenido personalmente y cuya fijación como ciertos le sea enteramente perjudicial, además de imponerle la multa a que se refiere el apartado cuarto del artículo 292 de la presente Ley.

En la citación se apercibirá al interesado que, en caso de incomparecencia injustificada, se producirá el efecto señalado en el párrafo anterior.

Artículo 305. *Modo de responder al interrogatorio.*—1. La parte interrogada responderá por sí misma, sin valerse de ningún borrador de respuestas; pero se le permitirá consultar en el acto documentos y notas o apuntes, cuando a juicio del tribunal sean convenientes para auxiliar a la memoria.

2. Las respuestas habrán de ser afirmativas o negativas y, de no ser ello posible según el tenor de las preguntas, serán precisas y concretas. El declarante podrá agregar, en todo caso, las explicaciones que estime convenientes y que guarden relación con las cuestiones planteadas.

Artículo 306. *Facultades del tribunal e intervención de abogados. Interrogatorio cruzado.*—1. Una vez respondidas las preguntas formuladas por el abogado de quien solicitó la prueba, los abogados de las demás partes y el de aquella que declarare podrán, por este orden, formular al declarante nuevas preguntas que reputen conducentes para determinar los hechos. El tribunal deberá repeler las preguntas que sean impertinentes o inútiles.

Con la finalidad de obtener aclaraciones y adiciones, también podrá el tribunal interrogar a la parte llamada a declarar.

2. Cuando no sea preceptiva la intervención de abogado, las partes, con la venia del tribunal, que cuidará de que no se atraviesen la palabra ni se interrumpan, podrán hacerse recíprocamente las preguntas y observaciones que sean convenientes para la determinación de los hechos relevantes en el proceso. El tribunal deberá repeler las intervenciones que sean impertinentes o inútiles, y podrá interrogar a la parte llamada a declarar.

3. El declarante y su abogado podrán impugnar en el acto las preguntas a que se refieren los anteriores apartados de este precepto. Podrán, asimismo, formular las observaciones previstas en el artículo 303. El tribunal resolverá lo que proceda antes de otorgar la palabra para responder.

Artículo 307. *Negativa a declarar, respuestas evasivas o inconcluyentes y admisión de hechos personales.*—1. Si la parte llamada a declarar se negare a hacerlo, el tribunal la apercibirá en el acto de que, salvo que concurra una obligación legal de guardar secreto, puede considerar reconocidos como ciertos los hechos a que se refieran las preguntas, siempre que el interrogado hubiese intervenido en ellos personalmente y su fijación como ciertos le resultare perjudicial en todo o en parte.

2. Cuando las respuestas que diere el declarante fuesen evasivas o inconcluyentes, el tribunal, de oficio o a instancia de parte, le hará el apercibimiento previsto en el apartado anterior.

Artículo 308. *Declaración sobre hechos no personales del interrogado.*—Cuando alguna pregunta se refiera a hechos que no sean personales del declarante éste habrá de responder según sus conocimientos, dando razón del origen de éstos, pero podrá proponer que conteste también a la pregunta un tercero que tenga conocimiento personal de los hechos, por sus relaciones con el asunto, aceptando las consecuencias de la declaración.

Para que se admita esta sustitución deberá ser aceptada por la parte que hubiese propuesto la prueba. De no producirse tal aceptación, el declarante podrá solicitar que la persona mencionada sea interrogada en calidad de testigo, decidiendo el tribunal lo que estime procedente.

Artículo 309. *Interrogatorio de persona jurídica o de entidad sin personalidad jurídica.*—1. Cuando la parte declarante sea una persona jurídica o ente sin personalidad, y su representante en juicio no hubiera intervenido en los hechos controvertidos en el proceso, habrá de alegar tal circunstancia en la audiencia previa al juicio, y deberá facilitar la identidad de la persona que intervino en nombre de la persona jurídica o entidad interrogada, para que sea citada al juicio.

El representante podrá solicitar que la persona identificada sea citada en calidad de testigo si ya no formara parte de la persona jurídica o ente sin personalidad.

2. Cuando alguna pregunta se refiera a hechos en que no hubiese intervenido el representante de la persona jurídica o ente sin personalidad, habrá, no obstante, de responder según sus conocimientos, dando razón de su origen y habrá de identificar a la persona que, en nombre de la parte, hubiere intervenido en aquellos hechos. El tribunal citará a dicha persona para ser interrogada fuera del juicio como diligencia final, conforme a lo dispuesto en la regla segunda del apartado 1 del artículo 435.

3. En los casos previstos en los apartados anteriores, si por la representación de la persona jurídica o entidad sin personalidad se manifestase desconocer la persona interviniente en los hechos, el tribunal considerará tal manifestación como respuesta evasiva o resistencia a declarar, con los efectos previstos en los apartados 1 y 2 del artículo 307.

Artículo 310. *Incomunicación de declarantes.*—Cuando sobre unos mismos hechos controvertidos hayan de declarar dos o más partes o personas asimiladas a ellas según el apartado segundo del artículo 301, se adoptarán las medidas necesarias para evitar que puedan comunicarse y conocer previamente el contenido de las preguntas y de las respuestas.

Igual prevención se adoptará cuando deban ser interrogados varios litisconsortes.

Artículo 311. *Interrogatorio domiciliario.*—1. En el caso de que por enfermedad que lo impida o por otras circunstancias especiales de la persona que haya de contestar a las preguntas no pudiera ésta comparecer en la sede del tribunal, a instancia de parte o de oficio, la declaración se podrá prestar en el domicilio o residencia del declarante ante el Juez o el miembro del tribunal que corresponda, en presencia del Letrado de la Administración de Justicia.

2. Si las circunstancias no lo hicieran imposible o sumamente inconveniente, al interrogatorio domiciliario podrán concurrir las demás partes y sus abogados. Pero si, a juicio del tribunal, la concurrencia de éstos y aquéllas no resultare procedente teniendo en cuenta las circunstancias de la persona y del lugar, se celebrará el interrogatorio a presencia del tribunal y del Letrado de la Administración de Justicia, pudiendo presentar la parte proponente un pliego de preguntas para que, de ser consideradas pertinentes, sean formuladas por el tribunal.

Artículo 312. *Constancia en acta del interrogatorio domiciliario.*—En los casos del artículo anterior, el Letrado de la Administración de Justicia extenderá acta suficientemente circunstanciada de las preguntas y de las respuestas, que podrá leer por sí misma la persona que haya declarado. Si no supiere o no quisiere hacerlo, le será leída por el Letrado de la Administración de Justicia y el tribunal preguntará al interrogado si tiene algo que agregar o variar, extendiéndose a continuación lo que manifestare. Seguidamente, firmará el declarante y los demás asistentes, bajo la fe del Letrado de la Administración de Justicia.

Artículo 313. *Interrogatorio domiciliario por vía de auxilio judicial.*—Cuando la parte que hubiese de responder a interrogatorio resida fuera de la demarcación judicial del tribunal, y exista alguna de las circunstancias a que se refiere el párrafo segundo del apartado cuarto del artículo 169, aquélla podrá ser examinada por vía de auxilio judicial.

En tales casos, se acompañará al despacho una relación de preguntas formuladas por la parte proponente del interrogatorio, si ésta así lo hubiera solicitado por no poder concurrir al acto del interrogatorio. Las preguntas deberán ser declaradas pertinentes por el tribunal que conozca del asunto.

Artículo 314. *Prohibición de reiterar el interrogatorio de las partes.*—No procederá interrogatorio de las partes o personas a que se refiere el apartado 2 del artículo 301 sobre los mismos hechos que ya hayan sido objeto de declaración por esas partes o personas.

Artículo 315. *Interrogatorio en casos especiales.*—1. Cuando sean parte en un proceso el Estado, una Comunidad Autónoma, una Entidad local y otro organismo público, y el tribunal admita su declaración, se les remitirá, sin esperar al juicio o a la vista, una lista con las preguntas que, presentadas por la parte proponente en el momento en que se admita la prueba, el tribunal declare pertinentes, para que sean respondidas por escrito y entregada la respuesta al tribunal antes de la fecha señalada para aquellos actos.

2. Leídas en el acto del juicio o en la vista las respuestas escritas, se entenderán con la representación procesal de la parte que las hubiera remitido las preguntas complementarias que el tribunal estime pertinentes y útiles, y si dicha representación justificase cumplidamente no poder ofrecer las respuestas que se requieran, se procederá a remitir nuevo interrogatorio por escrito como diligencia final.

3. Será de aplicación a la declaración prevista en este artículo lo dispuesto en el artículo 307.

Artículo 316. *Valoración del interrogatorio de las partes.*—1. Si no lo contradice el resultado de las demás pruebas, en la sentencia se considerarán ciertos los hechos que una parte haya reconocido como tales si en ellos intervino personalmente y su fijación como ciertos le es enteramente perjudicial.

2. En todo lo demás, los tribunales valorarán las declaraciones de las partes y de las personas a que se refiere el apartado 2 del artículo 301 según las reglas de la sana crítica, sin perjuicio de lo que se dispone en los artículos 304 y 307.

7. JURISPRUDENCIA

1) SAP Valencia 116/2016, Sección 7ª, 14 de marzo. Ponente: Ilma. Sra. D.ª. Pilar Cerdán Villalba. (LA LEY 82522/2016).

Valoración del interrogatorio de parte.

«Respecto de la valoración de las pruebas es reiterada la jurisprudencia sobre ésta en el sentido de que el criterio valorativo de los tribunales de primer grado debe, por regla general, prevalecer, pero que el expresado criterio, en principio prevalente, debe rectificarse en la segunda instancia cuando por parte del recurrente se ponga de manifiesto un evidente fallo en el razonamiento lógico o en el "iter" inductivo del órgano de la primera instancia. Es también doctrina jurisprudencial la de que ese proceso valorativo de las pruebas es incumbencia de Jueces y Tribunales sentenciadores y no de las partes litigantes, a las que queda vedada toda pretensión de sustituir el criterio objetivo del órgano enjuiciador por el suyo propio, dado que la prevalencia de la valoración realizada por éste obedece a la mayor objetividad que la de las partes, pues sus particulares y enfrentados intereses determina la subjetividad y parcialidad de sus planteamientos.

El art. 316 LEC regula la valoración del interrogatorio de las partes y dice: "1. Si no lo contradice el resultado de las demás pruebas, en la sentencia se considerarán ciertos los hechos que una parte haya reconocido como tales si en ellos intervino personalmente y su fijación como ciertos le es enteramente perjudicial. 2. En todo lo demás, los tribunales valorarán las declaraciones de las partes y de las personas a que se refiere el apartado 2 del artículo 301 según las reglas de la sana crítica, sin perjuicio de lo que se dispone en los artículos 304 y 307"».

2) SAP Madrid 376/2013, Sección 25ª, 20 de septiembre. Ponente: Ilmo. Sr. D. Fernando Delgado Rodríguez. (LA LEY 146306/2013).

Valoración de la prueba.

«Todas las pruebas han de ser valoradas por el Juez, tanto individualmente como en su interrelación con las otras, por ello no podemos sino concluir que la apreciación conjunta de las pruebas es obligada, pues, evidentemente, el Juez debe considerar todos los datos probatorios para fundar el juicio de hecho de su sentencia, sin que pueda basarse en uno solo, con exclusión de los restantes, dado que, como se ha dicho por la doctrina científica, el razonamiento judicial —el correcto, claro está— siempre mueve y combina conjuntos, seleccionando los aspectos acreditados más convincentes y mejor fundados.

La propia LEC dispone que las pruebas han de ser examinadas en sus recíprocas relaciones, y así el art. 316.1 LEC, referente a la valoración del interrogatorio de las partes, señala que "si no lo contradice el resultado de las demás pruebas...", y el art. 218.2 LEC exige esa apreciación conjunta cuando le indica al Juez que la motivación de la sentencia "deberá incidir en los distintos elementos fácticos y jurídicos, considerados individualmente y en conjunto, ajustándose siempre a las reglas de la lógica y la razón"».

3) SAP Barcelona 118/2015, Sección 12ª, 3 de marzo. Ponente: Ilmo. Sr. D. José Pascual Ortuño Muñoz. (LA LEY 42970/2015).

Efectos de la denegación del interrogatorio.

«Se ha de destacar, el hecho de que la denegación de la prueba de interrogatorio del actor solicitada por la parte demandada reconviniente no fuera objeto de protesta por la parte que la propuso ha impedido con ello su práctica en la segunda instancia. La razón dada por la magistrada de primera instancia para su denegación, basada en que el tema controvertido era de naturaleza económica debe calificarse de decisión arbitraria y contraria al derecho de defensa del art.

24 en el que se integra el derecho inalienable a interrogar a la parte contraria. Tal decisión ha impedido que el tribunal pudiese apreciar hechos de extraordinaria importancia para el enjuiciamiento, fundamentalmente por la peculiaridad y complejidad de la gestión de la empresa familiar, el papel que han desempeñado ambos esposos en la misma, las atribuciones patrimoniales y acuerdos de funcionamiento, la dedicación de la demandada a la familia y a las actividades económicas del actor, y la verdadera naturaleza de las relaciones jurídico-laborales que han vinculado a los litigantes con el grupo empresarial.

No obstante, la importancia que tiene la práctica de los interrogatorios de las partes en estos procesos, para cuya facilitación el art. 770 LEC exige la presencia personal de las mismas en el acto de la vista, el tribunal carece de la facultad de acordar de oficio la práctica del interrogatorio por la naturaleza exclusivamente dispositiva de las pretensiones y derechos que en esta apelación se discuten. Por esta razón las informaciones sobre los elementos esenciales de las pretensiones jurídicas de las partes son incompletas y sesgadas, por los filtros diseñados por las estrategias procesales de las representaciones letradas de los litigantes».

4) SAP Granada 17/2016, Sección 5ª, 22 de enero. Ponente: Ilmo. Sr. D. Ramón Ruiz Jiménez (LA LEY 31811/2016).

Efectos de la incomparecencia al acto del juicio. Imposibilidad de practicar el interrogatorio.

«En cuanto a la ficta confessio, en relación con la infracción que se invoca por no aplicación del art 304 LEC, ante la ausencia del codemandado, señalar que como ya hemos expuesto con reiteración (por todas, en sentencia de 20-12-13), el hecho de la incomparecencia del demandado al acto del juicio y consiguientemente, al interrogatorio, no comporta, sin más, que deba ser tenido por confeso, a fin de dar por probada la tesis de la contraparte y ello por cuanto el actual y vigente art. 304 LEC, como el anterior 593 LEC de 1881, la contemplan como mera facultad discrecional que queda sometida totalmente al arbitrio judicial, que resolverá sobre esta cuestión de una manera libre y pertinente ya que para que exista "ficta confessio", no solo es necesario que se hayan hecho previamente las advertencias oportunas sino también que el Juez, según su prudente arbitrio, estime que de la negativa o incomparecencia del llamado a declarar se infiera racionalmente la consecuencia del reconocimiento en que se funda la pretensión de la parte contraria, puesto que es bien patente que el art 304 LEC, no obliga al juzgador a atribuirle a la negativa o incomparecencia los efectos fatales que pretende la parte recurrente, sino que únicamente lo faculta para ello, al emplear la inequívoca expresión "el Tribunal podrá considerar reconocidos los hechos...".

Denegado el interrogatorio por videoconferencia, no se recurrió la resolución que así lo acordaba. De otra parte, la naturaleza del acto de que se trata, hace difícil el acoger la excepcional medida que se pretende».

5) SAP Pontevedra 338/2015, Sección 1ª, 7 de octubre. Ponente: Ilmo. Sr. D. Manuel Almenar Belenguer. (LA LEY 147539/2015).

Efectos de la incomparecencia a juicio. Imposibilidad de practicar el interrogatorio.

«La "ficta admissio" (admisión ficticia) prevista en los arts. 304 y 307 LEC se configura, en consonancia con la doctrina jurisprudencial sobre la "ficta confessio" (confesión ficticia) sentada durante la vigencia de la LEC de 1881, como una facultad discrecional del juez, de uso tradicionalmente muy limitado.

Es una facultad del tribunal, no una regla de aplicación obligatoria, y precisa de la existencia de hechos relevantes para la decisión del litigio respecto de los que el interrogatorio de parte sea un medio adecuado de prueba.

Pero esas características no suponen que su uso por el Juez, bien para aplicarla, bien para denegar su aplicación, pueda ser arbitrario. Cuando no hay otras pruebas adecuadas para acreditar los hechos relevantes del litigio que son objeto de controversia, tal ausencia de pruebas no se debe a la desidia del litigante que propuso la prueba de interrogatorio de parte, y la prueba de interrogatorio de parte sea adecuada para acreditar los hechos de que se trate, la institución de la "ficta admissio" del art. 304 LEC se revela como idónea para considerar acreditados tales hechos, por la naturaleza de los mismos y la intervención personal que en ellos tuvo la parte cuyo interrogatorio ha sido solicitado. En tales casos, al haber quedado los hechos sin prueba, o al menos sin prueba concluyente, la facultad del art. 304 LEC ha de ser aplicada, prudente y razonablemente de modo que lleguen a considerarse acreditadas tesis absurdas o difícilmente creíbles. De no ser así, el juego de los principios de la carga de la prueba contenidos en el art. 217 LEC beneficiaría a la parte que con su postura obstaculizadora de la práctica de la prueba, al no haber comparecido para ser interrogada, ha impedido que el interrogatorio pueda ser realizado.

Se trata de evitar que la falta de prueba de ciertos hechos por culpa de la postura obstruccionista de una de las partes le beneficie por la aplicación de las reglas de la carga de la prueba. Para ello se recurre a la ficción de una admisión tácita de tales hechos por la parte que no acudió al interrogatorio al que fue citada, lo que ha de engarzarse con la jurisprudencia, de origen constitucional, relativa a la obligación de colaboración de las partes en cuyo poder se encuentran las fuentes de la prueba, que se inició con la STC 7/1994 de 17 de enero».

CAPÍTULO XXI

INTERROGATORIO DE TESTIGOS

1. ESQUEMA

El interrogatorio de testigos se regula en los artículos 360 a 381 LEC.

Esta prueba se practica en las sesiones de la vista de la siguiente manera:

1º Una vez comparecido el testigo, el Juez le tomará juramento o promesa de decir verdad.

2º El Juez formulará al testigo las «preguntas generales de la ley».

3º Posteriormente dará la palabra al Abogado de la parte que lo haya propuesto o al Ministerio Fiscal si ha sido quien ha interesado la prueba testifical para que comience su interrogatorio. La forma y el modo del mismo son similares a lo que ya hemos indicado para la prueba de interrogatorio.

4º A continuación, el Juez concederá la palabra al Abogado contrario para que formule las preguntas que considere conveniente.

— Contra la denegación de las preguntas no cabe recurso alguno; tan solo formular protesta a efectos de la segunda instancia.

— Cuando el Abogado considere que una pregunta es impertinente o inútil, deberá impugnarla haciendo referencia al motivo por el que considera que dicha pregunta no debe ser admitida.

— El Abogado podrá poner en conocimiento del juzgado circunstancias relativas a las preguntas de las «generales de la ley» en caso de que dude de la imparcialidad del testigo. En tal caso, el Tribunal podrá volver a interrogar al testigo acerca de los extremos puestos en evidencia por el Abogado.

2. ANÁLISIS

La prueba testifical debe recaer sobre una **persona física ajena a las partes del proceso** que tenga conocimiento de los hechos controvertidos objeto del litigio.

El testigo puede ser directo (cuando ha presenciado los hechos) o de referencia (cuando los conoce a través de terceras personas).

Los testigos deben responder a las preguntas que le formulen los letrados de las partes y el Ministerio Fiscal, siempre que el Tribunal las haya declarado pertinentes y útiles. Cuando respondan, deberán explicar la forma en la que han conocido los hechos sobre los que se le pregunten.

Las **personas jurídicas y entidades públicas** no pueden ser citadas como testigos. Cualquier declaración relevante que pudieran aportar al proceso se efectuara por la vía de «informe» como detalla en el artículo 381 LEC.

3. IDONEIDAD DE LOS TESTIGOS

Los testigos deben ser idóneos (artículo 361 LEC). Todas las personas físicas cumplen este requisito, salvo las que se encuentran en los siguientes supuestos:

> 1.º Se halle privado de razón o de sentido, de tal forma que le afecte a la apreciación de los hechos;
> 2.º Sea menor de 14 años; en este caso el Tribunal podrá valorar si carece o no del discernimiento necesario para declarar en conciencia.

El Abogado deberá advertir al Tribunal de que una persona citada o propuesta como testigo carece de idoneidad para declarar. Se trata de una cuestión que, además, debe ser analizada de oficio por el Tribunal.

La **prueba testifical se admite de forma más restrictiva en los procesos de familia** que en otro tipo de procesos civiles. Dada la naturaleza de estos procesos, las personas propuestas como testigos generalmente tienen relación de parentesco (padres, hermanos, hijos mayores de una de las partes...), o de amistad/enemistad con alguna de las partes. Por tanto, su intervención en el proceso suele ser temperamental y por ello su testimonio no goza de la objetividad ni de la imparcialidad suficiente para ser tenido en cuenta por el Tribunal.

No obstante, lo anterior, hay supuestos en los que la prueba testifical es especialmente útil como sucede con el testimonio de los hijos mayores de edad en los litigios en que se reclamen alimentos en su nombre o se interese la extinción de los que vienen percibiendo.

También resulta útil en los procesos de división de patrimonios pues el interrogatorio de los testigos puede ayudar a determinar el carácter privativo o ganancial de algún bien.

4. MOMENTO PARA LA PROPOSICIÓN DE LA PRUEBA TESTIFICAL

La proposición de la prueba testifical se efectuará en el acto de la vista.

En el acto de la vista, el **Abogado deberá manifestar al Tribunal los motivos que avalan la intervención del testigo** y especificar, en la medida de lo posible, sobre qué hechos va a desarrollar su testimonio.

La parte a quien interese su práctica se habrá puesto en contacto con dicho testigo para que acuda al Juzgado el día señalado para la vista.

Sin embargo, las **partes también podrán solicitar que la citación a los testigos se haga judicialmente**. En la citación a juicio, se indicará a las partes que, en el plazo de los cinco días siguientes a la recepción de la misma, deberán presentar escrito indicando las personas que por no poder presentar ellas mismas, es necesario que sean citadas por el juzgado (artículo 440.1 LEC). La citación de estos testigos por el Letrado de la Administración de Justicia en modo alguno implica que el Tribunal haya admitido este medio de prueba. Esta última decisión se adoptará en el acto de la vista. Se trata, sin duda, de un error en el que se incurre a menudo: la creencia de que la mera citación a juicio de un testigo por parte del juzgado ya implica que la prueba se ha admitido.

El escrito en el que se solicita la *citación de los testigos* deberá contener todos los datos que faciliten dicha citación (nombre completo, domicilio, número de teléfono, email, etc.). Si no se conoce algún extremo relevante para su localización, puede el Tribunal actuar de oficio conforme a las facultades que le confiere el artículo 156 LEC para lograr su correcta citación.

5. NÚMERO DE TESTIGOS

La LEC no limita el número de testigos que las partes pueden proponer por cada hecho controvertido.

En cambio, sí que establece que los gastos de testigos que excedan de tres por cada hecho discutido serán, en todo caso, de cuenta de la parte que los haya presentado.

Por otro lado, el Tribunal podrá manifestar que se encuentra *suficientemente ilustrado* cuando hayan declarado tres testigos sobre un mismo hecho y, por tanto, prescindir de la declaración del resto de testigos que fueran a deponer sobre los mismos extremos (artículo 363 LEC).

6. JURAMENTO O PROMESA Y PREGUNTAS GENERALES DE LA LEY

A los testigos mayores de edad se les deberá tomar juramento o promesa de decir verdad. No se exige, en cambio, a los menores de edad penal (artículo 365 LEC).

Deberán responder «sí juro» o «sí prometo». La diferencia entre el juramento y la promesa estriba en que se jura por Dios y se promete por el honor de uno mismo.

Además, el Tribunal deberá informar al testigo de las penas que nuestra legislación establece para el falso testimonio (artículos 458 y 460 CP).

El artículo 367 LEC establece unas preguntas generales que debe efectuar el Tribunal a todos los testigos (datos de identificación; relación con las partes; amistad íntima o enemistad con las partes, interés directo o indirecto en la resolución el litigio, etc.)

En vista de las respuestas del testigo a las «preguntas generales de la ley», las partes podrán manifestar al tribunal la existencia de circunstancias relativas a su imparcialidad. El tribunal podrá interrogar al testigo sobre esas circunstancias y hará que preguntas y respuestas se consignen en acta para la debida valoración de las declaraciones al dictar sentencia

7. INCOMUNICACIÓN DE LOS TESTIGOS

El artículo 366 LEC establece que los testigos deberán permanecer incomunicados hasta que no presten declaración.

En ocasiones, por problemas de infraestructuras de los juzgados, hay claras dificultades de llevar a cabo lo ordenado en este precepto.

El Tribunal deberá cuidar de dar cumplimiento a la norma e impedir la comunicación de los testigos que ya han declarado con los que aún no lo hubieran hecho, impidiendo, generalmente, que salgan de la sala hasta que no haya declarado el último testigo. De esta manera, se evita que informen a los otros testigos de lo ocurrido en Sala y puedan éstos preparara su declaración.

8. FORMA DE REALIZAR LAS PREGUNTAS A LOS TESTIGOS

Una vez que el Juez ha tomado juramento o promesa al testigo y ha formulado las preguntas generales, dará la palabra al

Abogado o, en su caso, al Ministerio Fiscal si es quien ha propuesto la testifical para que este inicie el interrogatorio.

Las preguntas se **formulan oralmente** en el acto de la vista.

Tras la reforma de la Ley 13/2009, de noviembre, ha desaparecido, la anterior exigencia de que debían formularse «en sentido afirmativo». Sin embargo, esta circunstancia sigue constando respecto del interrogatorio de parte (artículo 302.1 LEC).

Para que las preguntas puedan ser admitidas por el Tribunal deben ajustarse a los siguientes **requisitos**:

— claridad y precisión,
— se formularán de una en una,
— no podrán contener valoraciones o calificaciones subjetivas.

9. DECLARACIÓN DE IMPERTINENCIA O INUTILIDAD DE LA PREGUNTA

El Tribunal deberá declarar **impertinentes** las siguientes preguntas:

— las preguntas que contengan a su vez *varias* y en las que el testigo, contestando a la última, pueda incurrir en el error de responder también afirmativamente a las anteriores;
— las que no se formulen con la claridad y precisión adecuadas o las que contengan valoraciones o calificaciones;
— también deberán ser declaradas impertinentes por el Tribunal las que *no guarden relación con el objeto del proceso* y, además, deberán ser declaradas *inútiles* aquellas

otras que no resulten adecuadas para el esclarecimiento de los hechos controvertidos.

En ningún caso el interrogatorio del testigo puede traspasar el límite de la intimidad personal ni familiar (artículo 18.1 CE). En consecuencia, el testigo no deberá responder a este tipo de preguntas. En caso de haber respondido, el Tribunal deberá tener por no efectuada la pregunta y no podrá ser valorada la contestación a la misma en la sentencia.

En los **procesos matrimoniales**, el Tribunal deberá declarar impertinentes todas aquellas preguntas cuya finalidad sea indagar sobre la causa de la ruptura matrimonial.

10. IMPUGNACIÓN DE LA PREGUNTA ADMITIDA

En este apartado, estamos haciendo referencia a dos supuestos, Por un lado, la impugnación de la pregunta por el Abogado a quien perjudica. Por otro, la protesta por la inadmisión del Abogado que ha formulado dicha pregunta y a quien le beneficia en su estrategia procesal.

Nuestro legislador distingue en la actuación del Abogado la «inadmisión de la pregunta» de su «admisión», y así, una vez realizada la pregunta, será distinta la intervención del Abogado si esta ha sido o no admitida.

— **Inadmisión:** el Abogado que se muestre disconforme con la inadmisión podrá formular «protesta» a efectos de la segunda instancia y pedir que conste en acta la misma (artículo 369.2 LEC).

Ante esta circunstancia, el Abogado que ha efectuado la pregunta puede intentar una nueva formulación eliminando el vicio que ha provocado su inadmisión (artículo 231 LEC).

Si considera improcedente su inadmisión podrá formular protesta y, en su caso, volver a reiterar la pregunta en el escrito del recurso de apelación (artículo 460.2. 1º LEC).

— **Admisión:** el Abogado de la parte contraria a la que se le haya formulado la pregunta *deberá impugnar la pregunta* antes de que sea contestada por el testigo, debiendo manifestar las razones de su impugnación. Esta impugnación, bien podría ser porque no reúne los requisitos de pertinencia y de utilidad, bien porque no se ha formulado correctamente.

En este caso, el Juez resolverá de forma inmediata y, si decide su inadmisión, no será contestada (artículo 369.1 LEC).

11. TESTIGO-PERITO

El llamado **testigo-perito** debe revestir dos cualidades esenciales. Por un lado, debe haber presenciado los hechos (testigo presencial) o se los tiene que haber narrado una tercera persona (testigo de referencia). Por otro, deberá tener la cualidad de perito en el sentido de poseer una cualificación profesional que le va a permitir responder a preguntas técnicas.

La figura del testigo-perito regulada en el artículo 370 LEC se utiliza, en ocasiones, para conseguir la declaración de un perito cuyo dictamen se ha inadmitido por cualquier circunstancia. Se trata de un abuso procesal que debe ser advertido por el Abogado y rechazado por el Tribunal.

Para **distinguir si se trata de un testigo-perito o de un perito**, debe valorarse la forma en que dicha persona se pone en relación con los hechos enjuiciados. Si lo hace de modo histórico —antes de iniciarse el proceso ya se encontraba en la misma situación— será considerado como testigo. Sin embargo, si lo hace porque ha sido requerido para valorar un hecho concreto (generalmente técnico) sin que haya tenido conocimiento con anterioridad, deberá ser considerado perito. Solo cuando reúna estas dos características, es decir, tener relación histórica con el proceso y poseer una cualificación técnica-profesional concreta y útil para el esclarecimiento de los hechos controvertidos cuando pueda ser calificado de «testigo-perito».

La consecuencia de todo ello es que en modo alguno podrán revestir la condición de «testigo-perito» aquellos peritos autores de dictámenes que obren en las actuaciones y que hayan sido llamados al proceso en dicha calidad.

12. ORDEN DEL INTERROGATORIO

El orden en el que se dará el turno de palabra para proceder al interrogatorio será el siguiente:

1º) El testigo será interrogado por la parte que lo ha propuesto.

Si se ha propuesto por ambas partes, comenzará el interrogatorio la parte actora.

2º) Una vez interrogado por la parte que lo ha propuesto, el Juez concede la palabra al resto de partes y el Ministerio Fiscal, cuando intervenga.

No están vinculados por las preguntas realizadas por su predecesor en el interrogatorio. Por tal motivo, podrían formular cualesquiera otras preguntas, siempre que el Tribunal considere que sean pertinentes y útiles para el objeto de controversia.

El Tribunal debe evitar que las palabras reiteren preguntas que ya han sido contestadas por el testigo.

3º) El Juez podrá participar en el interrogatorio en cualquier momento y su intervención no es complementaria de la de las partes (artículos 372.2 y 752.2 LEC). Por tanto, el Tribunal podrá realizar cuantas preguntas estime conveniente para el esclarecimiento de los hechos controvertidos.

Las respuestas serán de palabra, sin valerse de ningún instrumento, a excepción de aquellos casos en que la pregunta verse sobre algún documento en el que se contengan datos que el testigo, por no poderlos retener en su memoria, precise su consulta. En principio, y siempre que sea posible, contestará en sentido afirmativo o negativo, añadiendo alguna explicación concreta en caso necesario.

El artículo 371 LEC regula los casos en los que **el testigo puede estar exento de declarar**. Ello tendrá lugar en dos supuestos:

— Cuando esté obligado a mantener el secreto por su estado o profesión (Abogados, Procuradores, eclesiásticos, determinados funcionarios). El testigo deberá ponerlo en conocimiento del Tribunal y el Juez resolverá mediante providencia lo que proceda en Derecho.

— Cuando la materia sobre la que verse el interrogatorio se encuentre declarada reservada o secreta. En este caso, el tribunal pedirá de oficio, mediante providencia, al órgano competente el documento oficial que acredite dicho carácter. El tribunal, comprobado el fundamento de la alegación del carácter reservado o secreto, mandará unir el documento a los autos, dejando constancia de las preguntas afectadas por el secreto oficial.

13. RENUNCIA DEL TESTIGO PROPUESTO

En ocasiones, el abogado que propuso la declaración de un testigo renuncia a dicha prueba en el acto de la vista.

Si se produce esta situación, los abogados de las demás partes no podrán interrogar a dicho testigo (artículo 371.1 LEC). Para evitar esta situación, resulta recomendable que el Abogado proponga a dicha persona también como testigo, máxime cuando su declaración resulta fundamental para la defensa de sus intereses.

De esta manera, aunque el otro abogado renuncie a la prueba, siempre podremos interrogar a dicho testigo y evitaremos quedarnos sin material probatorio relevante para la resolución del litigio.

14. CAREO ENTRE TESTIGOS

El artículo 373 LEC permite acordar, de oficio o a instancia de parte, el **careo entre testigos**, siempre que exista una grave contradicción.

También puede acordarse, que el **careo se realice entre alguno o algunos de los testigos y las partes**. Durante el careo no se modifica la cualidad de cada uno de los intervinientes y, por ello, el testigo podrá incurrir en el delito de falso testimonio, circunstancia ajena a la parte

Si el Tribunal deniega dicha prueba, el abogado podrá presentar recurso de reposición, pues se trata de una «nueva prueba» propuesta e inadmitida, por lo que regirá la norma general de interposición de los recursos pertinentes (artículo 285.2 y 446 LEC).

La LEC no indica la forma para la práctica del careo. Deberá aplicarse por analogía lo establecido para esta prueba en el proceso penal en los artículos 451 a 454 LECR.

15. TACHA DE LOS TESTIGOS

La tacha de testigos consiste en la denuncia o sospecha efectuada por una parte que el Tribunal debe de valorar según las reglas de la sana crítica.

Tachar a un testigo no significa que su declaración sea rechazada de plano. Si se acogiera esta tesis, bastaría con tachar los testigos por la parte contraria para que tales pruebas quedasen sin eficacia probatoria.

Con las tachas no se acredita la falta de veracidad de un testigo, sino sólo la justificación de la sospecha de que puede no haber dicho la verdad. Por ello, la declaración de dicho testigo es «válida», sin perjuicio del valor que le dé el tribunal al apreciar la prueba testifical conforme a las reglas de la sana crítica

El artículo 378 LEC establece el **momento de alegar la tacha**: desde el momento que se admita la prueba. En el proceso matrimonial, la tacha se expresará en el acto de la vista. No obstante, algunos juzgados admiten la alegación de la tacha con anterioridad si ya se conocía la identidad del testigo propuesto, aunque dicha prueba todavía no se haya admitido.

La **forma de alegar la tacha** será, en general, siempre oral en el procedimiento matrimonial al efectuarse en la vista. Si se admite la tacha anticipada, podría manifestarse a través de un escrito en el que se detallen las razones y se ilustre al Tribunal sobre esta cuestión. En ese caso, se dará traslado de dicho escrito a la parte contraria para que conozca el fundamento de la tacha y pueda proponer prueba conducente a la defensa de su derecho.

Como hemos reseñado, si el contrario se opone a la tacha, se deberá **proponer prueba**, *que* será admitida y practicada, en su caso, en ese mismo momento. La aceptación de la tacha puede ser expresa o tácita (si la parte que ha propuesto al testigo no se opone en el plazo de los tres días desde que se le notifica la formulación de la tacha).

El artículo 377 LEC establece unas **causas que motivan la tacha** de los testigos:

> 1.º Ser o haber sido cónyuge o pariente por consanguinidad o afinidad dentro del cuarto grado civil de la parte que lo haya presentado o de su abogado o procurador o hallarse relacionado con ellos por vínculo de adopción, tutela o análogo.
>
> 2.º Ser el testigo, al prestar declaración, dependiente del que lo hubiere propuesto o de su procurador o abogado o estar a su servicio o hallarse ligado con alguno de ellos por cualquier relación de sociedad o intereses.
>
> 3.º Tener interés directo o indirecto en el asunto de que se trate.
>
> 4.º Ser amigo íntimo o enemigo de una de las partes o de su abogado o procurador.
>
> 5.º Haber sido el testigo condenado por falso testimonio.

También la parte proponente del testigo podrá tachar a este si conoce con posterioridad alguna de las circunstancias relacionadas anteriormente.

La tacha alegada, en su caso, deberá ser analizada a la vista de lo manifestado por el testigo y del resultado del resto de pruebas practicadas —podrán proponerse todas excepto la testifical (artículo 379.1 LEC)—, debiendo distinguir la tacha de testigos de su inhabilidad para declarar prevista «*a sensu contrario*» en el artículo 361 LEC, pues son circunstancias distintas que pueden concurrir en un testigo.

La tacha debe actuar como **advertencia a la hora de valorar el «vicio» que puedan contener las manifestaciones realizadas por el testigo** y la influencia que dicha tacha pueda tener en su imparcialidad. Será en la sentencia donde el Juez debe valorar la tacha alegada, sin que deba realizar ninguna manifestación en el acto del juicio.

16. INTERROGATORIO DE LOS DETECTIVES PRIVADOS

El artículo 380 LEC regula el interrogatorio acerca de los hechos que constan en los informes. Aunque no lo mencione expresamente, la doctrina coincide en que se refiere a los **informes elaborados por los profesionales de la investigación privada** —circunstancia que deberán acreditar mediante su habilitación profesional— (artículo 265.1. 5.º LEC).

Estos informes se presentarán con la demanda o con la contestación, aunque es posible presentarlos en el acto del juicio si concurre alguna de las circunstancias previstas en el artículo 270 LEC.

Si los hechos contenidos en dichos informes fueran negados de contrario podrá proponerse como *testifical la corroboración* de los mismos por sus autores. De este modo el testigo reconocerá su firma y ratificará el contenido del informe y, además, quedará a disposición de las partes y del Tribunal para responder a cuantas preguntas pertinentes y útiles le formulen.

El informe carecerá de valor probatorio si la parte a quien perjudiquen los hechos no los reconoce y no comparece el autor del mismo al juicio a efectos de ratificar su contenido y ser interrogado como testigo.

Por tanto, la LEC da cobertura legal al informe de detectives que adquiere especial importancia en algunos procesos de familia. En otros supuestos, estos informes pueden ser útiles para acreditar que una de las partes realiza una actividad laboral en régimen de «economía sumergida». También cuando se pretende extinguir la pensión compensatoria cuando el beneficiario está conviviendo maritalmente con otra persona (artículo 101 CC).

17. VALOR PROBATORIO DE LA PRUEBA TESTIFICAL

En el proceso civil, esta prueba se encuentra bastante desprestigiada. De hecho, en los procesos matrimoniales los juzgados son muy restrictivos en la admisión de pruebas testificales dado que, en su mayor parte, se propone a amigos o familiares lo que reduce, sin duda, la credibilidad de su testimonio por la vinculación con las partes.

El artículo 376 LEC atribuye al Juez la libertad en la valoración de la prueba mediante la aplicación de las reglas de la sana crítica. Dicha circunstancia en modo alguno equivale a que el Juez pueda ser arbitrario en su apreciación pues ello podrá ser impugnado a través del recurso correspondiente.

En la valoración de las declaraciones de los testigos se tomará en consideración la razón de ciencia que hubieren dado los testigos, las circunstancias que en ellos concurran y, en su caso, las tachas formuladas y los resultados de la prueba que sobre éstas se hubiere practicado.

18. LEGISLACIÓN

Artículos 360 a 381 de la Ley de Enjuiciamiento Civil:

SECCIÓN 7. Del interrogatorio de testigos

Artículo 360. *Contenido de la prueba.*—Las partes podrán solicitar que declaren como testigos las personas que tengan noticia de hechos controvertidos relativos a lo que sea objeto del juicio.

Artículo 361. *Idoneidad para ser testigos*.—Podrán ser testigos todas las personas, salvo las que se hallen permanentemente privadas de razón o del uso de sentidos respecto de hechos sobre los que únicamente quepa tener conocimiento por dichos sentidos.

Los menores de catorce años podrán declarar como testigos si, a juicio del tribunal, poseen el discernimiento necesario para conocer y para declarar verazmente.

Artículo 362. *Designación de los testigos*.—Al proponer la prueba de testigos, se expresará su identidad, con indicación, en cuanto sea posible, del nombre y apellidos de cada uno, su profesión y su domicilio o residencia.

También podrá hacerse la designación del testigo expresando el cargo que ostentare o cualesquiera otras circunstancias de identificación, así como el lugar en que pueda ser citado.

Artículo 363. *Limitación del número de testigos*.—Las partes podrán proponer cuantos testigos estimen conveniente, pero los gastos de los que excedan de tres por cada hecho discutido serán en todo caso de cuenta de la parte que los haya presentado.

Cuando el tribunal hubiere escuchado el testimonio de al menos tres testigos con relación a un hecho discutido, podrá obviar las declaraciones testificales que faltaren, referentes a ese mismo hecho, si considerare que con las emitidas ya ha quedado suficientemente ilustrado.

Artículo 364. *Declaración domiciliaria del testigo*.—1. Si por enfermedad u otro motivo de los referidos en el párrafo segundo del apartado 4 del artículo 169, el tribunal considerare que algún testigo no puede comparecer en la sede de aquél, podrá tomársele declaración en su domicilio bien directamente, bien a través de auxilio judicial, según que dicho domicilio se halle o no en la demarcación del tribunal.

A la declaración podrán asistir las partes y sus abogados, y, si no pudieren comparecer, se les autorizará a que presenten interrogatorio escrito previo con las preguntas que desean formular al testigo interrogado.

2. Cuando, atendidas las circunstancias, el tribunal considere prudente no permitir a las partes y a sus abogados que concurran a la declaración domiciliaria, se dará a las partes vista de las respuestas obtenidas para que puedan solicitar, dentro del tercer día, que se formulen al testigo nuevas preguntas complementarias o que se le pidan las aclaraciones oportunas, conforme a lo prevenido en el artículo 372.

Artículo 365. *Juramento o promesa de los testigos.*—1. Antes de declarar, cada testigo prestará juramento o promesa de decir verdad, con la conminación de las penas establecidas para el delito de falso testimonio en causa civil, de las que le instruirá el tribunal si manifestare ignorarlas.

2. Cuando se trate de testigos menores de edad penal, no se les exigirá juramento ni promesa de decir verdad.

Artículo 366. *Modo de declarar los testigos.*—1. Los testigos declararán separada y sucesivamente, por el orden en que vinieran consignados en las propuestas, salvo que el tribunal encuentre motivo para alterarlo.

2. Los testigos no se comunicarán entre sí ni podrán unos asistir a las declaraciones de otros.

A este fin, se adoptarán las medidas que sean necesarias.

Artículo 367. *Preguntas generales al testigo.*—1. El tribunal preguntará inicialmente a cada testigo, en todo caso:

1.º Por su nombre, apellidos, edad, estado, profesión y domicilio.

2.º Si ha sido o es cónyuge, pariente por consanguinidad o afinidad, y en qué grado, de alguno de los litigantes, sus abogados o procuradores o se halla ligado a éstos por vínculos de adopción, tutela o análogos.

3.º Si es o ha sido dependiente o está o ha estado al servicio de la parte que lo haya propuesto o de su procurador o abogado o ha tenido o tiene con ellos alguna relación susceptible de provocar intereses comunes o contrapuestos.

4.º Si tiene interés directo o indirecto en el asunto o en otro semejante.

5.º Si es amigo íntimo o enemigo de alguno de los litigantes o de sus procuradores o abogados.

6.º Si ha sido condenado alguna vez por falso testimonio.

2. En vista de las respuestas del testigo a las preguntas del apartado anterior, las partes podrán manifestar al tribunal la existencia de circunstancias relativas a su imparcialidad.

El tribunal podrá interrogar al testigo sobre esas circunstancias y hará que preguntas y respuestas se consignen en acta para la debida valoración de las declaraciones al dictar sentencia.

Artículo 368. *Contenido y admisibilidad de las preguntas que se formulen.*—1. Las preguntas que se planteen al testigo deberán formularse oralmente y con la debida claridad y precisión. No habrán de incluir valoraciones ni calificaciones, y si éstas se incorporaran, se tendrán por no realizadas.

2. El tribunal decidirá sobre las preguntas planteadas en el mismo acto del interrogatorio, admitiendo las que puedan resultar conducentes a la averiguación de hechos y circunstancias controvertidos, que guarden relación con el objeto del juicio.

Se inadmitirán las preguntas que no se refieran a los conocimientos propios de un testigo según el artículo 360.

3. Si pese a haber sido inadmitida, se respondiese una pregunta, la respuesta no constará en acta.

Artículo 369. *Impugnación de la admisión de las preguntas y protesta contra su inadmisión.*—1. En el acto mismo del interrogatorio, las partes distintas de quien haya formulado la pregunta podrán impugnar su admisión y hacer notar las valoraciones y calificaciones que estimen improcedentes y que, a su juicio, debieran tenerse por no realizadas.

2. La parte que se muestre disconforme con la inadmisión de preguntas, podrá manifestarlo así y pedir que conste en acta su protesta.

Artículo 370. *Examen del testigo sobre las preguntas admitidas. Testigo-perito.*—1. Una vez contestadas las preguntas generales, el testigo será examinado por la parte que le hubiera propuesto, y si hubiera sido propuesto por ambas partes, se comenzará por las preguntas que formule el demandante.

2. El testigo responderá por sí mismo, de palabra, sin valerse de ningún borrador de respuestas. Cuando la pregunta se refiera a cuentas, libros o documentos, se permitirá que los consulte antes de responder.

3. En cada una de sus respuestas, el testigo expresará la razón de ciencia de lo que diga.

4. Cuando el testigo posea conocimientos científicos, técnicos, artísticos o prácticos sobre la materia a que se refieran los hechos del interrogatorio, el tribunal admitirá las manifestaciones que en virtud de dichos conocimientos agregue el testigo a sus respuestas sobre los hechos.

En cuanto a dichas manifestaciones, las partes podrán hacer notar al tribunal la concurrencia de cualquiera de las circunstancias de tacha relacionadas en el artículo 343 de esta Ley.

Artículo 371. *Testigos con deber de guardar secreto.*—1. Cuando, por su estado o profesión, el testigo tenga el deber de guardar secreto respecto de hechos por los que se le interrogue, lo manifestará razonadamente y el tribunal, considerando el fundamento de la negativa a declarar, resolverá, mediante providencia, lo que proceda en Derecho. Si el testigo quedare liberado de responder, se hará constar así en el acta.

2. Si se alegare por el testigo que los hechos por los que se le pregunta pertenecen a materia legalmente declarada o clasificada como de carácter reservado o secreto, el tribunal, en los casos en que lo considere necesario para la satisfacción de los intereses de la administración de justicia, pedirá de oficio, mediante providencia, al órgano competente el documento oficial que acredite dicho carácter.

El tribunal, comprobado el fundamento de la alegación del carácter reservado o secreto, mandará unir el documento a los autos, dejando constancia de las preguntas afectadas por el secreto oficial.

Artículo 372. *Intervención de las partes en el interrogatorio y ampliación de éste.*—1. Una vez respondidas las preguntas formuladas por el abogado de la parte que propuso la prueba testifical, podrán los abogados de cualquiera de las demás partes plantear al testigo nuevas preguntas que reputen conducentes para determinar los hechos. El tribunal deberá repeler las preguntas que sean impertinentes o inútiles.

En caso de inadmisión de estas preguntas, será de aplicación lo dispuesto en el apartado 2 del artículo 369 sobre disconformidad con la inadmisión.

2. Con la finalidad de obtener aclaraciones y adiciones, también podrá el tribunal interrogar al testigo.

Artículo 373. *Careo entre testigos y entre éstos y las partes.*—1. Cuando los testigos incurran en graves contradicciones, el tribunal, de oficio o a instancia de parte, podrá acordar que se sometan a un careo.

2. También podrá acordarse que, en razón de las respectivas declaraciones, se celebre careo entre las partes y alguno o algunos testigos.

3. Las actuaciones a que se refiere este artículo habrán de solicitarse al término del interrogatorio y, en este caso, se advertirá al testigo que no se ausente para que dichas actuaciones puedan practicarse a continuación.

Artículo 374. *Modo de consignar las declaraciones testificales.*—Las declaraciones testificales prestadas en vista o juicio se documentarán conforme a lo dispuesto en el apartado 2 del artículo 146.

Artículo 375. *Indemnizaciones a los testigos.*—1. Los testigos que atendiendo a la citación realizada comparezcan ante el Tribunal tendrán derecho a obtener de la parte que les propuso una indemnización por los gastos y perjuicios que su comparecencia les haya originado, sin perjuicio de lo que pudiere acordarse en materia de costas. Si varias partes propusieran a un mismo testigo, el importe de la indemnización se prorrateará entre ellas.

2. El importe de la indemnización lo fijará el Letrado de la Administración de Justicia mediante decreto, que tendrá en cuenta los datos y circunstancias que se hubiesen aportado. Dicho decreto se dictará una vez finalizado el juicio o la vista.

Si la parte o partes que hayan de indemnizar no lo hiciesen en el plazo de diez días desde la firmeza de la resolución mencionada en el párrafo anterior, el testigo podrá acudir directamente al procedimiento de apremio.

Artículo 376. *Valoración de las declaraciones de testigos.*—Los tribunales valorarán la fuerza probatoria de las declaraciones de los testigos conforme a las reglas de la sana crítica, tomando en consideración la razón de ciencia que hubieren dado, las circunstancias que en ellos concurran y, en su caso, las tachas formuladas y los resultados de la prueba que sobre éstas se hubiere practicado.

Artículo 377. *Tachas de los testigos.*—1. Con independencia de lo dispuesto en el apartado 2 del artículo 367, cada parte podrá tachar los testigos propuestos por la contraria en quienes concurran algunas de las causas siguientes:

1.º Ser o haber sido cónyuge o pariente por consanguinidad o afinidad dentro del cuarto grado civil de la parte que lo haya presentado o de su abogado o procurador o hallarse relacionado con ellos por vínculo de adopción, tutela o análogo.

2.º Ser el testigo, al prestar declaración, dependiente del que lo hubiere propuesto o de su procurador o abogado o estar a su servicio o hallarse ligado con alguno de ellos por cualquier relación de sociedad o intereses.

3.º Tener interés directo o indirecto en el asunto de que se trate.

4.º Ser amigo íntimo o enemigo de una de las partes o de su abogado o procurador.

5.º Haber sido el testigo condenado por falso testimonio.

2. La parte proponente del testigo podrá también tachar a éste si con posterioridad a la proposición llegare a su conocimiento la existencia de alguna de las causas de tacha establecidas en el apartado anterior.

Artículo 378. *Tiempo de las tachas.*—Las tachas se habrán de formular desde el momento en que se admita la prueba testifical hasta que comience el juicio o la vista, sin perjuicio de la obligación que tienen los testigos de reconocer cualquier causa de tacha al ser interrogados conforme a lo dispuesto en el artículo 367 de esta Ley, en cuyo caso se podrá actuar conforme a lo que señala el apartado 2 de dicho artículo.

Artículo 379. *Prueba y oposición sobre las tachas.*—1. Con la alegación de las tachas, se podrá proponer la prueba conducente a justificarlas, excepto la testifical.

2. Si formulada tacha de un testigo, las demás partes no se opusieren a ella dentro del tercer día siguiente a su formulación, se entenderá que reconocen el fundamento de la tacha. Si se opusieren, alegarán lo que les parezca conveniente, pudiendo aportar documentos.

3. Para la apreciación sobre la tacha y la valoración de la declaración testifical, se estará a lo dispuesto en el apartado 2 del artículo 344 y en el artículo 376.

Artículo 380. Interrogatorio acerca de los hechos que consten en informes escritos.—1. Si, conforme al número 4.º del apartado 1 del artículo 265, o en otro momento ulterior, al amparo del apartado tercero del mismo precepto, se hubiesen aportado a los autos informes sobre hechos y éstos no hubiesen sido reconocidos como ciertos por todas las partes a quienes pudieren perjudicar, se interrogará como testigos a los autores de los informes, en la forma prevenida en esta Ley, con las siguientes reglas especiales:

1.ª No procederá la tacha del testigo por razón de interés en el asunto, cuando el informe hubiese sido elaborado por encargo de una de las partes.

2.ª El autor del informe, una vez acreditada su habilitación profesional, habrá de reconocerlo y ratificarse en su contenido, antes de que se le formulen las preguntas pertinentes.

3.ª El interrogatorio se limitará a los hechos consignados en los informes.

2. Si los informes contuvieren también valoraciones fundadas en conocimientos científicos, artísticos, técnicos o prácticos de sus autores, se estará a lo dispuesto en el apartado 4 del artículo 370, sobre el testigo-perito.

Artículo 381. *Respuestas escritas a cargo de personas jurídicas y entidades públicas.*—1. Cuando, sobre hechos relevantes para el proceso, sea pertinente que informen personas jurídicas y entidades públicas en cuanto tales, por referirse esos hechos a su actividad, sin que quepa o sea necesario individualizar en personas físicas determinadas el conocimiento de lo que para el proceso interese, la parte a quien convenga esta prueba podrá proponer que la persona jurídica o entidad, a requerimiento del tribunal, responda por escrito sobre los hechos en los diez días anteriores al juicio o a la vista.

2. En la proposición de prueba a que se refiere el apartado anterior se expresarán con precisión los extremos sobre los que ha de versar la declaración o informe escrito. Las demás partes podrán alegar lo que consideren conveniente y, en concreto, si desean que se adicionen otros extremos a la petición de declaración escrita o se rectifiquen o complementen los que hubiere expresado el proponente de la prueba.

El tribunal, oídas las partes, en su caso, resolverá sobre la pertinencia y utilidad de la propuesta, determinando precisamente, en su caso, los términos de la cuestión o cuestiones que hayan de ser objeto de la declaración de la persona jurídica o entidad y requiriéndola para que la preste y remita al tribunal en el tiempo establecido, bajo apercibimiento de multa de 150 a 600 euros y de proceder, contra quien resultare personalmente responsable de la omisión, por desobediencia a la autoridad. La práctica de esta prueba no suspenderá el curso del procedimiento, salvo que el Juez lo estime necesario para impedir la indefensión de una o las dos partes.

Recibidas las respuestas escritas, el Letrado de la Administración de Justicia dará traslado de ellas a las partes, a los efectos previstos en el apartado siguiente.

3. A la vista de las respuestas escritas, o de la negativa u omisión de éstas, el tribunal podrá disponer, de oficio o a instancia de cualquiera de las partes, mediante providencia, que sea citada al juicio o vista, la persona o personas físicas cuyo testimonio pueda resultar pertinente y útil para aclarar o completar, si fuere oscura o incompleta, la declaración de la persona jurídica o entidad. También podrá admitir, a instancia de parte, cualquier prueba pertinente y útil para contradecir tal declaración.

4. Lo dispuesto en los apartados anteriores no será de aplicación a las entidades públicas cuando, tratándose de conocer hechos de las características establecidas en el apartado 1, pudieran obtenerse de aquellas certificaciones o testimonios, susceptibles de aportarse como prueba documental.

5. A las declaraciones reguladas en los apartados anteriores se aplicarán, en cuanto sea posible, las demás normas de la presente sección.

19. JURISPRUDENCIA

1) STS 685/2009, Sala de lo Civil, 5 de noviembre. Ponente: Excma. Sra. D.ª. Encarnación Roca Trías (LA LEY 226662/2009)

Si no se recurre la denegación de la prueba testifical, no se puede alegar indefensión al no haber agotado la parte todos los medios que tenía a su alcance.

«Según la sentencia recurrida, se acordó la prueba testifical porque "se estimó indispensable para formar la propia convicción del tribunal"; además, se procedió a efectuarla con "inmediación y contradicción en su examen y práctica y habiéndose oído tras la misma a los letrados intervinientes que informaron sobre su resultado". Debe concluirse, a la vista de lo actuado, que: a) se practicó la prueba acordada como diligencia final al amparo de lo previsto en el art. 435 LEC; b) la parte ahora recurrente no se opuso a su celebración; c) no recurrió el rechazo de los testigos propuestos en primera instancia, por lo que no puede alegarse indefensión cuando no se han agotado todos los medios procesales al alcance de la parte, y d) no se acredita cuál es la indefensión sufrida al no explicarse en qué hubiera resultado trascendental la prueba testifical omitida, puesto que solo se produce indefensión si con la prueba que no ha tenido lugar, se hubiera producido un cambio sustancial en el resultado del litigio, siendo decisiva en términos de defensa (SSTC 104/2003, 115/2003 y 52/2004)».

2) SAP Vizcaya 114/2009, Sección 3ª, 16 de marzo. Ponente: Ilma. Sra. D.ª. María Concepción Marco Cacho (LA LEY 118436/2009).

La relación de parentesco del testigo con una de las partes no comporta inhabilidad para declarar.

«[…] las partes podrán solicitar que declaren como testigos las personas que tengan noticia de hechos controvertidos relativos a lo que sea objeto del juicio; infiriéndose del segundo, relativo a la idoneidad para ser testigos, que podrán serlo todas las personas, salvo las que se hallen permanentemente privadas de razón o del uso de sentidos respecto de hechos sobre los que únicamente quepa tener conocimiento por dichos sentidos, no es menos cierto que el hecho de que la relación de próximo parentesco de la testigo con los actores e incluso con la señora letrada que defiende sus intereses no comportara la inhabilidad para declarar de aquella, no impide que dicha circunstancia pudiere y debiere ser tenida en consideración por la Juzgadora al valorar la prueba conforme a las reglas de la sana crítica, tal y como previene el mencionado art. 376 LEC».

3) SAP Madrid 660/2012, Sección 22ª, 5 de noviembre. Ponente: Ilma. Sra. D.ª. Rosario Hernández Hernández (LA LEY 179786/2012).

Valor probatorio de la prueba de detectives. Extinción pensión compensatoria.

«Como en ocasiones anteriores ha venido a manifestar esta Audiencia Provincial, sentencias de 10 de mayo de 2011 y 15 de junio de 2.010, entre otras muchas, al contrario de lo que ocurre de esgrimirse como causa extintiva la celebración de nuevo matrimonio del *ex* consorte beneficiario del derecho, la demostración, en los términos exigidos en el art. 217 de la L.E.Civil, de la convivencia marital resulta ardua en la mayor parte de las ocasiones, ante la postura del beneficiario de querer conservar el recurso económico, negando, en consecuencia, el status convivencial alegado de contrario. Por ello, a salvo de aquellos supuestos en que tal situación se encuentre inscrita en los Registros llevados por algunos Ayuntamientos, quien postula el cese de la citada obligación ha de acudir a pruebas indirectas, en especial la de presunciones que regula el art. 386 de la Ley de Enjuiciamiento Civil.

Cobra, a tal fin, una especial trascendencia, junto con otros posibles medios de prueba, el informe de detectives, expresamente contemplado en el art. 265-5.º LEC, apoyado, si fuere necesario o conveniente, por la declaración, como testigo, del autor del mismo».

4) SAP de Salamanca 434/2016, Sección 1ª, 7 de noviembre. Ponente: Ilma. Sra. D.ª. María del Carmen Borjabad García (LA LEY 175230/2016).

Denegación de la prueba testifical.

«Ante la denegación de las pruebas el letrado sólo formuló protesta y no recurrió en reposición y tampoco citó los preceptos legales infringidos y por tanto el Juez no dio traslado a las restantes partes, se limitó sin más a formular protesta y a reiterar su petición en la segunda instancia, que no obstante se ha dado respuesta motivada sobre esta infracción alegada y no se acogen sus peticiones en atención a la acertada decisión del Juez de la Instancia a propósito de la denegación de pruebas haciendo uso del art. 283 LEC y motivando su decisión en atención a los hechos evidenciados durante la tramitación del juicio y preservando el interés de los menores».

5) SAP Granada 145/2015, Sección 5ª, 24 de abril. Ponente: Ilmo. Sr. D. Ramón Ruiz Jiménez (LA LEY 102506/2015).

Denegación de la prueba testifical.

«La Constitución se refiere a los medios de prueba pertinentes, de manera que el derecho a la prueba no desapodera al Tribunal competente de su facultad para valorar, en cuanto a su admisión, la pertinencia de las propuestas "rechazando las demás" y en cuanto a su práctica, la necesidad de las admitidas pero cuya realización efectiva plantea dificultades o dilaciones indebidas. No existe para el tribunal la obligación de admitir toda diligencia de prueba propuesta, o, en su caso, suspender todo enjuiciamiento por imposibilidad de practicar una prueba anteriormente admitida. Por ello, solo aparecerá vulneración e indefensión cuando la prueba o la suspensión del juicio ante la imposibilidad de su práctica, se haya denegado injustificadamente, y cuando la falta de práctica de la prueba propuesta haya podido tener una real influencia decisiva en la resolución del pleito.

El derecho a la tutela efectiva —SAP Granada 5.3.2010— no consiste en que se dé satisfacción a las pretensiones de fondo de los justiciables, sino en que Jueces y Tribunales permitan, a quien pretende hacer valer sus derechos e intereses, acceder a la jurisdicción, ser oído, proponer y practicar prueba y obtener una resolución fundada en Derecho, y que verse sobre las pretensiones planteadas en juicio.

En el supuesto enjuiciado no se ha producido ninguna vulneración del derecho constitucional a la tutela judicial efectiva ni en su variante de derecho de proposición y práctica de las pruebas admisibles en derecho, ni en la relativa a obtener una resolución razonada y fundada en derecho.

La respuesta que ha obtenido fue razonada y oportuna la denegación de la prueba testifical vista la naturaleza de la misma en el caso concreto, atendidas las personalidades de las personas a declarar (hermano e hija)

El derecho a utilizar los medios de prueba que fuesen pertinentes para la defensa viene reconocido con carácter de derecho fundamental en el art. 24 CE por lo que si de cualquier forma es impedido el ejercicio del mismo no estaremos frente a una mera irregularidad procesal ni frente a un defecto de carácter formal, sino ante la vulneración de una norma esencial del proceso que no es posible desconocer».

CAPÍTULO XXII

DICTAMEN DE PERITOS

1. FUNCIÓN DEL PERITO

El perito es un tercero ajeno al proceso que posee unos *especiales conocimientos* (técnicos, científicos o artísticos) de los que el Juez carece y va a necesitar para resolver, con mayor fundamento, la controversia.

El perito tiene estos conocimientos, normalmente, por estar en posesión de título oficial relacionado directamente con la materia sobre la que informa. En consecuencia, este tercero va a introducir en el proceso elementos objetivos fundados en su conocimiento y que van a permitir al Juez conocer o profundizar en el origen, la causa o las consecuencias de un hecho relevante que resulta controvertido.

El contenido de la prueba pericial en los procesos matrimoniales puede ser muy variado. Entre otros aspectos, destaca la pericial médica para diagnosticar y conocer si algún progenitor padece alguna patología, trastorno de conducta, dependencia, adicción o cualquier otra circunstancia que pueda influir en orden a la atribución de la guarda y custodia de los hijos menores o para el establecimiento del régimen de comunicaciones.

También pueden acordarse con finalidad similar análisis toxicológico o capilar a practicar por el Instituto Nacional de Toxicología para detectar si existe consumo de drogas.

2. ADMISIÓN DEL INFORME PERICIAL

No todo documento que se autodenomine «informe pericial» podrá ser considerado como tal, sino que éste deberá revestir las características que impone la ley para que pueda ser considerado de este modo.

Últimamente han proliferado los llamados «gabinetes periciales» (o similares), que se dedican a realizar lo que denominan «informes periciales» (de cualquier índole) y que las partes lo aportan como tal. Sin embargo, en muchas ocasiones en modo alguno puede considerarse un informe pericial y no pasa de mera documental que incorpora «opiniones» y que ni siquiera se sabe muy bien quién es el autor de las mismas.

Es frecuente la aportación de dictámenes periciales suscritos por personas jurídicas legalmente habilitadas para tal función. Para que puedan admitirse dicho dictamen pericial, deberá estar suscrito por el perito que lo haya confeccionado, debiendo constar en él los requisitos legales pertinentes (artículo 335 LEC).

Por consiguiente, el perito deberá acreditar estar en posesión de un título oficial que se corresponda con el que sea propio de la materia y naturaleza del dictamen.

3. APORTACIÓN DE DICTAMEN DE PARTE Y SOLICITUD DE PERITO JUDICIAL

Existe una fuerte controversia interpretativa en la doctrina y en la jurisprudencia a la luz de la conjunción disyuntiva «o» que contiene el artículo 335.1 LEC, ya que, gramaticalmente hablando, implica exclusión o incompatibilidad entre las palabras o frases que separa. Por ese motivo encontramos autores y resoluciones judiciales que se muestran contrarios a que la parte que ha incorporado un informe pericial a su documental pueda, posteriormente, solicitar un dictamen judicial.

Sin embargo, y pese a las numerosas opiniones doctrinales contrarias, son bastantes los **juzgados que admiten la práctica de la pericial judicial a pesar de haberse aportado pericial de parte**. El argumento es que en numerosas ocasiones el Juez sigue precisando la opinión de un experto independiente nombrado por el juzgado (en teoría —al menos eso opinan muchos juzgadores—) más fiable que el de parte, aunque en puridad no debería serlo.

Este será un tema a estudiar por el Abogado director de la causa. Puede que sea de su interés aportar un informe pericial de parte y no intentar la solicitud del judicial, o bien pedir informe judicial en la demanda y no aportar ninguno; o intentar, en su caso, la solicitud de los dos. Esta última solución —si se analiza con objetividad— resulta un tanto absurda, innecesariamente costosa y, en ocasiones, contraproducente, sobre todo si el dictamen judicial contradice al aportado por la parte.

La prueba pericial en los **procesos de familia** también puede acordarse de oficio cuando la pericia sea pertinente y necesaria (artículo 339.5 LEC).

4. IMPUGNACIÓN DE INFORME PERICIAL POR EXTEMPORÁNEO

En los procedimientos de familia, las partes habrán de aportar con la demanda o con la contestación los dictámenes elaborados por peritos por ellas designados (artículo 265.1. 4º y 336 LEC).

Si no les fuese posible a las partes aportar dictámenes elaborados por peritos por ellas designados, junto con la demanda o contestación, expresarán en una u otra los dictámenes de que, en su caso, pretendan valerse. En este caso, la parte deberá aportar, para su traslado a la parte contraria, en cuanto dispongan de ellos, y en todo caso cinco días antes de iniciarse la vista en el verbal (artículo 337 LEC).

El demandante o el demandado, también podrán solicitar en sus respectivos escritos iniciales que se proceda a la realización de informe pericial judicial si entienden conveniente o necesario para sus intereses la emisión de dicho informe (artículo 339 LEC).

5. VALORACIÓN DEL INFORME PERICIAL

Todos los dictámenes periciales que obren en las actuaciones se valorarán según las **reglas de la sana crítica** (artículo 348 LEC), es decir, en función de sus contenidos, de la solidez de sus conclusiones y de su contraste con el método científico.

El **Tribunal Supremo** ha manifestado que, al valorar la prueba por medio de dictamen de peritos, deben ponderar, entre otras cosas, las siguientes cuestiones:

— Los razonamientos que contengan los dictámenes y los que se hayan vertido en el acto del juicio o vista en el interrogatorio de los peritos, pudiendo no aceptar el resultado de un dictamen o aceptarlo, o incluso aceptar el resultado de un dictamen por estar mejor fundamentado que otro.

— Deberá también tener en cuenta el tribunal las conclusiones conformes y mayoritarias que resulten tanto de los dictámenes emitidos por peritos designados por las partes como de los dictámenes emitidos por peritos designados por el Tribunal, motivando su decisión cuando no esté de acuerdo con las conclusiones mayoritarias de los dictámenes:

— Otro factor a ponderar por el Tribunal deberá ser el examen de las operaciones periciales que se hayan llevado a cabo por los peritos que hayan intervenido en el proceso, los medios o instrumentos empleados y los datos en los que se sustenten sus dictámenes.

— También deberá ponderar el tribunal, al valorar los dictámenes, la competencia profesional de los peritos que los hayan emitido, así como todas las circunstancias que hagan presumir su objetividad, lo que le puede llevar a dar más crédito a los dictámenes de los peritos designados por el tribunal que a los aportados por las partes.

6. INTERVENCIÓN DEL PERITO EN EL ACTO DEL JUICIO

Las partes pueden solicitar la intervención del perito en el acto del juicio siempre que se considere necesario y hayan fundamentado tal petición con criterios claros de utilidad y pertinencia, no siendo suficiente con la solicitud «generalizada» de intervención del perito para que «conteste, explique, aclare (...) todo aquello que se le pregunte», sino que deberá ajustarse a lo que establecen los **artículos 337.2 y 347 LEC.**

De este modo, el Juez deberá declarar inútil o impertinente aquella solicitud de intervención de perito que no se encuentre suficientemente fundamentada o la que pretenda que el perito amplíe el objeto de la pericia, reitere lo que ya consta en el dictamen o intente que el perito se manifieste de forma contraria a las conclusiones que ya constan en su informe.

Así, observamos que el **artículo 347 LEC enumera las diversas peticiones que pueden realizar las partes**, de las que, obviamente, no se expresa el contenido concreto, pues ello dependerá de cada caso específico. Podemos afirmar que, al igual que en la solicitud de la prueba testifical, en la cual se hace necesario conocer el motivo por el que se solicita que una persona concreta venga a declarar, también en la intervención de los peritos en la vista se hace necesario saber, antes de admitir o denegar la prueba, el motivo concreto y preciso de su intervención. Si esta se solicita con una finalidad, por ejemplo, aclaratoria, deberá expresarse de forma clara y precisa el punto a aclarar, y así sucesivamente en cada solicitud de intervención.

Cuestión distinta es que, de la propia intervención, solicitada y admitida, se deriven posteriormente cuestiones conexas y relacionadas sobre las que las partes o el propio Juez soliciten alguna puntualización. De este modo el perito, una vez que esté presente en la vista, deberá responder a todo aquello que se le pregunte y el Juez considere pertinente y útil.

A pesar de ello es importante subrayar que con la **normativa permite a las partes que insten a sus peritos a la crítica sobre el dictamen de la parte contraria**. De este modo se establece un sistema mucho más aperturista en cuanto al alcance de la intervención de las partes en la contradicción a la que puede ser sometido el dictamen pericial, con una mayor participación de las direcciones letradas de las partes. Sin embargo, ello no significa que sea posible solicitar la intervención del perito para criticar (en general y sin especificar) el informe del contrario y pueda ser sometido a todo tipo de preguntas como si de un testigo más se tratara.

El Juez debe impedir por todos los medios que la intervención del perito en el acto del juicio se convierta en una «pérdida de tiempo para todos» y no deberá consentir la celebración de juicios en los que el perito de parte esté horas contestando a preguntas que le formula la propia parte que le ha encargado el dictamen y que, si se analizan con detenimiento y minuciosidad, en su gran mayoría son inútiles e impertinentes.

No debe confundirse al perito con el perito-testigo que regula el artículo 370 LEC y que es un caso concreto y específico en el que un testigo de la causa resulta, además, con conocimientos científicos del tema controvertido. El testigo tiene una relación histórica con el pleito, el perito es un tercero ajeno al pleito y llamado para una concreta valoración técnica.

7. LEGISLACIÓN

Artículos 335 a 352 y 370 de la Ley de Enjuiciamiento Civil:

SECCIÓN 5. Del dictamen de peritos

Artículo 335. *Objeto y finalidad del dictamen de peritos. Juramento o promesa de actuar con objetividad.*—1. Cuando sean necesarios conocimientos científicos, artísticos, técnicos o prácticos para valorar hechos o circunstancias relevantes en el asunto o adquirir certeza sobre ellos, las partes podrán aportar al proceso el dictamen de peritos que posean los conocimientos correspondientes o solicitar, en los casos previstos en esta ley, que se emita dictamen por perito designado por el tribunal.

2. Al emitir el dictamen, todo perito deberá manifestar, bajo juramento o promesa de decir verdad, que ha actuado y, en su caso, actuará con la mayor objetividad posible, tomando en consideración tanto lo que pueda favorecer como lo que sea susceptible de causar

perjuicio a cualquiera de las partes, y que conoce las sanciones penales en las que podría incurrir si incumpliere su deber como perito.

3. Salvo acuerdo en contrario de las partes, no se podrá solicitar dictamen a un perito que hubiera intervenido en una mediación o arbitraje relacionados con el mismo asunto.

Artículo 336. *Aportación con la demanda y la contestación de dictámenes elaborados por peritos designados por las partes*.—1. Los dictámenes de que los litigantes dispongan, elaborados por peritos por ellos designados, y que estimen necesarios o convenientes para la defensa de sus derechos, habrán de aportarlos con la demanda o con la contestación, sin perjuicio de lo dispuesto en el artículo 337.

2. Los dictámenes se formularán por escrito, acompañados, en su caso, de los demás documentos, instrumentos o materiales adecuados para exponer el parecer del perito sobre lo que haya sido objeto de la pericia. Si no fuese posible o conveniente aportar estos materiales e instrumentos, el escrito de dictamen contendrá sobre ellos las indicaciones suficientes. Podrán, asimismo, acompañarse al dictamen los documentos que se estimen adecuados para su más acertada valoración.

3. Se entenderá que al demandante le es posible aportar con la demanda dictámenes escritos elaborados por perito por él designado, si no justifica cumplidamente que la defensa de su derecho no ha permitido demorar la interposición de aquélla hasta la obtención del dictamen.

4. El demandado que no pueda aportar dictámenes escritos con la contestación a la demanda deberá justificar la imposibilidad de pedirlos y obtenerlos dentro del plazo para contestar.

5. A instancia de parte, el juzgado o tribunal podrá acordar que se permita al demandado examinar por medio de abogado o perito las cosas y los lugares cuyo estado y circunstancias sean relevantes para su defensa o para la preparación de los informes periciales que pretenda presentar. Asimismo, cuando se trate de reclamaciones por daños personales, podrá instar al actor para que permita su examen por un facultativo, a fin de preparar un informe pericial.

Artículo 337. *Anuncio de dictámenes cuando no se puedan aportar con la demanda o con la contestación. Aportación posterior.*—1. Si no les fuese posible a las partes aportar dictámenes elaborados por peritos por ellas designados, junto con la demanda o contestación, expresarán en una u otra los dictámenes de que, en su caso, pretendan valerse, que habrán de aportar, para su traslado a la parte contraria, en cuanto dispongan de ellos, y en todo caso cinco días antes de iniciarse la audiencia previa al juicio ordinario o de la vista en el verbal.

2. Aportados los dictámenes conforme a lo dispuesto en el apartado anterior, las partes habrán de manifestar si desean que los peritos autores de los dictámenes comparezcan en el juicio regulado en los artículos 431 y siguientes de esta Ley o, en su caso, en la vista del juicio verbal, expresando si deberán exponer o explicar el dictamen o responder a preguntas, objeciones o propuestas de rectificación o intervenir de cualquier otra forma útil para entender y valorar el dictamen en relación con lo que sea objeto del pleito.

Artículo 338. *Aportación de dictámenes en función de actuaciones procesales posteriores a la demanda. Solicitud de intervención de los peritos en el juicio o vista.*—1. Lo dispuesto en el artículo anterior no será de aplicación a los dictámenes cuya necesidad o utilidad se ponga de manifiesto a causa de alegaciones del demandado en la contestación a la demanda o de las alegaciones o pretensiones complementarias admitidas en la audiencia, a tenor del artículo 426 de esta Ley.

2. Los dictámenes cuya necesidad o utilidad venga suscitada por la contestación a la demanda o por lo alegado y pretendido en la audiencia previa al juicio se aportarán por las partes, para su traslado a las contrarias, con al menos cinco días de antelación a la celebración del juicio o de la vista, manifestando las partes al tribunal si consideran necesario que concurran a dicho juicio o vista los peritos autores de los dictámenes, con expresión de lo que se señala en el apartado 2 del artículo 337.

El tribunal podrá acordar también en este caso la presencia de los peritos en el juicio o vista en los términos señalados en el apartado 2 del artículo anterior.

Artículo 339. *Solicitud de designación de peritos por el tribunal y resolución judicial sobre dicha solicitud. Designación de peritos por el tribunal, sin instancia de parte.*—1. Si cualquiera de las partes fuese titular del derecho de asistencia jurídica gratuita, no tendrá que aportar con la demanda o la contestación el dictamen pericial, sino simplemente anunciarlo, a los efectos de que se proceda a la designación judicial de perito, conforme a lo que se establece en la Ley de asistencia jurídica gratuita.

2. El demandante o el demandado, aunque no se hallen en el caso del apartado anterior, también podrán solicitar en sus respectivos escritos iniciales que se proceda a la designación judicial de perito, si entienden conveniente o necesario para sus intereses la emisión de informe pericial. En tal caso, el tribunal procederá a la designación. Dicho dictamen será a costa de quien lo haya pedido, sin perjuicio de lo que pudiere acordarse en materia de costas.

Salvo que se refiera a alegaciones o pretensiones no contenidas en la demanda, no se podrá solicitar, con posterioridad a la demanda o a la contestación, informe pericial elaborado por perito designado judicialmente.

La designación judicial de perito deberá realizarse en el plazo de cinco días desde la presentación de la contestación a la demanda, con independencia de quién haya solicitado dicha designación. Cuando ambas partes la hubiesen pedido inicialmente, el tribunal podrá designar, si aquéllas se muestran conformes, un único perito que emita el informe solicitado. En tal caso, el abono de los honorarios del perito corresponderá realizarlo a ambos litigantes por partes iguales, sin perjuicio de lo que pudiere acordarse en materia de costas.

3. En el juicio ordinario, si, a consecuencia de las alegaciones o pretensiones complementarias permitidas en la audiencia, las partes solicitasen, conforme previene el apartado 4 del artículo 427, la designación por el tribunal de un perito que dictamine, lo acordará éste así, siempre que considere pertinente y útil el dictamen.

Lo mismo podrá hacer el tribunal cuando se trate de juicio verbal y las partes solicitasen en la vista designación de perito, en cuyo caso se interrumpirá aquélla hasta que se realice el dictamen.

4. En los casos señalados en los dos apartados anteriores, si las partes que solicitasen la designación de un perito por el tribunal estuviesen además de acuerdo en que el dictamen sea emitido por una determinada persona o entidad, así lo acordará el tribunal. Si no hubiese acuerdo de las partes, el perito será designado por el procedimiento establecido en el artículo 341.

5. El tribunal podrá, de oficio, designar perito cuando la pericia sea pertinente en procesos sobre declaración o impugnación de la filiación, paternidad y maternidad, sobre la capacidad de las personas o en procesos matrimoniales.

6. El tribunal no designará más que un perito titular por cada cuestión o conjunto de cuestiones que hayan de ser objeto de pericia y que no requieran, por la diversidad de su materia, el parecer de expertos distintos.

Artículo 340. *Condiciones de los peritos.*—1. Los peritos deberán poseer el título oficial que corresponda a la materia objeto del dictamen y a la naturaleza de éste. Si se tratare de materias que no estén comprendidas en títulos profesionales oficiales, habrán de ser nombrados entre personas entendidas en aquellas materias.

2. Podrá asimismo solicitarse dictamen de Academias e instituciones culturales y científicas que se ocupen del estudio de las materias correspondientes al objeto de la pericia. También podrán emitir dictamen sobre cuestiones específicas las personas jurídicas legalmente habilitadas para ello.

3. En los casos del apartado anterior, la institución a la que se encargue el dictamen expresará a la mayor brevedad qué persona o personas se encargarán directamente de prepararlo, a las que se exigirá el juramento o promesa previsto en el apartado segundo del artículo 335.

Artículo 341. *Procedimiento para la designación judicial de perito.*—1. En el mes de enero de cada año se interesará de los distintos Colegios profesionales o, en su defecto, de entidades análogas, así como de las Academias e instituciones culturales y científicas a que se refiere el apartado segundo del artículo anterior el envío de una lista de colegiados o asociados dispuestos a actuar como peritos.

La primera designación de cada lista se efectuará por sorteo realizado en presencia del Letrado de la Administración de Justicia, y a partir de ella se efectuarán las siguientes designaciones por orden correlativo.

2. Cuando haya de designarse perito a persona sin título oficial, práctica o entendida en la materia, previa citación de las partes, se realizará la designación por el procedimiento establecido en el apartado anterior, usándose para ello una lista de personas que cada año se solicitará de sindicatos, asociaciones y entidades apropiadas, y que deberá estar integrada por al menos cinco de aquellas personas. Si, por razón de la singularidad de la materia de dictamen, únicamente se dispusiera del nombre de una persona entendida o práctica, se recabará de las partes su consentimiento y sólo si todas lo otorgan se designará perito a esa persona.

Artículo 342. *Llamamiento al perito designado, aceptación y nombramiento. Provisión de fondos.*—1. En el mismo día o siguiente día hábil a la designación, el Letrado de la Administración de Justicia comunicará ésta al perito titular, requiriéndole para que en el plazo de dos días manifieste si acepta el cargo. En caso afirmativo, se efectuará el nombramiento y el perito hará, en la forma en que se disponga, la manifestación bajo juramento o promesa que ordena el apartado 2 del artículo 335.

2. Si el perito designado adujere justa causa que le impidiere la aceptación, y el Letrado de la Administración de Justicia la considerare suficiente, será sustituido por el siguiente de la lista, y así sucesivamente, hasta que se pudiere efectuar el nombramiento.

3. El perito designado podrá solicitar, en los tres días siguientes a su nombramiento, la provisión de fondos que considere necesaria, que será a cuenta de la liquidación final. El Letrado de la Administración de Justicia, mediante decreto, decidirá sobre la provisión solicitada y ordenará a la parte o partes que hubiesen propuesto la prueba pericial y no tuviesen derecho a la asistencia jurídica gratuita, que procedan a abonar la cantidad fijada en la Cuenta de Depósitos y Consignaciones del Tribunal, en el plazo de cinco días.

Transcurrido dicho plazo, si no se hubiere depositado la cantidad establecida, el perito quedará eximido de emitir el dictamen, sin que pueda procederse a una nueva designación.

Cuando el perito designado lo hubiese sido de común acuerdo, y uno de los litigantes no realizare la parte de la consignación que le correspondiere, el Letrado de la Administración de Justicia ofrecerá al otro litigante la posibilidad de completar la cantidad que faltare, indicando en tal caso los puntos sobre los que deba pronunciarse el dictamen, o de recuperar la cantidad depositada, en cuyo caso se aplicará lo dispuesto en el párrafo anterior.

Artículo 343. *Tachas de los peritos. Tiempo y forma de las tachas.*—1. Sólo podrán ser objeto de recusación los peritos designados judicialmente.

En cambio, los peritos no recusables podrán ser objeto de tacha cuando concurra en ellos alguna de las siguientes circunstancias:

1.º Ser cónyuge o pariente por consanguinidad o afinidad, dentro del cuarto grado civil de una de las partes o de sus abogados o procuradores.

2.º Tener interés directo o indirecto en el asunto o en otro semejante.

3.º Estar o haber estado en situación de dependencia o de comunidad o contraposición de intereses con alguna de las partes o con sus abogados o procuradores.

4.º Amistad íntima o enemistad con cualquiera de las partes o sus procuradores o abogados.

5.º Cualquier otra circunstancia, debidamente acreditada, que les haga desmerecer en el concepto profesional.

2. Las tachas no podrán formularse después del juicio o de la vista, en los juicios verbales. Si se tratare de juicio ordinario, las tachas de los peritos autores de dictámenes aportados con demanda o contestación se propondrán en la audiencia previa al juicio.

Al formular tachas de peritos, se podrá proponer la prueba conducente a justificarlas, excepto la testifical.

Artículo 344. *Contradicción y valoración de la tacha. Sanción en caso de tacha temeraria o desleal.*—1. Cualquier parte interesada podrá dirigirse al tribunal a fin de negar o contradecir la tacha, aportando los documentos que consideren pertinentes a tal efecto. Si la tacha menoscabara la consideración profesional o personal del perito, podrá éste solicitar del tribunal que, al término del proceso, declare, mediante providencia, que la tacha carece de fundamento.

2. Sin más trámites, el tribunal tendrá en cuenta la tacha y su eventual negación o contradicción en el momento de valorar la prueba, formulando, en su caso, mediante providencia, la declaración de falta de fundamento de la tacha prevista en el apartado anterior. Si apreciase temeridad o deslealtad procesal en la tacha, a causa de su motivación o del tiempo en que se formulara, podrá imponer a la parte responsable, con previa audiencia, una multa de 60 a 600 euros.

Artículo 345. *Operaciones periciales y posible intervención de las partes en ellas.*—1. Cuando la emisión del dictamen requiera algún reconocimiento de lugares, objetos o personas o la realización de operaciones análogas, las partes y sus defensores podrán presenciar uno y otras, si con ello no se impide o estorba la labor del perito y se puede garantizar el acierto e imparcialidad del dictamen.

2. Si alguna de las partes solicitare estar presente en las operaciones periciales del apartado anterior, el tribunal decidirá lo que proceda y, en caso de admitir esa presencia, ordenará al perito que dé aviso directamente a las partes, con antelación de al menos cuarenta y ocho horas, del día, hora y lugar en que aquellas operaciones se llevarán a cabo.

Artículo 346. *Emisión y ratificación del dictamen por el perito que el tribunal designe.*—El perito que el tribunal designe emitirá por escrito su dictamen, que hará llegar por medios electrónicos al tribunal en el plazo que se le haya señalado. De dicho dictamen se dará traslado por el letrado de la Administración de Justicia a las partes por si consideran necesario que el perito concurra al juicio o a la vista a los efectos de que aporte las aclaraciones o explicaciones que sean oportunas. El tribunal podrá acordar, en todo caso, mediante providencia, que considera necesaria la presencia del perito en el juicio o la vista para comprender y valorar mejor el dictamen realizado.

Artículo 347. *Posible actuación de los peritos en el juicio o en la vista.*—1. Los peritos tendrán en el juicio o en la vista la intervención solicitada por las partes, que el tribunal admita.

El tribunal sólo denegará las solicitudes de intervención que, por su finalidad y contenido, hayan de estimarse impertinentes o inútiles, o cuando existiera un deber de confidencialidad derivado de la intervención del perito en un procedimiento de mediación anterior entre las partes.

En especial, las partes y sus defensores podrán pedir:

1.º Exposición completa del dictamen, cuando esa exposición requiera la realización de otras operaciones, complementarias del escrito aportado, mediante el empleo de los documentos, materiales y otros elementos a que se refiere el apartado 2 del artículo 336.

2.º Explicación del dictamen o de alguno o algunos de sus puntos, cuyo significado no se considerase suficientemente expresivo a los efectos de la prueba.

3.º Respuestas a preguntas y objeciones, sobre método, premisas, conclusiones y otros aspectos del dictamen.

4.º Respuestas a solicitudes de ampliación del dictamen a otros puntos conexos, por si pudiera llevarse a cabo en el mismo acto y a efectos, en cualquier caso, de conocer la opinión del perito sobre la posibilidad y utilidad de la ampliación, así como del plazo necesario para llevarla a cabo.

5.º Crítica del dictamen de que se trate por el perito de la parte contraria.

6.º Formulación de las tachas que pudieren afectar al perito.

2. El tribunal podrá también formular preguntas a los peritos y requerir de ellos explicaciones sobre lo que sea objeto del dictamen aportado, pero sin poder acordar, de oficio, que se amplíe, salvo que

se trate de peritos designados de oficio conforme a lo dispuesto en el apartado 5 del artículo 339.

Artículo 348. *Valoración del dictamen pericial.*—El tribunal valorará los dictámenes periciales según las reglas de la sana crítica.

Artículo 349. *Cotejo de letras.*—1. Se practicará por perito el cotejo de letras cuando la autenticidad de un documento privado se niegue o se ponga en duda por la parte a quien perjudique.

2. También podrá practicarse cotejo de letras cuando se niegue o discuta la autenticidad de cualquier documento público que carezca de matriz y de copias fehacientes según lo dispuesto en el artículo 1221 del Código Civil, siempre que dicho documento no pueda ser reconocido por el funcionario que lo hubiese expedido o por quien aparezca como fedatario interviniente.

3. El cotejo de letras se practicará por perito designado por el tribunal conforme a lo dispuesto en los artículos 341 y 342 de esta Ley.

Artículo 350. *Documentos indubitados o cuerpo de escritura para el cotejo.*—1. La parte que solicite el cotejo de letras designará el documento o documentos indubitados con que deba hacerse.

2. Se considerarán documentos indubitados a los efectos de cotejar las letras:

1.º Los documentos que reconozcan como tales todas las partes a las que pueda afectar esta prueba pericial.

2.º Las escrituras públicas y los que consten en los archivos públicos relativos al Documento Nacional de Identidad.

3.º Los documentos privados cuya letra o firma haya sido reconocida en juicio por aquel a quien se atribuya la dudosa.

4.º El escrito impugnado, en la parte en que reconozca la letra como suya aquel a quien perjudique.

3. A falta de los documentos enumerados en el apartado anterior, la parte a la que se atribuya el documento impugnado o la firma que

lo autorice podrá ser requerida, a instancia de la contraria, para que forme un cuerpo de escritura que le dictará el tribunal o el Letrado de la Administración de Justicia.

Si el requerido se negase, el documento impugnado se considerará reconocido.

4. Si no hubiese documentos indubitados y fuese imposible el cotejo con un cuerpo de escritura por fallecimiento o ausencia de quien debiera formarlo, el tribunal apreciará el valor del documento impugnado conforme a las reglas de la sana crítica.

Artículo 351. *Producción y valoración del dictamen sobre el cotejo de letras.*—1. El perito que lleve a cabo el cotejo de letras consignará por escrito las operaciones de comprobación y sus resultados.

2. Será de aplicación al dictamen pericial de cotejo de letras lo dispuesto en los artículos 346, 347 y 348 de esta Ley.

Artículo 352. *Otros dictámenes periciales instrumentales de pruebas distintas.*—Cuando sea necesario o conveniente para conocer el contenido o sentido de una prueba o para proceder a su más acertada valoración, podrán las partes aportar o proponer dictámenes periciales sobre otros medios de prueba admitidos por el tribunal al amparo de lo previsto en los apartados 2 y 3 del artículo 299.

(...)

Artículo 370. *Examen del testigo sobre las preguntas admitidas. Testigo-perito.*—1. Una vez contestadas las preguntas generales, el testigo será examinado por la parte que le hubiera propuesto, y si hubiera sido propuesto por ambas partes, se comenzará por las preguntas que formule el demandante.

2. El testigo responderá por sí mismo, de palabra, sin valerse de ningún borrador de respuestas. Cuando la pregunta se refiera a cuentas, libros o documentos, se permitirá que los consulte antes de responder.

3. En cada una de sus respuestas, el testigo expresará la razón de ciencia de lo que diga.

4. Cuando el testigo posea conocimientos científicos, técnicos, artísticos o prácticos sobre la materia a que se refieran los hechos del interrogatorio, el tribunal admitirá las manifestaciones que en virtud de dichos conocimientos agregue el testigo a sus respuestas sobre los hechos.

En cuanto a dichas manifestaciones, las partes podrán hacer notar al tribunal la concurrencia de cualquiera de las circunstancias de tacha relacionadas en el artículo 343 de esta Ley.

8. JURISPRUDENCIA

1) STS 403/2016, Sala de lo Civil, 15 de junio. Ponente: Excmo. Sr. D. Eduardo Baena Ruiz (LA LEY 65860/2016).

Valor probatorio de los dictámenes periciales.

«La nueva LEC otorga naturaleza de prueba pericial a los llamados dictámenes periciales extrajudiciales, obtenidos fuera del proceso, por lo que, como recordaba la sentencia de 15 de diciembre de 2015, Rc. 2006/2013, las partes "[...] en virtud del principio dispositivo y derogación, pueden aportar prueba pertinente, siendo su valoración competencia de los Tribunales, sin que sea lícito tratar de imponerla a los juzgadores. Por lo que se refiere al recurso de apelación debe tenerse en cuenta el citado principio de que el juzgador que recibe prueba puede valorarla, aunque nunca de manera arbitraria". En palabras de la Sentencia del Tribunal Supremo de 30 de noviembre de 2010, resulta, por un lado, de difícil impugnación la valoración de la prueba pericial, por cuanto dicho medio tiene por objeto ilustrar al órgano enjuiciador sobre determinadas materias que, por la especificidad de las mismas, requieren unos conocimientos especializados de técnicos en tales materias y de los que, como norma general, carece el órgano enjuiciador, quedando atribuido a favor de Jueces y Tribunales, en cualquier caso "valorar" el expresado medio probatorio conforme a las reglas de la "sana critica", y, de otro lado, porque el artículo 348 de la Ley de Enjuiciamiento Civil no contiene reglas de valoración tasadas que se puedan violar, por lo que al no encontrarse normas valorativas de este tipo de prueba en precepto legal alguno, ello implica atenerse a las más elementales directrices de la lógica humana, ante lo que resulta evidenciado y puesto técnicamente bien claro, de manera que, no tratándose de un fallo deductivo, la función del órgano enjuiciador en cada caso para valorar estas pruebas será hacerlo en relación con los restantes hechos de influencia en el proceso que aparezcan convenientemente constatados, siendo admisible atacar solo cuando el resultado judicial cuando este aparezca ilógico o disparatado».

2) STS 514/2016, Sala de lo Civil, 21 de julio. Ponente: Excmo. Sr. D. Eduardo Baena Ruiz (LA LEY 88327/2016).

Criterios para la valoración de los dictámenes periciales.

«En nuestro sistema procesal, como es sabido, viene siendo tradicional sujetar la valoración de prueba pericial a las reglas de la sana crítica. El artículo 632 de la LEC anterior establecía que los jueces y tribunales valorasen la prueba pericial según las reglas de la sana crítica, sin estar obligados a someterse al dictamen de peritos, y la nueva LEC, en su artículo 348 de un modo incluso más escueto, se limita a prescribir que el Tribunal valorará los dictámenes periciales según las reglas de la sana crítica, no cambiando, por tanto, los criterios de valoración respecto a la LEC anterior. Aplicando estas reglas, el Tribunal, al valorar la prueba por medio de dictamen de peritos, deberá ponderar, entre otras cosas, las siguientes cuestiones:

l°. Los razonamientos que contengan los dictámenes y los que se hayan vertido en el acto del juicio o vista en el interrogatorio de los peritos, pudiendo no aceptar el resultado de un dictamen o aceptarlo, o incluso aceptar el resultado de un dictamen por estar mejor fundamentado que otro: STS 10 de febrero de 1.994.

2°. Deberá también tener en cuenta el tribunal las conclusiones conformes y mayoritarias que resulten tanto de los dictámenes emitidos por peritos designados por las partes como de los dictámenes emitidos por peritos designados por el Tribunal, motivando su decisión cuando no esté de acuerdo con las conclusiones mayoritarias de los dictámenes: STS 4 de diciembre de 1.989.

3°. Otro factor a ponderar por el Tribunal deberá ser el examen de las operaciones periciales que se hayan llevado a cabo por los peritos que hayan intervenido en el proceso, los medios o instrumentos empleados y los datos en los que se sustenten sus dictámenes: STS 28 de enero de 1.995.

4°. También deberá ponderar el tribunal, al valorar los dictámenes, la competencia profesional de los peritos que los hayan emitido así como todas las circunstancias que hagan presumir su objetividad, lo que le puede llevar en el sistema de la nueva LEC a que dé más crédito a los dictámenes de los peritos designados por el tribunal que a los aportados por las partes: STS 31 de marzo de 1.997.

La jurisprudencia entiende que en la valoración de la prueba por medio de dictamen de peritos se vulneran las reglas de la sana crítica:

1°. Cuando no consta en la sentencia valoración alguna en torno al resultado del dictamen pericial. STS de 17 de junio de 1.996.

2°. Cuando se prescinde del contenido del dictamen, omitiendo datos, alterándolo, deduciendo del mismo conclusiones distintas, valorándolo incoherentemente, etc. STS 20 de mayo de 1.996.

3°. Cuando, sin haberse producido en el proceso dictámenes contradictorios, el tribunal en base a los mismos, llega a conclusiones distintas de las de los dictámenes: STS de 7 de enero de 1.991.

4°. Cuando los razonamientos del tribunal en torno a los dictámenes atenten contra la lógica y la racionalidad; o sean arbitrarios, incoherentes y contradictorios o lleven al absurdo. Cuando los razonamientos del tribunal en torno a los dictámenes atenten contra la lógica y la racionalidad: STS de 11 de abril de 1.998.

Cuando los razonamientos del Tribunal en torno a los dictámenes sean arbitrarios, incoherentes y contradictorios: STS de 13 de julio de 1995».

3) STS 445/2014, Sala de lo Civil, 4 de septiembre. Ponente: Excmo. Sr. Rafael Saraza Jimena (LA LEY 133726/2014).

No se exige que el informe pericial aportado por la parte sea ratificado para que pueda ser valorado como prueba pericial.

«La Ley de Enjuiciamiento Civil no exige que el informe pericial aportado por la parte sea ratificado por su autor para que pueda ser valorado como prueba pericial, sin perjuicio de que las partes estén facultadas para solicitar la comparecencia del perito a los efectos previstos en el art. 347 de la Ley de Enjuiciamiento Civil y el juez deba acordarlo salvo por razones de impertinencia o inutilidad. Además, la parte demandante pudo pedir también la intervención del perito en el juicio para que respondiera a sus preguntas y objeciones sobre método, premisas, conclusiones y otros aspectos del dictamen (art. 347.1.3º de la Ley de Enjuiciamiento Civil)».

4) SAP Murcia 421/2016, Sección 4ª, 7 de julio. Ponente: Ilmo. Sr. D. Francisco José Carrillo Vinader (LA LEY 122176/2016).

Efectos de la denegación de la prueba pericial en primera instancia.

«Invoca la apelante el art. 459 LEC por la infracción de los arts. 281.1, 283, 289, 335 y 339 LEC en la que habría incurrido el Juzgado de la primera instancia al denegar la práctica de la prueba pericial por ella propuesta con la finalidad de acreditar que la situación familiar, social y económica de la familia había mejorado considerablemente. Ello le habría ocasionado indefensión, por lo que interesa en el suplico de su escrito de interposición del recurso que se revoque dicha sentencia "y demás que proceda en Derecho", concluye, interesando que se acuerde la retroacción de las actuaciones, reponiéndose al estado en el que se hallaban cuando la infracción se cometió, o, en cualquier caso, que se subsane el defecto procesal advertido, conforme con lo dispuesto en el art. 465 LEC.

La pretensión de nulidad no puede ser estimada, pues existe un cauce específico en la LEC para subsanar la indebida denegación de prueba en la primera instancia, y es el previsto en el art. 460.2 LEC, que permite a la parte solicitar la práctica en la segunda instancia de las pruebas, entre otras supuestos, "que hubiesen sido denegadas en la primera instancia". Por lo tanto, no cabe declarar nulidad de actuaciones y devolver la causa al Juzgado para que practique dicha prueba, sino que lo procesalmente correcto es pedir que se practique por el Tribunal de apelación.»

5) STS 80/2013, Sala de lo Civil, 7 de marzo de 2013. Ponente: Excmo. Sr. D. José Antonio Seijas Quintana (LA LEY 13547/2013).

La denegación del informe pericial aportado extemporáneamente no genera indefensión.

«El pretexto de la premura y laboriosidad en la redacción de la demanda no acredita la imposibilidad de obtener el informe pericial para aportarlo con la misma. Ni se ofreció ni acompaño documentación complementaria que acreditara que la defensa de su derecho no le permitía interponerla hasta la emisión de los dictámenes meses después; esta forma de proceder ni permite hacer efectivo el principio de contradicción con todas las garantías, ni se corresponde con lo que es práctica habitual en la redacción y preparación de una demanda judicial que tiene como sustento, entre otras cosas, una discrepancia sobre la valoración de los lotes que les fueron adjudicados a cada uno de los cónyuges en la escritura de capitulaciones, por más que se intente hacer valer lo contrario.

La denegación de la aportación del informe pericial de parte tiene su fundamento en la aplicación de una norma prevista por la LEC y por tanto ninguna indefensión se ha producido.

Es carga de la parte que alega indefensión justificar la existencia de una indefensión constitucionalmente relevante, demostrando que la actividad probatoria que no fue admitida era decisiva en términos de defensa y que hubiera podido tener una influencia decisiva en la resolución del pleito al ser susceptible de alterar el fallo en favor del recurrente, lo que no se ha hecho en este caso en el que incluso se admite que "el cuadre con acciones de sociedades quebradas o sin valor para equiparar los lotes, e incluso no incluir otros bienes que podían ser gananciales que estaban en documentos privados (los pisos y locales de Fuengirola-Los Boliches) es suficiente para dejar acreditado ese desfase de valoraciones y esa simulación de capitulaciones y liquidación de sociedad de gananciales, sin necesidad de prueba pericial alguna". Pero es que, además, la sentencia de la Audiencia efectúa una valoración de la prueba que sí obraba en los autos para extraer las conclusiones pertinentes sobre la igualdad del reparto y ausencia de simulación.

El derecho de tutela efectiva se satisface mediante el acceso de las partes al proceso sin limitación de garantías ni impedimento alguno para alegar y demostrar en el proceso los propios derechos (SSTC 40/1994, de 15 de febrero, 198/2000, de 24 de julio) mediante la obtención de una respuesta judicial razonada, motivada y fundada en Derecho (SSTS de 24 de enero de 2003, RC núm. 2031/1997, 6 de abril de 2006, RC núm. 3555/1999, 25 de mayo de 2010, RC núm. 931/2005).

No se ha vulnerado el derecho de tutela efectiva de la recurrente porque ha obtenido una respuesta a su pretensión de incorporación del informe pericial motivada en Derecho, primero en el Juzgado, después en el auto dictado en la tramitación de la segunda instancia y, finalmente, en esta sentencia, ni tampoco se ha visto privado de oportunidad alguna de alegación ni de formulación de los recursos procedentes».

CAPÍTULO XXIII

DICTAMEN DE ESPECIALISTAS PRUEBA PERICIAL PSICOLÓGICA

1. FUNCIÓN DE LOS ESPECIALISTAS

El dictamen del Equipo Psico-Social constituye, sin duda, una de las pruebas más importantes en los procesos matrimoniales y de menores.

La práctica forense demuestra que el Tribunal tiene muy en cuenta las recomendaciones recogidas en estos dictámenes periciales, aunque carezcan de eficacia vinculante.

La función de estos especialistas (Psicólogo-Trabajador Social) es la de intervenir como peritos auxiliares del Juez, en la determinación de las medidas reguladoras tras la ruptura matrimonial y, especialmente, las relativas a la atribución de la guarda y custodia de los hijos menores, el ejercicio de la patria potestad o régimen de visitas y comunicaciones de los menores con el progenitor no custodio.

Su finalidad es poder valorar los conflictos familiares que se originan tras las crisis matrimoniales o de pareja desde una posición no jurídica y, en consecuencia, poder adoptar las medidas más adecuadas para los intereses de los hijos menores o con la capacidad modificada judicialmente.

2. ADMISIÓN DEL INFORME PSICOSOCIAL

El artículo 92.6 del Código Civil establece la posibilidad de recabar el dictamen de especialistas debidamente cualificados con el fin de conocer los aspectos relativos al ejercicio de la patria potestad y del régimen de custodia de los menores.

No obstante, esta prueba también puede referirse a la forma en que deben desarrollarse las comunicaciones de los hijos comunes con el progenitor no custodio, a la privación o recuperación, en su caso, de la patria potestad o a la suspensión de su ejercicio.

Esta prueba se puede acordar de oficio, a instancia de cualquiera de las partes o del Ministerio Fiscal.

Los Abogados de las partes no tienen participación en la recogida de cuanta información sea precisa para la elaboración del informe toda vez que su presencia podría impedir o entorpecer la labor del Equipo Técnico.

3. INTERVENCIÓN DEL EQUIPO TÉCNICO EN EL ACTO DEL JUICIO

Las partes o el Ministerio Fiscal podrán solicitar que se cite a los peritos autores del dictamen psico-social a los efectos del artículo 347 LEC.

El abogado puede interrogar al perito sobre la metodología utilizada para la elaboración del informe (entrevistas, revisión de documentación escolar, médica, etc.) y sobre el fundamento psicológico o social que avale sus conclusiones.

Dada el carácter técnico de esta prueba, el letrado no debe entrar en discusiones técnicas con el perito. Las discrepancias que, en su caso, tenga con el citado informe deberá exponerlas en el trámite de conclusiones.

4. VALORACIÓN DE LA PRUEBA

Los dictámenes del Equipo Psico-Social son pruebas periciales y, por tanto, deben valorarse con arreglo a las reglas de la sana crítica (artículo 348 LEC).

No obstante, al tratarse de informes emitidos por funcionarios públicos independientes e imparciales a las partes, suelen gozar de una mayor fuerza probatoria respecto de dictámenes de naturaleza privada. En cualquier caso, carecen de eficacia vinculante para el Tribunal que deberá valorar esta prueba de forma conjunta con las otras practicadas en la vista.

5. LEGISLACIÓN

Artículo 92.6 Código Civil.

6. JURISPRUDENCIA

1) STS 745/2012, Sala de lo Civil, 10 de diciembre. Ponente: Excmo. Sr. D. José Antonio Seijas Quintana (LA LEY 185317/2012).

La valoración del informe de los servicios psicosociales se asimila a la de los peritos.

«La valoración de la prueba del informe de los servicios psicosociales debe ser asimilada a la de los peritos, aunque tenga una naturaleza no totalmente equiparada al informe pericial. La STS 660/2011, de 5 octubre, dijo que el Juez debe valorar los informes periciales de acuerdo con lo que dispone el art. 348 LEC. De este modo, solo cuando dicha valoración no respete "las reglas de la sana crítica", podrá impugnarse, pero no es aceptable la sustitución de la estimación efectuada por el Juez por la realizada por el recurrente».

2) STS 564/2016, Sala de lo Civil, 27 de septiembre. Ponente: Excmo. Sr. D. José Antonio Seijas Quintana (LA LEY 129017/2016).

Nulidad de actuaciones para la práctica de la prueba psicosocial que fue solicitada por ambas partes y admitida pero que no se practicó con el único argumento que no es posible su práctica por falta de recursos.

«La doctrina jurisprudencial de esta Sala, en perfecta sintonía con la doctrina constitucional, viene declarando que los Jueces y Tribunales, aunque tienen la potestad de selección y de decretar la impertinencia de las pruebas, no pueden hacerlo de modo arbitrario e injustificado sino que deben explicar debidamente su decisión, siendo preciso, para denunciar mediante este recurso una denegación de prueba, que se hayan agotado todas las posibilidades de impugnación y argumentar —demostrar— que la prueba propuesta y denegada es objetivamente idónea, decisiva o determinante en el sentido de que acogida puede cambiar el sentido del fallo, como sucede en este caso.

[...]

Por ello se acuerda la nulidad de la sentencia recurrida con reposición de las actuaciones al momento procesal oportuno de la segunda instancia para que, antes resolver sobre el cambio de la medida de guarda y custodia de la niña, se acuerde de conformidad con lo razonado la práctica del informe psicosocial interesada y en su día admitida».

3) SAP Asturias 282/2015, Sección 7ª, 31 de julio. Ponente: Ilma. Sra. María Piedad Liébana Rodríguez (LA LEY 136047/2015).

No cabe alegar indefensión cuando la prueba psicosocial se practica en segunda instancia.

«Debe indicarse que ha quedado solventada la indefensión invocada por el recurrente, al amparo del art. 24 CE en base a la inadmisión en la primera instancia de la prueba pericial psicológica por él solicitada, al haberse acordado su práctica en esta alzada, obrando en autos informe emitido por Equipo Psicosocial».

4) SAP Zamora 238/2016, Sección 1ª, 9 de diciembre. Ponente: Ilma. Sra. D.ª María Esther González González (LA LEY 192769/2016).

Valoración de la prueba psicosocial.

«Debe tenerse en cuenta que sobre la valoración del informe psicosocial que puede emitirse en los procedimientos de familia, la reciente STS, Sala 1ª de 26 de junio de 2015 expresa que "la valoración de la prueba del informe de los servicios psicosociales debe ser asimilada a la de los peritos, aunque tenga una naturaleza no totalmente equiparada al informe pericial. La STS 660/2011 de 5 de octubre (LA LEY 186210/2011), dijo que el juez debe valorar los informes periciales de acuerdo con lo que dispone el art. 348 LEC. De este modo, solo cuando dicha valoración no respete "las reglas de la sana crítica", podrá impugnarse, pero no es aceptable la sustitución de la estimación efectuada por el Juez por la realizada por el recurrente (STS 10 de diciembre 2012). El asunto litigioso versa sobre la atribución de la guarda y custodia de un menor (...). En estos casos la pauta de referencia tiene que ser necesariamente el interés prevalente del menor, y ello no significa necesariamente que el Tribunal deba aceptar el contenido de dichos informes. Son las reglas de la sana crítica aplicadas a dicho informe, en el conjunto de las pruebas aportadas, lo que será determinante para resolver la controversia familiar (...)". Por tanto, dicha prueba debe ser valorada en relación con el resto de las practicadas».